法科大学院 LAW SCHOOL 志望理由書

問題発見と展開の技術

吉岡友治 著
Yoshioka Yuji

実務教育出版

●本書を読むに当たって

　法科大学院入試における「志望理由書」とは、「なぜ法律家になりたいと思ったか？」という質問に答える文書です。また、自己評価書とは、「私はこんな人間で、こんな能力があります」とアピールする文書です。これらは現在、ほとんどの法科大学院出願に当たって要求される重要な選考資料です。もちろん、志望理由書や自己評価書のほかに学科試験や小論文を課す大学院がほとんどですが、それでも自分の将来決定につながる重要な文書には違いありません。

　ところが、この大事な志望理由書・自己評価書の書き方については、今まで十分な説明がなされてきませんでした。よく言われるのは、「簡潔に書け」「自己PRを適切にせよ」など、無難な精神論です。でなければ「嘘を書いてはいけない」「剽窃（ひょうせつ）をするな」といった、トリビアルな注意ばかりです。これでは、受験者が実際に出願書類を書く際の悩みには、ほとんど助けになりません。このような結果に陥っているのは、指導者が明確な方法論を持っていないことが原因です。

　本書では、そのような精神論や些細なマニュアルに陥るのをできるだけ避け、正統的な文章作法をマスターすることで、明確な文章を書くコツを覚えるとともに、単なる自己PRに終わらず、法律家の責務と社会的機能を十分に理解した人間像とその希望・展望を、バランスの取れた形で表す方法を伝授したいと思います。「何だ、こう書けばよかったのか！」と目からウロコが落ちる体験をする方も多いはず。もちろん、単なる理論だけではなく、実際の添削例を見ながら、自分の経歴と希望をどのようにまとめていけばよいのか、実感できるように構成されています。

　それでは、ご一緒に始めましょう。

吉岡　友治

本書の構成と使い方

全体の構成

本書は **Part 1-3** に分かれています。**1** では志望理由書の書き方を学び、**2** では実際の例に基づき添削、**3** では自己評価書の書き方を解説します。

Part 1

- STEP 1　問題を発見
- STEP 2　解決をイメージ
- STEP 3　法律との関係づけ
- STEP 4　ストーリー化

志望理由書の基本構造

考え方と書き方を解説。問題と解決という基本から始めて、法律との結びつきを確認し、最後に効果的なストーリーにするコツまで、順を追って説明します。

Part 2

- **1st** 最初のドラフト
  - 添削と評価
  - 診断と講義
- **2nd** 再提出ドラフト
  - 診断と講義
- **3rd** 完成稿

× 8 Cases

志望理由書の実際

実際の受験者の書いた志望理由書を詳細に添削し、まず、その構成・表現についての考え方を具体的な細部に即して説明します。評価は5つの観点から5段階で行います（総合評価Aが合格レベル）。

さらにそのコメントに基づいた再提出ドラフトに対して内容・効果面のアドバイスをして書き換え、最後に合格レベルの完成稿を提示します。

Part 3

- **1st** 最初のドラフト
  - 添削と評価
  - 診断と講義
- **2nd** 完成稿

× 4 Cases

自己評価書の構造

Introductionで志望理由書との書き分けの考え方を説明した後、具体例に基づいて構成・表現・内容のレベルアップのためのアドバイスをします。原則と方法論に基づき、合格レベルの完成稿に導きます。

※本書に掲載した志望理由書・自己評価書の実例は、受験者本人および関係者のプライバシーに配慮して、一部内容を変更している場合があります。

読み方のポイント

講義を十分理解しないと実力はアップしません。そのために本書では，アイコンを利用して，効率的な読解ができるようにしました。

Point	●Point	覚えておくべき基本的メソッド
	●注意	間違いやすい点の指摘
Exercise	●Exercise	考えをまとめるための練習問題
	●小見出し	その段落に書いてある内容のまとめ
	●赤地	引用や書き直し
	●添削　赤字	添削で付け加えた部分
	打ち消し線	添削で削除した部分

　~~ては何の意味もなさない。~~企業の~~経済~~活動が多国間~~籍~~にわたって，環境に悪影響を与える~~以上~~うえで，地球規模的な視点から対策を進めなければならない時期に~~来ている~~の環境を見る必要がある。

・例示を典型的なものに絞る
　この文章では，排ガス規制の問題・船の解体・大気汚染など例が豊富ですが，あまりたくさん出すのは考えものです。例示は，基本的に自分の言いたいことのイメージやデータを読者に示すところで，言いたいことのメインの内容ではありません。むしろ例の意味づけをするところが，メインになります。

Point 例示は，典型的なものを1つ出せば十分である

▼第2〜第5段落の書き直し

　❷実際，環境汚染の被害は年々深刻になっている。冬場の澄んだ空気の朝でも，東京湾から見ると，市街地の大気下層は薄茶色がかって見える。これは，高気圧圏になるので，上空からの沈降気流による逆転層が上

contents

法科大学院志望理由書
問題発見と展開の技術

本書を読むに当たって　1
本書の構成と使い方　2

Part 1　問題発見から見る志望理由書の基本構造

Introduction　8
STEP 1　問題に直面する　11
STEP 2　解決のイメージ　21
STEP 3　法律との結びつきを考える　30
STEP 4　ストーリー化する　35

Part 2　ケース・スタディによる志望理由書の実際

Case Study 1　医療現場での経験　46
Case Study 2　行政制度の問題点　68
Case Study 3　国際間のトラブル　88
Case Study 4　国際経済への関心　109
Case Study 5　著作権を巡る問題　126
Case Study 6　法における男女共同参画　145
Case Study 7　教育問題への関心　165
Case Study 8　環境問題への関心　182

本文レイアウト　長谷眞砂子

Part 3　自己評価書の構造とケース・スタディ

Introduction		204
Case Study 1	多彩な経歴の整理	214
Case Study 2	具体例の効果的展開	227
Case Study 3	狭い経験内での工夫	240
Case Study 4	法学部出身者の注意点	252

Part 1

問題発見から見る志望理由書の基本構造

Introduction

志望理由書には何を書くか？

　　　　大学・大学院入試における志望理由書のことを，英語ではStatement of Purpose（目的の陳述）と言います。日本でも，この文書のことを「ステートメント」と呼ぶ学校が増えてきました。このStatement of Purposeは，自分はどんな目的のためにこの学校に入りたいと思っているのか，を明らかにする文書です。アメリカの大学院では，これと推薦状の2つで合否が決定する，というぐらい重要な書類です。日本でも，適性試験と志望理由書および面接だけで合否を決定する法科大学院があり，書類選考で重要な選考資料の一つとなるわけですから，重要度はむしろ小論文などより大きいかもしれません。以下のように，大学院により形式は異なりますが，「なぜなるのか？」を問う点で，その本質はほぼ同じだと考えていいと思います。

◆形式の例

> 1　法曹を志望する志望動機，資質・能力に関する自己評価，大学や社会における活動実績等とともに，志望法曹像を自由に記入してください。指定の原稿用紙（1,000字）に手書きで記述してください。
> 　　　　　　　　　　（中央大学法科大学院　2005年度試験）
> 2　いまのあなたに大きな影響を与えた経験や学業，人間関係などに触れながら，
> ①なぜ法曹になろうと考えたのか，
> ②その経験が，あなたがめざすような法曹となるために，どのように役立つと考えるのか，
> あわせて1,500字以内で述べてください。
> 　　　　　　　　　　（早稲田大学法科大学院　2005年度試験）

法律家になる理由は？

　　　　さて，法科大学院の場合，書かれるべき目的（Purpose）ははっきりしている。「法律家になるため」です。でも，なぜ法律家を志したのか，あるいはならねばならない，と思ったのか？　その問題に明確に答えるのが，法科大学院の場合の

Statement of Purposeの役割と考えてよいでしょう。

では，あなたは「なぜ法律家にならねばならない」と思ったのか？ 「政治家や企業の経営者，あるいは芸術家ではなぜいけないのか？」とさらに反問してみれば，その答えは一つしかない。それは，政治家，あるいは企業の経営者では解決できない問題に自分がぶつかっているからです。つまり，法律家でなければ解決できない種類の問題に直面して，それをなんとかして解決したいと思っているから，法律家を志望しているという答えになるはずです。つまり，志望理由書の根本は，法律家になって初めて解決できる問題を見つけるということなのです。

Point 志望理由書の根本テーマ＝法律家になって初めて解決できる問題を見つける

これが志望理由書という文書の本質であり，これが見つかりさえすれば，半分は書けたものと考えてよいのです。

周囲の利益・社会への貢献

もちろん，実際感じている動機にはそうでないものもあります。たとえば，「キャリアアップ，あるいは自分の社会的地位の上昇のために弁護士になりたい」。今の仕事はあまりにも忙しい，あるいは努力に比べて待遇が悪い，報酬が少ないと感じている人は，弁護士になって一発逆転をしようと思っているかもしれません。これは個人の向上欲ですから，一概に否定すべきものではありませんが，肝心なのは，それは自分にしかプラスにならないということです。

あなたがキャリアアップをめざして弁護士になりたい，と言っても，周囲に対するアピールにはならない。なぜなら，あなたのキャリアアップは自分にとってよい結果を生むだけで，他人はその決意から何の利益も受け取れないからです。これでは，周囲（採点者）があなたをわざわざ法律家にする意義は見いだせない。社会あるいは公共に対して，何かよい結果がもたらされる，と主張できないなら，向上欲を表現しても他人は興味を抱いたり，助けたりしてくれません。なんとかして公共の利益につながるような動機を表現しなければならないのです。

やる気のアピールも効果が薄い

よく自分のガッツややる気を強くアピールする人がいますが，これも志望理由書の内容としては不適です。会社に就職するためのエントリーシートならば，入社後にどんな役割を与えられるかわからないわけですから，従順さと熱意，また組織人としての資質をアピールすることに意味がある。しかし，特に弁護士などの場合は，スペシャリティを持ち，自分から仕事を作り出していく姿勢が大切です。従順さと熱意より，創造性と判断力のほうが重要なのです。

このような職業では，「ガッツややる気」は自分の取り組む問題が決まって初めて意味を持ってくるので，しょせんは副次的な内容に過ぎないのです。まず追求すべきは，自分が直面している問題なのです。後で詳しく説明しますが，むしろ，やる気のアピールは「自己評価書」などに入れるべき内容でしょう。

 キャリアアップややる気のアピールは，志望動機としては役に立たない

自己評価書との違い

実際の出願に当たっては，「自己評価書（名称は各大学により異なる）」も要求されたり，志望理由と自己評価の観点を融合した課題が与えられたりすることが多いようですが，自己評価書と志望理由書は目的が違います。志望理由書が「自分が取り組む問題」を述べるのなら，自己評価書は「問題と取り組む自分」を述べる文書です。自分がどんな能力を持っているか，どんな経験を積んでいるか，どんなふうに働いてきたか，などという事柄は，すべて自己評価書に入れるべき内容です。

Point 自己評価書＝「問題と取り組む自分」を述べる文書

志望理由書が，法律というある意味で狭い分野にフォーカスするのに対して，自己評価書はそのバックグラウンドにまで広く照明を当てる文書と言えます。自己評価書と志望理由書の役割分担については，Part3で詳しく述べますが，志望理由書が「問題を追求する」という姿勢を見せるという特徴がある，ということは覚えておいてよいでしょう。

STEP 1　問題に直面する

解決したい問題を見つける

　だとすれば，この志望理由書Statement of Purposeの中で書くべきなのは，まず自分がどんな問題にぶつかったか，その問題が法律とどのように結びついているか，ということになります。そのためには，「問題」がどのような構造・仕組みになっているのか，これからどのように発展しそうか，がある程度分析できていなければなりません。どんな問題でも，解決するためにはその問題の性質がわかっていなければならないからです。

　もちろん，この志望理由書を提出する時点では，その問題がどのように解決されるか，について完全な見通しを持っている必要はありません。具体的な解決は，あなたが法律家になってから実現できればよいからです。しかし，どのように解決されそうか，解決されるべき方向はどのようなものであるべきか，などについてはある程度の予想は持っていなければなりません。何の見込みも目標もない問題に対して，努力することはできません。ある程度のイメージを持っていることが，努力の前提になるのです。

> **Point**　問題に対しては，その構造・仕組み・性質などについての分析をする必要がある

法律との結びつきはどこにあるか？

　これは法科大学院入学のための志望理由書ですから，その解決にどのように法律が結びついてくるか，について自分なりに道筋がつけられることが必要です。どんなに緊急の問題であっても，法律の解決できる範囲内に入っていなければ，法律家になりたいという文書に入れる意味はないからです。

　たとえば，「どうしたら日本経済の活力を復活させられるか」などという問題はどちらかと言えば経済の問題であり，そのままでは法律家は介入できません。したがって，法科大学院の志望理由書に入れてもしかたがない。しかし，だからといって経済の問題は法律では扱えない，と決めつけてはいけません。た

とえば，知的財産権を厳格に適用することで，人件費の高い日本製品でも価格の安いアジア製品に対抗できる，というロジックを使えば，経済の問題であっても法律の問題として考えることができます。要は，扱っている問題が法律という窓口を通ることで，解決につながることを証明できればよいのです。

異質の分野と結びつける

問題を選ぶ際には，なるべくおもしろい・新味のある分野から選んだほうがよいのはもちろんです。他人が今まで取り上げなかった分野を取り上げれば，自分の個性・特徴をアピールすることにもつながります。さらに新しい分野の問題を取り上げることは，法律の新しい適用分野を開拓したことになります。法科大学院が多様な経歴の人々に門戸を開いているのは，今まで法律の枠組みに入らなかった問題を発掘し，法律家の活躍できる範囲を広げようという意図もあります。**法律家の数が増えることと，その扱う紛争・問題が増えることは表裏一体**です。

たとえば，教育問題を教育的観点から取り上げるのは当たり前すぎます。特に教育は，少年法の絡みもあって，心理あるいは指導的な処理が適当と考えられてきました。だから，学校の中で何か問題が起こったとしても，めったに法律的な処理はされなかったわけです。しかし，現在のように凶悪犯罪に近い事件なども起こってくると，教育・指導などの範囲内では有効な措置がとれない。そこに法律の介入する余地が出てきます。むしろ，教育と法律の積極的な協働などの方向を考えたほうが，今までの扱いとの差別化ができて評価も上がるでしょう。

> **Point** 問題の取り上げ方
> 1 今まで法律と結びつかなかった問題を取り上げる
> 2 そこに法律的な介入が可能であることを示す
> 3 独自性の評価が高くなる

どこから問題を探してくるか？──社会人の場合

このような問題は，どうやったら見つけることができるのか？ 社会人の場合なら，自分のキャリア・仕事の経験から何か問題を見つけてくるのが本筋でしょう。

それぞれの職業で，法律とかかわる分野はたくさんあります。

たとえば、海外赴任したことのあるビジネスマンなら、ビジネス慣行や契約方法の違い、法制度の違いによるトラブルなどを取り上げて詳述することができます。単に文化や言語の違いによるトラブルだけでは、法律的な枠には入ってきませんが、自分がキャリアの中で経験した問題の中から、法律的な解決に適合するものを探せばよいのです。

かつて私が指導した志望理由書の中には、放送局のディレクターが、番組の著作権にまつわる問題を取り上げたものがありました。番組著作権の取引市場を作って、発表の機会が少ないままお蔵入りになった番組にもう一度発表の場を与える。そのために新しい法解釈が必要になるので法律家になりたいというのです。放送局の現状が生々しく出ていて、印象が強かったのを覚えています。

オリジナリティとバランス

どんな職業でも、見つけようと思えば何かしらこのような興味深い例があるものです。その発想や視点がおもしろければ、それだけで評価は上がります。逆に、だれでも思いつきそうな問題は、オリジナリティという面での評価が低い。いかにも法律家が活躍しそうな分野の問題を選んでも、採点者の興味を引くことはできません。

ただし、これはバランスの問題になります。発想や視点がおもしろくても、その説明がうまくできないようでは、効果は半減します。また、今まで法律があまり介入してこなかった分野なら文献なども少ないでしょうから、詳しく書くための材料も少なくなります。十分に説明できて、かつあまり他の人に利用されていないような分野を選んで書く、ということになります。この選択はかなり難しいものですから、慎重に選ぶ必要があります。

 問題の選択基準＝今まで法律との関連性があまり取り上げられなかった分野のほうがよい＋説明が十分できる

学生の場合─学業と課外活動

一方、学生の場合は自分の大学での専攻分野や課外活動から材料を拾ってくることになるでしょう。専攻分野が法律でない

場合は，その分野と法律との接点を見つけなければなりません。たとえば環境問題を専攻していた場合は，その問題を法律の立場からとらえるとどうなるか，を考えることになります。環境法や規制の問題，あるいは環境訴訟や市民運動など，法律との関連が考えられる観点はいくつもあります。どれか自分が詳しく書けるテーマを選ぶ必要があるでしょう。

学校の専攻でなくても，自分の経験の範囲内での社会矛盾や問題に触れることもできます。たとえば旅行を頻繁にしている人だったら，海外での差別や誤解などといったテーマについて書くことが可能でしょう。またクラブ・サークル活動やアルバイト，ボランティアなどは直接社会矛盾に触れる機会になります。ボランティア活動をしていたのなら，たとえばNPOの社会的意味と現在の法律上の扱いの矛盾について書くこともできるでしょう。

ネガティブな経験も利用できる

自分が学生時代に行った活動を一つ一つ列挙してみて，その中で「問題」「矛盾」に直面したことがなかったか，考えてみるとよいでしょう。このような活動は，別にほめられる内容である必要はありません。普通だったらネガティブな評価を受ける経験であっても，それが社会的な問題・矛盾に触れるきっかけになっているなら，まったく問題はありません。もちろん自分が犯罪・触法行為にかかわった場合なら微妙ですが，それ以外ならアルバイトの失敗談でも生活上の困難でもかまわないのです。むしろ，失敗や困難の経験から将来取り組む問題を見いだしていく，という方向は，発想の転換・積極的な思考という点から見ても好ましいものと言えるでしょう。

 学業・課外活動・生活上の失敗など，学生でも材料は至るところにある

▼問題の題材の見つけ方

社会人の場合	自分のキャリア・経験から問題・トラブルを見つける→法的な介入と適合するもの
学生の場合	専攻分野や課外活動→出会った社会矛盾や問題を利用する

法科大学院［志望理由書］問題発見と展開の技術

STEP 1 問題に直面する

Exercise 1

自分が職業経験・学業・生活などで出会った「問題」「矛盾」を最低5個挙げてみよう。

	内　容
1	
2	
3	
4	
5	

法律で扱える問題かどうかをチェックする

　　　　　ただし，法的・経済的・社会的など，どんなアプローチでも同じことですが，そのアプローチで扱える種類の問題とそうでない種類の問題があることは忘れてはなりません。現実の社会における問題は多面的なもので，たいていこちらを立てればあちらが立たず，というトレード・オフないしジレンマの構造になっていることが多いしょう。だから，法律という手段がすべてを解決するわけでなく，法律で扱える範囲内でしか解決できないことを知っているべきです。

◆ 法律は問題の一面しか扱えない

たとえば，遺産相続問題で法律的に財産分与が解決したとしても，法律に訴えたためにかえって家族の絆がバラバラになってしまうケースなどを考えてみれば，これは自明でしょう。その意味で，法律家になれば，どんな問題でもさっと解決できるなどという誇大なイメージを持つことは避けねばなりません。法律は，そんな魔法の杖のような道具ではないのです。むしろ，自分の扱いたい問題を考察して，それが法律的な解決に向いているはずなのに，現在のところそうなっていないから，自分がやりたい，などという進行にしていくべきなのです。

Point　志望理由書のストーリー進行の一例
1　自分の扱いたい問題を考察する
2　それが法律的な解決に向いていると判断できる
3　ところが，現在のところそうなっていない
4　結論──自分がやりたい

問題の性質から将来のイメージが決定される

気をつけなければならないのは，あなたが選んだ「問題」の性質は，将来あなたがどういう法律家になりたいか，までも最終的には規定することになるということです。多くの場合，字数が1,500字〜3,000字程度に限られているので，その中でいくつも問題を取り上げることはできず，1つに絞らなければならないからです。当然，文章の一貫性を保つうえからも，選択した問題と対応する将来イメージを描かねばならないのです。

たとえば，医療に関する問題を選んだ人は医療訴訟を主に担当したいということになるでしょうし，子供や教育の問題を選んだ人はその分野に対して法律の立場から介入したい，と書かざるをえません。つまり，自分が直面した問題を考えていけば，自分がそこにどうかかわっていくか，という方向もある程度自動的に決まっていくことになります。逆に言えば，自分がなりたい法律家のイメージに合うような問題を最初に選択しておく必要があります。

問題・矛盾を選択　→　方向が決まる　→　どういう法律家になりたいか
　　　　　　　　　←　イメージと合うか　←

法科大学院 ［志望理由書］問題発見と展開の技術
STEP 1　問題に直面する

その意味で，最初の問題選びは十分に時間をかけるべきであり，志望理由書を書くプロセスの最初の関門となるわけです。

Exercise 2
Exercise 1 で選んだ問題について，どんな法律家像が想像できるか，書いてみよう。

	取り上げた問題	法律家像
1		
2		
3		
4		
5		

これらのことを考えないで書き出すと，次のような書き方をしてしまうことがよくあるので注意しましょう。しかし，これは何も特別な例ではなく，初心者がよく犯す間違いなのです。

▼失敗例①──ある商社マンの書いた志望理由書

> 私が法曹をめざしたのは，新聞に記載された記事を通して，法曹養成制度の改革の動きを知ったからです。すでに

Part 1

数年以上の社会人経験を持つ職業人として，将来のキャリアプランと職業を通して達成すべき社会貢献のあり方を模索していた私は，ロースクール設立構想に大きな興味を持ったのです。＊1

　そこでは，国際社会の複雑化に伴い，事前規制型の社会から事後統制型の社会への転換がうたわれ，法曹の量的・質的拡大が社会的要請であると書かれていました。この理念に触れ，私は司法の領域から日本社会に変化をもたらすという野心的な試みに参画したいと思いました。他方，その要請に対応する職業法曹に必要な要素とされた，人間や社会に対する洞察力，高度な説得・交渉力，国際的視野は，私が社会人としてその向上をめざしてきたスキルです。＊2

　私は，商社の駐在員としてルクセンブルクの支社に勤務し，ドイツやハンガリー等における輸出・販売にかかわる広範な業務を担当していました。自分とは異質な慣習や様式を受け入れて，ビジネスの枠組みを作っていくことに，大きな喜びを感じました。したがって，英語力，交渉力，国際感覚には自信があります。クライアントは，時として言語化されない希望や悩みを持ちます。それを的確に把握して，商品が提供できる価値との橋渡しをすることが，商社での最も重要な役割です。これは，法曹に求められる資質とも一致しているでしょう。＊3

　これらを地盤にして，今後貴学で同じ志を持つ仲間と切磋琢磨し，将来的に国際ビジネス法の分野で専門家として活躍したい。そうすることによって，自分なりの方法で社会に貢献していきたいと思うのです。＊4

Comment
＊1　自分が興味を持ったきっかけの報告に過ぎない。
＊2　法科大学院の理念を説明し，それに自分が適格であると主張している。
＊3　自分のキャリアを説明し，自己の能力をアピールしている。
＊4　興味を持つ分野と決意の表明になっている。

この志望理由書の欠点は何か？

このタイプの志望理由書は，文章を書き慣れていない人によく見られるものです。文章の内容を段落ごとに解析してみると，以下のようになります。

1　自分が法律家に興味を持ったきっかけ
2　自分の気持ちの叙述と能力への自信
3　その裏付けとなるキャリア
4　これからかかわりたい分野

まず，きっかけは新聞記事で読んだというだけなので，「なぜ法曹にならなければいけないのか？」という疑問にはまったく答えていません。漠然と法律家になりたいな，とあこがれを抱いたというレベルと変わりがないのです。これでは，周囲が「この人を法律家にする」ために手を貸す理由は見いだせません。前述したように，志望理由書で述べられる「理由」には，社会への貢献あるいは他者の利益になるという面が入っていなければならない。この内容のなさは，法曹になってやりたいことが「国際ビジネス法の分野」と簡単に触れられるだけで，そこで何をどうしたいのか，がまったく書かれていないという結果につながっています。

資質・能力のアピールだけでは不十分

一方，この文章の中では，自分が法曹の求める要素を満たしている，自分が法曹としての資質を持っている，ということが再三強調されています。確かに，経歴を見る限り，エリート・サラリーマンとして国際経験も豊かなので，専門職業人の能力としては申し分ない。しかし，能力が優れているという点だけでは，法曹になるための十分な理由にはなりません。その能力を，引き続き国際ビジネスの現場に生かしてもよいはずだからです。これでは，「なぜ法律家にならねばならないのか？」という疑問には答えられていない。

問題を立てることは未来につながる

こんな結果になってしまった最大の原因は，最初に自分が解決したい「問題」を立てなかったからです。だから，何に向か

って努力するのか，方向がハッキリせず，自分の過去の業績や能力を誇るだけに終わってしまったのです。**「問題」が明確になれば，その原因は何か，それを解決するためにどうするのか，などとさらに解決すべき問題が広がり，未来にすべきことに向かって内容は進んでいく。**しかし，問題がないと文章は未来に向かって進まないので停滞し，過去を振り返るばかりになってしまうのです。

　志望理由書は，未来に向かう文書ですから，このような書き方ではいけません。未来に取り組むべき問題を設定し，それに対して自分がどう取り組むのか，その予想と抱負を述べ，その問題を解決するに足る自分の能力をアピールしなければならないのです。制限字数という限られたスペースはそのために使うべきであり，志望大学院の理念をほめたたえることに費やす余裕はないのです。

問題の提示は，文章が未来のことを述べるための条件である

STEP 2　解決のイメージ

　さて，このようにして考えた問題に対して，次に行うべきことはその解決を考えることです。「解決」とは，その問題をどうしたらうまく処理できるか，を提示することです。一般の論文作法では，この「問題―解決」の部分を論文の基本構造と言うことが多い。論文では結果が重要ですから，この解決の部分が明快に提示されていなければなりません。つまり，一番単純なモデルを考えると「あれか・これか」と選択を迫る問題に対して，「あれ」または「これ」をすることが正解だ，という形式で答えればよいわけです。

解決の方向は示すべきである

　しかし，志望理由書はもちろん学術論文ではありません。しかも，まだ法律家になっているわけではないので，自分が提示した問題に対して解決できるという資格が志望者にない。したがって，明快な解決策を出すのはかえっておかしいでしょう。解決策があるなら，それを即実行すればいいだけで，何も自分が法律家になるという迂遠な道をたどる必要はないからです。

　一方で，まったく解決の要素が欠けているのも変です。自分が解決したいと思って興味を抱いている問題なのだから，問題の本質は理解していなければならないし，自分がかかわる問題として始終考えているはずです。したがって，今の時点で予想している解決の方向がなければおかしい。たとえ，それが最終的な解決策でなくても，ある方向性で考えたということを示せれば，その問題に取り組む真剣さと思考力のアピールにもなります。したがって，問題を提示した後は，その解決の方向を探るという展開は，論文執筆の場合と似ているわけです。

> **Point**　志望理由書の基本展開＝問題を提示する→解決の方向を探る

正義に期待しすぎてはいけない

　一番やってはいけないのが（しかし，一番よくやってしまう！），問題を指摘した後にすぐ「こういう問題を解決するた

めには，法曹になることが必要だと思った」とつなげて，後は延々と自分の情熱や将来のイメージについて語るという方法です。残念ながら，法律はそれほどオールマイティな紛争解決法ではありません。法律ができることは「正義の実現」に限られています。しかも，実際の現場ではそれすらも実現できず，妥協の連続になる。したがって，法律を有効に働かせるには，それなりの条件が必要であり，問題がその条件を満たしているかどうかを，慎重に吟味しなければなりません。

たとえば，法は正義を実現するためのものですが，そもそも正義とは何を意味するのでしょうか？　これが意外に適用範囲が狭いのです。法哲学者の井上達夫は，「正義とは何か」を次のようなたとえ話で表しています。

> （三人の兄弟Ａ長男，Ｂ次男，Ｃ三男の間で）Ｃがチョコレートを食べようとしたところ，Ｂがやって来てそれを取り上げた。Ｃが文句を言うと，Ｂは『弟は兄さんに逆らっちゃいけない』と言って突っぱねた。それを陰で見ていたＡが今度はＢからチョコレートを取り上げ，返せと要求するＢに『弟は兄さんに逆らっちゃいけないんだろう』と答えて拒絶した。…ＢがＣからチョコレートを奪ったとき，それを正当化するのに使った理屈は身勝手なものである。しかし，もしＢが，同じ理由によって正当化されるＡのＢに対する行為を甘受していたならば…一つの正義観にかなった行為としての評価を要求できたであろう。「弟は兄に従うべし」という封建的規範は，現代人には，不公平で正義に反するように思われるが，この規範に…自分の都合の悪いときでも従う個人は，「封建的だ」と批判されても「不正」な人とは言われない。　　（井上達夫『共生の作法』）

つまり，正義は，同じ性質を持っている人には同じ扱いを要求するだけであって，それが「どういう扱いであるべきか」までは，必ずしも規定しないのです。極端に単純化すると，司法は個人間の公平な扱いを要求するだけであって，道徳的な善などをめざすものではないというわけです。法や正義がこのよう

な限界を持つという性質を正確に理解していれば，法律を社会の中で善を実現するための解決法と見るような文章は，明らかに素朴すぎる見方であることがわかるでしょう。

しかも，もしこのような解決法を平気で書くとしたら，その人の社会認識・法認識が素朴すぎて，厳密な検証には堪えられない性質のものであることの証拠ともなります。当然，社会認識の未成熟として評価も低くなってしまいます。正義や善をめざす気持ち自体は貴いのですが，それが実現されるには相当困難な手続きが必要であり，大人としてその困難をきちんとわかっていなければなりません。**法律を適用したから解決できるはずという見方は，幻想に過ぎないのです。**

問題の背景・メカニズムを考察する

したがって，ある問題を取り上げたら，それが法律という方法によって，ある程度効果的に解決できるはずだということを示さねばなりません。そのためには，その問題がどのような構造や仕組みになっているか，どこが原因でうまくいっていないのか，を解明する必要があります。この作業は，「問題の考察」と呼ばれます。

一般に実際の社会問題・矛盾を問題として定式化するときは，その方法は人によってまちまちです。一見，「あれか・これか」と選択を迫る問題であったとしても，その背後にはそれを成り立たせている社会構造があり，その構造のとらえ方によって，問題把握・提示も違ってくる。たとえば，貧困は社会の状態として悪いに決まっていますが，「ある人に生活保護を適用することがよいかどうか」を決定するにはさまざまな要因が絡み，「健康で文化的な最低限度の生活を営む権利を有する」という憲法の条文だけで保障されるわけではありません。むしろ，「どの程度が貧困なのか？」「どの程度補助すべきか？」などは，法律が決める範囲にはないというのが定説であり，このような問題を解決するのは政治や行政の役割なのです。

したがって，自分の扱っている問題に答えるためには，まずその問題を社会の状態と照らし合わせて，実際はどのような仕組み・メカニズムを持っているのか十分に検討する必要があります。そのうえで，それが法律的な解決を必要としているが，

今のところその取組みは不十分である，というような結論を示さねばなりません。そのロジックが示されて初めて，法律家がその問題を解決する意味が出てくるのです。

> **Point** 背景・メカニズムの検討から法律家のイメージへのストーリー
>
> 1 問題を社会の状態と照らし合わせる
> 2 実際はどのような仕組み・メカニズムを持っているのか検討する
> 3 法律的な解決が適切である
> 4 今のところその取組みは不十分である
> 　　↓だから
> 5 自分がやる意味が出てくる

このような問題の考察を行わないままに志望理由書を書くと，内容が非常に浅薄なものになるおそれがあります。次の例を見てみましょう。

▼失敗例②――ある女子学生の書いた志望理由書

> 　法の助力によって幸せになることのできる人の手助けをしたい。私が弁護士を志すようになったのは，大学3年の終わりである。その契機となったのは，私のいとこが職場で悪質な嫌がらせに遭ったことである。*1
> 　その職場は不況で人減らしをしていたのだが，彼女は結婚している女性というので，退職を迫られたのだった。断ると，その日から数か月にわたりさまざまないじめが始まったという。私は，これは明白な男女差別だと思い，リストラの相談ホットラインに電話することを勧めた。結局彼女は担当弁護士の尽力で会社を訴え，地位を保全することができた。嫌がらせはひどかったので，仕事に復帰できたことだけで解決がついたとは言えないと思うが，彼女はその弁護士に非常に感謝しているように見えた。

私はこの事件を契機に，弁護士は弱者の立場にある者を一番親身になって助けることができる職業であると感じ，弁護士という職業に非常な魅力を感じるようになった。＊2

　今，私がやりたいことが2つある。一つは，まずは一般民事事件や刑事事件においては必要とされる幅広い法知識を身につけたいと思う。＊3 しかし，やはり法的知識のみで信頼を得られるような弁護士になることは困難であり，倫理感，コミュニケーション能力，バランス感覚等が要求されるだろう。もし，本学への入学が許されればそのような能力の養成にも力を尽くしたい。

　もう一つは，なんらかの形で弁護士の活動を広報し，より認知されるようにする仕事にかかわりたい。いまだにトラブルが発生しても弁護士に相談することが一般的に行われる状況にない。もっと気軽に弁護士に相談できる環境があれば，問題がこじれずに解決して，救われる人が多いだろう。前述のいとこの場合も，弁護士に相談するという選択肢が一般的であればもっと早期に解決していたはずだ。＊4

　いくら法律の勉強を積んでも，やはり専門家としてでなければできない仕事がある。私も，法的トラブルを抱える人々の負担を少しでも減らし，社会に貢献できる弁護士になりたい。＊5

Comment
＊1　問題の出だしは悪くないが…。
＊2　なぜ，そう言えるのか？　説明がない。
＊3　当たり前のことを言っている。わざわざ志望理由書に書く内容ではない。
＊4　本当に広報活動の不足が，解決が遅れた原因か？
＊5　内容がない結末になっている。

構造を分析してみる

　この志望理由書は2つの部分に分かれています。まず，法律を志すきっかけになったいとこの体験，次に法律家になってや

りたいこと，です。もともと課題として要求されているのが，
　(a) あなたはなぜ法曹をめざすのか
　(b) あなたはどんな法曹をめざすのか
の2つですから，構成としては悪くない。しかし，何となく表面的な感じがしませんか？

　その原因は，いとこが出会った雇用差別という被害に対して，弁護士に相談したら解決した，という書き方にあります。これはシンプルすぎる。このような被害の実態は，複雑なものです。確かに，これはジェンダーによる雇用差別ですが，会社側でも雇用コストを抑えるために必死であり，「実際に能力不足があった」などの論点を持ち出してきます。それを崩すには，さまざまな交渉のテクニックが必要になってくる。

　しかし，この文章には，このような状態やその社会的背景についての考察は一切なく，ただ弁護士に相談したからよかったという書き方になっています。この件が解決したのは，状況に弁護士が適切に対処したからだと思われます。だとすれば，その対処のしかたこそ重要だし，法律の働く場面であるはずです。ところが，その大切なプロセスが描写されず，弁護士に相談すればよい，と言わんばかりの書き方では，問題の本質についての理解が足りないと批判されてもしかたがないでしょう。

問題を考察することから解決も出てくる

　どんな問題でも，適切に解決するためには，その問題の性質を十分に見極める必要があります。それをしないで法律に訴えれば，問題が解決できないだけでなく，悪化させることだって多い。どんな問題なのか，その本質は何かなどについての自覚がないのでは，法律家に対して，単に正義の味方としてあこがれているのと変わりがありません。

　もし，いとこの体験をきっかけとして法律に興味を持ったのなら，法律がその問題をどのように解決したか，というプロセスに焦点を当てなければなりません。それがない限り，弁護士志望を述べるためにリストラ被害をダシに使ったという印象になってしまう。このような微妙な題材を扱うなら，細心な扱いをすべきです。単に弁護士という存在の礼賛に終わるのではなく，女性の社会的立場への十分な理解があるべきで，フェミニ

ズム関係の知識なども援用して，もっと内容を深める工夫をすべきでしょう。この問題は現在さまざまな議論が蓄積されている分野です。現在の議論レベルに対応するような文章を書かないと，「お手軽」な印象はぬぐい切れません。

 法律家礼賛ではなく，問題の深い考察がメインの内容であるべき

書くことはなくならない

よく「志望理由書に書くことがない」というような声を聞きますが，自分が取り組みたい問題をきちんと設定すれば，その原因・背景・メカニズムの探求など書くべきことはたくさん出てくるわけで，「書くことがない」という状態はありえないのです。書くことがなくなる原因の根本は，ちゃんとした問題を立てず，その考察も乏しいことにあります。だから，弁護士あるいは裁判官，検察官になりさえすれば解決できるという安易な結論に飛びついてしまい，書くことがなくなってしまうのです。

この志望理由書でも，第5段落に以下のような不要不急の記述があります。

▼第5段落の内容

> …まずは一般民事事件や刑事事件においては必要とされる幅広い法知識を身につけたいと思う。しかし，やはり法的知識のみで信頼を得られるような弁護士になることは困難であり，倫理感，コミュニケーション能力，バランス感覚等が要求されるだろう。もし，本学への入学が許されればそのような能力の養成にも力を尽くしたい。

法知識とともに「コミュニケーション能力，バランス感覚等」を要するなどというのは，法律家に限らず職業人として当然のことですので，わざわざ書くには及ばないことです。このような陳腐な内容を書くスペースがあるのなら，自分が取り上げた問題をより深く分析・考察すべきでしょう。このようなステレ

オタイプの内容を書くということは，それだけ自分の取り組む問題を深めていない証拠です。

　一般に，社会的常識から見て当然のことは，文章にわざわざ書くには及びません。文章を書くのは，常識では不十分であったり，無視されていたりすることを記述するためです。他と差別化・差異化ができるから書く意味があるのであり，他と同じことはわざわざ書くには及ばないのです。書き慣れていない人は，つい他人に受け入れられやすい表現を連ねて文章を構成する傾向がありますが，このような書き方は文章を陳腐にするので，避けたほうがよいでしょう。あくまで，取り上げた問題を自分なりに考察していく，という方向を取るべきです。

 書く意味があるかどうかの基準＝社会常識・通説と差別化・差異化ができるかどうか？

弁護士のイメージ―法律に対する理解の不足

　しかも，法律についての浅薄な理解からは，浅薄な法律家のイメージしか出てきません。ここでは，弁護士に頼んだらうまく解決ができたという理解から，解決が遅れたのは弁護活動への知識がないからだ，と結論づけています。理の当然として，弁護活動の広報が足りない，ということになる。しかし，本当に問題はそこにあるのか？　現行の法律的処理自体に問題はないのか？　しかも，法律家の重要性を広報するだけなら，何も自分が法律家である必要はないかもしれないではないか？

　このような突っ込みに，この志望理由書はとうてい堪えられません。読む側の採点者は，心の中でこのような突っ込みを入れながら評価していくのですから，当然志望理由書の内容は，それに答えていなければならないのです。

Exercise 3

Exercise1で挙げた問題のうち2つを選んで，その問題が出てきた原因・背景・メカニズムなどについて，各400字〜500字で分析しよう。

法科大学院 ［志望理由書］問題発見と展開の技術

STEP 2　　　解決のイメージ

問題の内容	原因・背景・メカニズムの分析

STEP 3　法律との結びつきを考える

　最後は，これらの分析に基づいて法律的な介入が有効かどうか，を考えなければなりません。もちろん，有効でなければ自分が法律家になる意味はありませんから，有効であるというロジックを無理矢理にでも見つけねばなりません。
　このロジックには，次の2つの方向が考えられます。まず，法律的なアシストがなければ，事態が悪化するばかりである，あるいは，法律的なアシストがあれば，事態が大幅によくなる，という2つの方向です。

▼法律の必要性の示し方

1. 法律的なアシストがなければ，事態が悪化するばかりである
2. 法律的なアシストがあれば，事態が大幅によくなる

実際の例に適用する

　両方証明できれば一番いいのですが，片一方だけでも効果はあります。たとえば，**STEP2**で挙げた女子学生の志望理由書は，次のような方針で書き換えることができます。

▼リストラ被害への適用例

1. 被害に遭ったいとこの困難を説明・叙述する
2. 法律的な解決をしないと，不利な状況になる
3. しかし，通常の法的な扱いだけでは不十分である
4. 特有の事情を理解した法律家が被害者援助に必要である
5. 女性の法律家が適任だが，その数は少ない
6. 自分がその任に当たりたい
7. 関連分野・関心を持っている手法などを補足する

　これらの観点はジェンダーの法学と言われる分野ともかかわ

り，今まで法的処理で軽視されがちであった女性特有の状況を分析し，それに基づいて解決を図るものです。このような観点を入れて書き換えることで，内容の充実度が違ってくるはずです。取り上げた例が，単なる一個人の被害にとどまらず，社会全体の問題であることが浮かび上がってくるからです。社会に起こる問題のほとんどは，このように広がりと深さを持つものであり，志望理由書の内容もその広さと深さに届いていなければ，充実した内容とは言えません。このようなことを伝えたところ，彼女は次のように書き直してきました。

▼第2段落以降の書き直しの例

❷その職場は不況で人減らしをしていたのだが，彼女は結婚している女性というので，退職を迫られたのだった。断ると，その日から数か月にわたりさまざまないじめが始まったという。通常，このような被害の場合，被害者は孤立するので，雇用者側の執拗な嫌がらせに根負けして自己都合による退職にさせられることが多いようだ。彼女も職場では相談する相手が見つからず，私に助けを求めてきたのだった。
＊問題の困難性の描写
❸私は事情を聞いて，すぐリストラ相談ホットラインに連絡することを勧め，自分も付き添って相談に行った。最初に会った弁護士も話は一応聞いてくれたが，細かな問題に対して共感が薄いと感じたので，途中で女性人権保護団体に接触し，女性の雇用問題を専門に扱っている弁護士を紹介された。その弁護士は，いとこの悩みを聞き，この場合の会社との交渉プロセス，あるいは相手の対応の予想，さらには訴訟になったときの心構えなど，細かいところまで情報を示し，サポートしてくれた。結局，その弁護士の尽力でいとこは地位を保全することができたのだが，彼女はそのことより，精神的にサポートしてくれたことに感謝していたようだった。
＊経過説明と法的な対応の有効性

❹そもそも，このような雇用差別は男性が女性を対等な仕事の仲間として見ないというジェンダー意識が原因だろう。この男性社会の論理が法律的処理にも影響を与えている。このような状況には女性の弁護士でないと，よりきめ細かい対処はできない，と事件を担当してくれた女性弁護士から聞かされ，自分自身がジェンダー差別に出会った同性の人々をサポートし，その人権を正当に社会に認めさせる活動に貢献したいと考えるようになった。
＊原因・背景の分析と適格性のアピール

　ここでの書き換えの方針は，抽象化すると次のようにまとめることができます。

1　問題の原因・背景・メカニズムを追究する
2　現在の法律の取扱いの不十分性を強調する
3　（あるいは）法律的な取扱いが効果を上げることを示す
4　社会の需要が強く，適格性があることをアピールする

　これらの要素が，どのように書き換えの中に取り入れられているかを確認すると次のようになります。

	要素	具体的内容
1	問題の原因・背景・メカニズムを追究する	男性が女性を対等な仕事仲間として見ないというジェンダー意識→この意識構造は法的な処理にも見られる
2	現在の法律の取扱いの不十分性を強調する	男性の弁護士だと，女性の置かれている状況の細かい問題に対して共感を持ちにくい
3	法律的な取扱いが効果を上げることを示す	細かいところまで情報を示し，精神的にもサポートしてくれた
4	社会の需要が強く，適格性があることをアピールする	同性の人々をサポートしたい

問題の展開

さらには，このように問題を深く追究することで，関連の問題にもつなげることができます。たとえば，次のような展開が考えられます。

▼第5段落以降の展開

> ❺日本では性別役割分業意識が強く，男は外で働き，女は家庭を守るなどという常識もいまだに根強い。育児などでもパートナーである男性の協力は十分ではない。一方で都市化が進み，女性が育児など相談できるコミュニティはどんどん崩壊し，女性の精神的な孤立化も進んでいる。このような女性を巡る状況の荒廃の中で，雇用差別のみならず，少子化や子供に対する虐待などという事件も発生していると思われる。このようなシビアな状況の中で，法的な処理を含めた社会的な支援が求められていると思う。

このように持ってくれば，最初の雇用差別の問題は，単なる個別的な事件であることをやめ，もっと一般性・普遍性のある日本社会全体の問題としてとらえ直すことができます。当然，自分が法律家となって活躍できる分野も広がることになりますし，より大きな問題としてとらえることで，問題の広がり・深さ・深刻さをさらに強調することにつながります。

もちろん，ここまで詳しく書けば，自分の持っている熱意や知識，情報収集力や論理力も間接的にアピールすることができます。その意味で，自己評価書で明示的に述べる自己の能力のアピールは，実は志望理由書の中で暗に表現されているわけです。採点者が評価するのは，その考察の完成度ではなく，その社会正義へのコミットメントに表れる受験者の構想力とそれを支える表現力や論理力なのです。

Exercise 4

Exercise3で分析した問題のうち1つを取り上げ，上述の2～4の要素を取り出し，さらにその問題の一般化・普遍化を各100字～200字程度でまとめてみよう。

	要素	具体的内容
2	現在の法律の取扱いの不十分性を強調する	
3	法律的な取扱いが効果を上げることを示す	
4	社会の需要が強く適格性があることをアピールする	
5	一般化・普遍化する→関連した問題とのつながりをつける	

STEP 4　ストーリー化する

　さて，問題を取り上げてそれを考察し，その重要性を示した後は，いよいよ，自分が法律家をめざすという結末に結びつけることになります。ここは，単に取り上げた問題が社会的に重要な問題である，というだけでなく，「なぜ自分が法律家にならねばならないか？」にかかわるところです。どんなに社会的に重要な問題であったとしても，それだけでは自分がコミットする理由にはなりません。だれか他の人に任せたり依頼したり要望したり，という方法も十分考えられるからです。自分が積極的にコミットするには，それが自分にとって切実な問題になっているというストーリーを提示する必要があります。

ストーリー化の要点

　これには，「巻き込まれ―挫折型」のストーリーが有効でしょう。この場合なら，状況によって自分が否応なくその問題にかかわらざるをえなくなって，かなり努力したがうまくいかなかった，もう法律家になるほかに解決の道はないのだ，というストーリーです。これは，自分と問題との関係が，もう抜き差しならない段階に至っていることを示す方法です。社会人が実体験に基づいて述べることができる場合は，このストーリーは特に有効でしょう。

　たとえば，医療関係に従事する人は，日々生死にかかわる問題に直面させられています。それを医療システム内部の問題として解決しようとして，さまざまな制度や組織を作って改善しようとした。しかし，どうしても最終的には訴訟という手段に訴えざるをえない。医師や看護師という立場では限界がある，などという展開が考えられます。このような場合は，現場の知識もあるし，それなりに努力しているのだから，問題に対するこだわりも強く，解決しようという意欲も強いと判断される。さらにそういう人が法律の知識を持っていたら，当然問題は解決に向けて進展することになる。問題の重要性が説得的に示されていさえすれば，このような人材が有用であるのはむしろ自

明でしょう。

> **Point** 自分の志望につなげる＝「巻き込まれ―挫折型」のストーリーが有効である

　学生だったら，このような問題に対するアプローチをいろいろ研究するうちに，どうしても法律を知らなければならない，ということに気づいた，などという展開が考えられます。あるいは，学業でなく，課外活動・ボランティアなどでの努力を強調する場合もあります。

法律以外の解決は不可能であることを示す

　ただ注意しなければならないのは，この場合も，法科大学院志望という結末に持ってくるためには，結局，法律以外の解決が不可能であることを示さねばならないことです。そのためには，いろいろ努力してみたけど結局挫折した，というつなぎ方にする必要があります。たとえば，以下のような構成になるわけです。

▼法律家志望を述べるまでのストーリー構成（プロット）

1　問題の重要性を考察する
2　自分なりの努力をする
3　限界にぶつかる，法律以外の解決がない
4　法律家への志望が芽生える

　もちろん，これは必ず通過しなければならないプロットというわけではありません。たとえば，**STEP2**で示した女子学生の例では，志望動機を「同性への援助」という共感だけで支えており，挫折の体験は少ない。リストラの被害を受けた人間が自分の身の回りにいて，しかもその被害者と自分の間には同じ女性という共通の事情がある，というわけです。書いた人が女性であるだけに，同じ女性としてこのままにはしておけない，というストーリーはより強い説得力を持ちます。つまり，問題への取組みを軸として志望理由を組み立てる限り，そこで自分がその問題に対して，もはや深いコミットメントが存在しており，

その問題を解決しなければ自分のアイデンティティが保てない、などというストーリーになってくるわけです。

体験の脚色・演出の必要性

もちろん、こんな都合のよいストーリーがすべての人に備わっているはずはありません。生活や環境が画一化している現代では、むしろこのような問題を持つことはかなり珍しいでしょう。本書の読者はわざわざ数年間という時間をかけて法律家になろうというのだから、それなりの決意と動機はあるのだと思います。しかし、それでも上述したようなストーリーのすべてがすらすらと思い浮かぶなどということは、そうあるものではありません。

しかし逆に言うと、どんな職業体験・生活経験にでも、このような見方をしてみると、それに対応する要素は見つかるものです。たとえば、生活が安定した専業主婦であっても、子供の教育・配偶者との役割分担・高齢者の介護など、なんらかの問題は抱えているでしょう。それを問題として自覚的にとらえないからそう見えてこないだけであって、自覚すれば何でも問題となってくるはずです。

しかも、ここで例として挙げた身近なものでさえ、どれも日本社会を揺るがすような大問題とつながってきます。真面目になって考察すれば、考えるべき背景・メカニズムなどたくさん出てくる。自分の周囲には問題が出現していなくても、同じような境遇の人々はもう直面しているかもしれない。STEP2で出した例と同じように考えるなら、それだけでも十分に志望動機として役立つのです。

⚠️ 「巻き込まれ―挫折」の枠でとらえることができるような体験を探す➡その枠を知っていれば、意外に見つかる

大づかみなストーリーの発見

ただし、そのためには多少なりとも自分の体験を脚色しなくてはならなくなります。これは、何も嘘を書けということではないのです。どんな問題でも、典型的なパターンがあります。「不幸な人間は皆どこかしら似ている」と言われるように、人間が直面する問題には共通性があるからです。自分あるいは身

の回りに起こった事実の中に，その共通パターンに適合したストーリーを見いだし，その部分を強調して事実を並べることで，法律家志望に至るまでのプロットに当てはめる必要がある。

　文章を書くのに慣れていない人は，「自分の体験を書け」と言うと，起こった時間の順序を追って書いていきます。これを時系列と言いますが，このような書き方は事実を表現する方法として決して妥当とは言えません。歴史書もよく見れば決して時間どおりには書いていない。むしろ，ある事実が他のどんな事実の原因になったか，という原因─結果のつながりを重視して書いてある。そのつながりに入ってこない出来事は無視されたり，扱いが小さくなったりする。つまり，歴史記述であっても，その歴史家の見方によって脚色・演出されているのです。あなたが書く志望理由書も，この方法を使って悪いということはありません。むしろ，事柄が明確に意味づけされるためには，事実を強調したり，無視したり，あるいは大胆に順序を入れ替えたりして，整合性のあるストーリー（物語）に積極的に構成する必要があるのです。

> **Point** 志望理由書の構成＝事実を脚色・演出して，「法律家になるしかない」というストーリーに整合性を与える

ストーリーの肉付けと細部

　構成をドラマティックにするには，正義の味方が悪人に対して我慢に我慢を重ねた末に，とうとう正義のために立ち上がる，などというパターンも借りることができます。たとえば，さんざん現在の職業で苦労したあげくに，ついに法律家になるほかないという決意に至った，などというように。そのときに，対決すべき悪役が出てきたり，周囲の無理解と闘ったり，などというディテールも有効でしょう。ただ，あくまでも志望理由書の範囲内ですから，個人攻撃は避けるべきで，闘う相手は制度や組織であることが無難ですね。

　また，大まかなストーリーを適用するとは言っても，その中に出てくるデータや細部は，その事例にしか見られない個性が必要です。現場でなければ得られない細かな事実やニュアンスがストーリーのリアリティを生みます。たとえば，**STEP2**の例

で言えば，担当してくれた弁護士がどんな対応をしてくれたのか，どこが前の弁護士と違ったのか，その性格を表すエピソードが一つでも入っているとよいですね。

> ⚠ **大きなストーリーに従って，事実を整序すると同時に，細かな細部を表現する**

妥当なストーリーの条件

　一方で，志望理由書における社会問題へのかかわりは法律的なものでなければなりません。したがって，法律的なかかわり・介入とはどういうものか，をあなたが正確に把握していなければなりません。それがあまりにも実状とかけ離れているのでは，いくら細部のデータが充実していても，最終的にストーリーとしてのリアリティはなくなってしまいます。

　「法律が社会の中でどんな役割を果たしているのか」については，ある程度説明してきました。それによれば，法は正義という形で公平をめざす制度ですね。したがって，問題もそれに適合したものを選ばねばならないし，分析・考察もそれに添った形で行わなければならない。しかも，どんな問題を選んだかで，最終的な自分の将来イメージも影響を受ける。法律家になりたいという志望が妥当であると周囲が認めるためには，この3つのイメージをすべて備え，しかもそのあり方が納得できる形でなければいけません。しかし，この「納得できる形」を実現するのが，なかなか難しいのです。

法概念の正確な把握が必要

　特に法学専攻でなかった志望者は，法律の社会的役割について過剰な期待を持ちがちです。たとえば，憲法に対する一般の人々の関心にそれが表れています。かつて読売新聞が発表した憲法改正試案では「この憲法は，日本国の最高法規であり，国民はこれを遵守しなければならない」などという一文が前文に堂々と盛り込まれています。憲法学を多少でもかじったことがある人なら，憲法の最大の役割が「権力の暴走を牽制すること」であることはだれでも知っています。そのために，憲法はあらゆる方法で，権力が勝手に振る舞えないように規制している。ある意味で，そのテクニックが憲法の根本です。したがって，

憲法を遵守すべきなのは，論理的に言って国民ではなく政府であるはずなのです。ところが，この前文では「民族の長い歴史と伝統」「美しい国土」などという理想が並び，そうした理想を掲げた憲法を国民が守るべきだと主張されています。

　日本国民は，民族の長い歴史と伝統を受け継ぎ，美しい国土や文化的遺産を守り，文化及び学術の向上を図る。
　この憲法は，日本国の最高法規であり，国民はこれを遵守しなければならない。

（読売新聞が1994年に発表した憲法改正試案・前文より抜粋）

つまり，この試案では主体が逆転し，憲法がまるで国民が守るべき善や道徳規準のようにとらえられているわけです。このような風潮に対して，憲法学者の長谷部恭男は「憲法も一般人が扱えるようなものではなく，法律家・判事・弁護士などという専門家の実践により支えられるものだ」と皮肉っていますが，教訓とすべきなのは，法という制度を非専門家がイメージすると，こういう過度な理想化に陥りがちだということです。むしろ，**法律とは一つの理想を追求することではなく，複数の理想の間の公平な仲裁をする道具にとどまる**とも言われています。法学専攻でなかった志望者は，この辺の事情をもう少し考慮して，法律家の役割に過度な理想化を施さないように気をつけないといけません。そのためには，ある程度法という制度の本質について，考察を深めておく必要があります。

⚠️ 法律への接合＝法をあまり理想化してとらえないこと➡法の基礎知識に触れておく

細かな法解釈はいらない

　一方で法学既修の人は，日本の大学の法学部の伝統として，細かな法解釈の是非にこだわりがちで，社会や経済など，より広い立場から法をとらえるという志向が薄いと言われています。私が過去に添削した志望理由書の中でも，自分の主張の根拠を「××法××条××項に基づく」などとするものが数多くありました。確かに，このような書き方は実際に法律家になってからはできなければならないのですが，志望の段階では，必

ずしもこのような細かな法解釈は必要とされません。法科大学院の入試が，法学専攻に限らず，未修者からも広く募集するという形式を取っていることから考えても，**単に法律知識が豊富であることをアピールしてもさほど有利にはならず，むしろ法という制度をより広い立場からとらえることのできる人材を求めている**，とも言えます。

残念なことですが，今までの法学部の卒業生には，細かな条文解釈のテクニックや知識にこだわり，法律とは何か，社会の中でどういう機能を果たしているか，法の目的は何か，などという基礎教養に欠ける人が多数見受けられます。そういう人に志望理由書を書かせてみると，些末な議論に終始する一方，法に対する大づかみな認識が欠けているので，一読してわかります。

アメリカでは，大学時代の専攻が何であろうと，実務法律家になるためにはロースクールに行かねばならず，そもそも大学レベルで法学部は存在しません。このシステムを採用しようとしている日本の法科大学院も，現在のように未修・既修を分けるのは単なる移行措置に過ぎず，おそらく将来は法学の未修・既修にこだわらず募集する体制になるでしょう。その意味では，細かい法律解釈などは大学院に入ってから学べばよいわけですから，志望理由書の段階では，むしろ法解釈の知識はいらず，法哲学や法思想史，法社会学など一般に「基礎法」と呼ばれる分野や，政治思想史などの知識のほうが応用できる，とさえ言えるかもしれません。

⚠ **志望理由書を書くには，基礎教養の知識のほうが役立つ**

法科大学院が求める人材のイメージ

つまり，法科大学院が求める人材は，今までの司法試験が要求していたような法律知識をよく知っている人ではなく，広い社会科学的な関心と，豊富な社会経験をもとにして，社会的な紛争を適切に判断していくことができる資質を持つ人材ということになります。その意味で，従来の司法試験のイメージの延長上でとらえるのは間違いです。このような傾向を考えれば，おのずからストーリーの中で何を強調し，何を削除すればよいかがイメージできるでしょう。

結論部の明確さをねらう

その意味で言うと，**STEP1**に示した商社マンの志望理由書の第4段落は，自らの社会経験と志望をうまくつなげられなかった例です。国際ビジネス法という語句がラストの段落に唐突に顔を出してきて，前の内容との結びつきが弱い。国際的な場でビジネスマンとして活躍してきた自分のキャリアと結びつくという関係だけでは，ストーリーはぼんやりするだけです。

むしろ，結論部で国際ビジネス法という関心を強く打ち出したいのなら，それに見合うように，最初のキャリアの説明の部分でも法的な処理がうまくいかないで混乱してしまった経験などを書き，法律家にならなければならないと思ったきっかけを示さないと，結論の段落として一貫性が保てません。

三者のバランスを考える

今までの議論から，問題の提出とその内容の検討，さらに自分の将来イメージの関係は，次のような依存関係としてとらえることができます。

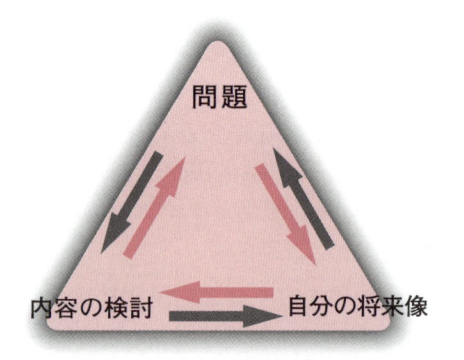

```
          問題
         ／  ＼
        ↕    ↕
       ／      ＼
  内容の検討 ← → 自分の将来像
```

まず，問題はその内容を十分に検討できるだけの明確さを持っていなければなりません。たとえば，「不正な世の中を変えたい」などという漠然としたイメージだけでは，法律家の志望動機にはなりません。不正なことは，この世にたくさんあります。その中には，法律という解決が望ましいものもあるし，経済的に解決しないと根本は直らないものもある。あるいは，心理カウンセリングなどという方法が向いているものすらある。「不正」というだけでは，現在の社会でどんなところに問題が

あるか，それはどんなメカニズムで成り立っているのか，だからどんな方向で考えていけばよいか，という具体性がありません。当然，自分がどのようにそれにかかわっていったらよいのか，という方策も出てこないでしょう。

一方，問題が決定したら，そのメカニズムを詳述し，考察するための知識・経験も必要です。手持ちの知識だけで考察ができる場合もあれば，逆に問題が複雑なので既存の知識だけでは足りず，他から補充しなければならない場合も出てくるでしょう。いくつか本を読んだり，人に話を聞いたりしなればならない場合も出てきます。あるいは，忘れていた経験を思い出したり，エピソードを多少脚色したり，演出したりする必要もあるでしょう。たとえば，先ほどの商社マンの場合は，なんとか自分の身の回りで起こった国際的・法的トラブルを探し出さねばなりません。

さらに，前述したように，その内容の検討から自分の将来の法曹像も決まってきます。メカニズムが決まれば，それにどのように介入したらよいか，だいたいの見当がつくからです。つまり，問題が決まれば，それに応じてだいたいの検討の方針も決まり，そこからできることも決まってくる。反対に，どうしてもある一つの将来イメージを実現したいなら，それに合わせて取り上げる問題を選び直す必要も出てくるのです。

いわば，志望理由書を書くということは，問題の提出とその内容の検討，さらに自分の将来イメージを変数として，一貫性・緊急性・解決の見込み，などを定数とする三次方程式を作るようなものです。今まで説明したことに注意して，自分の変数を決定し，自分なりの方程式を想像してみてください。

Point 志望理由書を書くイメージ＝多変数の方程式を作る
$F(X, Y, Z)$ ＝一貫性・緊急性・解決の見込み
（ただし，X＝問題の種類，Y＝その内容の検討，Z＝自分の将来像）

Exercise 5

今までの ⚠ ・ **Point** を踏まえ

　(a) あなたはなぜ法曹をめざすのか
　(b) あなたはどんな法曹をめざすのか
の2点を述べた志望理由書を1,200字〜1,500字で作成せよ。

▼解答メモ

Part 2

ケース・スタディによる志望理由書の実際

Case Study 1　医療現場での経験

看護師Aさんの場合　　　　3,000字　／　未修
35歳　女性　公立大学看護学大学院卒

　志望理由書は，なぜ法律家になりたいかを明らかにする書類であるから，時間的なストーリーではなく，因果的なプロットのほうが大切である。特に社会人の場合は，過去の職業体験の中に，解決すべき問題を見つけるのが基本になる。そのプロットに役立つ部分を強調し，無駄な部分を大胆にカットするという演出も必要になる。特に法律家につなげるところは，努力→限界→法律への志望という構成を守ろう。

❶st　最初のドラフト

　私は，生活上の問題を市民とともに考え解決してゆける地域に密着した法曹をめざしている。法曹を志願する理由には大きく2つある。一つには，法曹には，これまで学んできた看護学に関する知識や，看護師としての職歴および社会人としての経験は大いに生かせることである。現在の医療は高度化している一方で，医療に対する倫理観の欠如や医療過誤の問題は後を絶つことはないからだ。＊1　また，自分の専門知識を活用して顧客にサービスを提供するという面においても共通している。もう一つには，今後の司法サービスの充実は，法曹数が少ない地方で特に求められている。地元で職業法曹となることで，生まれ育った町に恩返しをしたいと願っている。

　私は，人の命を救うことにかかわる仕事を志し地元の大学の看護学部に入学した。その後同研究室の大学院へと進学し，主に老人看護について研究した。1つの分野を掘り下げて学ぶ大学院では，自主性と創造力を高めることができた。法科大学院で法律を学ぶことにも共通する姿勢であろう。研究職の道に進もうかとも思ったが，当初の目的であった医療の仕事に従事することを決意し，○○大学の医学部附属病院に勤務することとした。

病院の使命は,「患者中心の医療」「情報開示」「安全管理」「経済性」である。これらのいずれにも看護師の存在の意義は大きい。この使命のもと,医療の現場で職能を磨き,倫理観を学び,そして患者サービスを実践してきた。莫大な知識を有する必要がある法曹の仕事は,分野は異なるが,危機に陥っている人間を相手にするだけにその特殊な心理状態など多くの知識を求められる看護師の職能と共通するところが多いのではないか。また,法曹には人間的な信頼感が基本として求められる。医療の現場には,医師をはじめ多職種の医療スタッフおよび事務職員がおり連携して仕事を行っている。この職場でのチーム医療の実践や多くの患者と接してきた貴重な経験を生かすことができるであろう。

　法曹への挑戦を決定づけたものは,治験コーディネーター(CRC)の仕事であった。1997年より治験(新薬の臨床試験)に関する新しい規制が設けられ,被験者の文書同意の取得が義務づけられるなど,被験者の人権について十分な配慮と安全性を確保することが徹底されることが求められている。*2　この変革において,CRCが患者に果たす役割は,「患者の立場の代弁」「情報の提供」である。CRCは新しい医療職であることから強い好奇心を抱くとともに,患者を守るという仕事にやりがいを感じ,2000年の当院でのCRC立ち上げ時よりこの仕事を希望した。患者の気持ちに寄り添い,よき相談相手となって患者の立場を代弁する,という仕事は大変充実したものであり,次第に法曹の仕事に対するイメージと重なり,法曹の世界に進む気持ちを強いものとした。この臨床試験の仕事は,新しいゲノム医療の分野で危惧されてきている人権問題など,医療にかかわるさまざまな問題を考えていくうえでも有用であると考える。*3

　今後の司法サービスの充実をめざしロースクール構想が打ち出されている。この社会のニーズに応え地域に貢献したい。政府規制の撤廃によって,事前的に行政が関与して基準を決めるというやり方から,できるだけ自由な経済活動を前提として事前規制から事後の裁判を通じての判決を得るという流れへ変化してきている。国民の側では,共同体の結束が弱まり,個人の利益追求が優先される心情倫理が一般化されてきている。つまり,法律がその実効性を増してきており,法曹の役割はますます大きくなっているのだ。しかし,日本では,弁護士の数がアメリカの50分の1のわずか2万人弱に過ぎず,地方では特に深刻な問題である。地元地域住民の方々や,地元企業(病院)の方々への法的サポートの提

供に積極的に貢献したい。＊4

　××大学法科大学院は，医療・福祉をはじめ，身近な生活問題に強い人材の育成を重点項目として掲げてあり，私のめざす法曹のイメージと一致している。さらに，貴大学法学部は半世紀以上の長い歴史の中で，官界，実業界，教育界等の多方面に多くの人材を輩出されているという伝統に裏打ちされた実績と，司法試験合格の現実的なシステムがある。貴大学という理想的な環境の中で，法律の知識を身につけるだけではなく，それらを役立てる法的な「知恵」を身につけながら一歩一歩懸命に勉強に励みたい。そして，医療分野にスペシャリティであり，かつ，オールラウンドな分野で人々の役に立てるよう，地元地域で一生懸命活動していきたい。看護師には，「人間性」はもちろんのこと，「科学」および「技術」が重要である。この分野での実務経験を生かし，今後は，「科学」に「法律」を，「技術」に「論理的判断力」を加えて立派な法律家になれるよう努力する決意である。

　以上の理由により，私は，××大学法科大学院に入学することを強く希望します。

NG ＊1　ここはもう少し説明が必要なところ。「また」を使ってつなげると，内容が終わってしまう。

Good ＊2　具体的なデータを加えているので説得力がある。

NG ＊3　この体験は，法律に興味を抱いたきっかけになっていると書きながら，どう法律とつながっているのか，説明がなされていない。

NG ＊4　法科大学院の構想・背景について冗長に述べる必要はない。志望理由書は自分がどうして法律家になりたいかを中心に書くべきだろう。

1st 最初の添削

❶ ~~私が~~ は，~~生活上の問題を市民とともに考え解決してゆける地域に密着した法曹をめざしている。~~法曹を志願する理由には大きく２つある。一つには，医療と法が絡んだ複雑な問題にかかわりたいからだ。~~法曹には，これまで学んできた看護学に関する知識や，看護師としての職歴および社会人としての経験は大いに生かせることである。~~現在の医療は高度化している一方で，医療に対する倫理観の欠如や医療過誤の問題は後を絶つことはないからだ。医療関係の係争には…（＊ここは何か説明を入れるとよい）。~~また，自分の専門知識を活用して顧客にサービスを提供するという面においても共通している。もう一つには，今後の司法サービスの充実は，法曹数が少ない地方で特に求められている。地元で職業法曹となることで，生まれ育った町に恩返しをしたいと願っている。~~

❷ このような現場では，医療と法律の双方の知識がなければ，さまざまな問題にうまく対処できない。たとえば…（＊ここは例示を入れる）。~~私は，人の命を救うことにかかわる仕事を志し地元の大学の看護学部に入学した。その後同研究室の大学院へと進学し，主に老人看護について研究した。１つの分野を掘り下げて学ぶ大学院では，自主性と創造力を高めることができた。法科大学院で法律を学ぶことにも共通する姿勢であろう。研究職の道に進もうかとも思ったが，当初の目的であった医療の仕事に従事することを決意し，○○大学の医学部附属病院に勤務することとした。~~

❸ ~~病院の使命は，「患者中心の医療」「情報開示」「安全管理」「経済性」である。これらのいずれにも看護師の存在の意義は大きい。この使命のもと，医療の現場で職能を磨き，倫理観を学び，そして患者サービスを実践してきた。莫大な知識を有する必要がある法曹の仕事は，分野は異なるが，危機に陥っている人間を相手にするだけにその特殊な心理状態など多くの知識を求められる看護師の職能と共通するところが多いのではないか。~~また，法曹には人間的な信頼感が基本として求められる。~~医療の現場には，医師をはじめ多職種の医療スタッフおよび事務職員がおり連携して仕事を行っている。この職場でのチーム医療の実践や多くの患者と接してきた貴重な経験を生かすことができるであろう。~~

❹ ~~法曹への挑戦を決定づけたものは~~ このような問題意識から，私は病院

で，治験コーディネーター（CRC）の仕事に深くかかわったであった。治験とは，…であり，これまでに…などの問題があった（＊ここは説明・例示を入れる）。そのため，1997年より治験（新薬の臨床試験）に関する新しい規制が設けられ，被験者の文書同意の取得が義務づけられるなど，被験者の人権について十分な配慮と安全性を確保することが徹底されることが求められたている。この変革において，CRCが患者に果たす役割は，「患者の立場の代弁」「情報の提供」である。私CRCは，この新しい医療職の役割であるであることから強い好奇心を抱くとともに，患者を守るという仕事にやりがいを感じ，2000年の当院でのCRC立ち上げ時よりこの仕事を希望した。患者の気持ちに寄り添い，よき相談相手となって患者の立場を代弁する，という仕事は大変充実したものであり，次第に法曹の仕事に対するイメージと重なり，法曹の世界に進む気持ちを強いものとした。この治臨床試験の仕事は，新しいゲノム医療の分野で危惧されてきている人権問題など，医療にかかわるさまざまな法的問題を考えていくうえでも有用であろうると考える。

❺今後の司法サービスの充実をめざしロースクール構想が打ち出されている。この社会のニーズに応え地域に貢献したい。政府規制の撤廃によって，事前的に行政が関与して基準を決めるというやり方から，できるだけ自由な経済活動を前提として事前規制から事後の裁判を通じての判決を得るという流れへ変化してきている。国民の側では，共同体の結束が弱まり，個人の利益追求が優先される心情倫理が一般化されてきている。つまり，法律がその実効性を増してきており，法曹の役割はますます大きくなっているのだ。しかし，日本では，弁護士の数がアメリカの50分の1のわずか2万人弱に過ぎず，地方では特に深刻な問題である。地元地域住民の方々や，地元企業（病院）の方々への法的サポートの提供に積極的に貢献したい。

❻××大学法科大学院は，医療・福祉をはじめ，身近な生活問題に強い人材の育成を重点項目として掲げてあり，私のめざす法曹のイメージと一致している。さらに，貴大学法学部は半世紀以上の長い歴史の中で，官界，実業界，教育界等の多方面に多くの人材を輩出されているという伝統に裏打ちされた実績と，司法試験合格の現実的なシステムがある。貴大学という理想的な環境の中で，法律の知識を身につけるだけではなく，それらを役立てる法的な「知恵」を身につけながら一歩一歩懸命に勉強に励みたい。特にそして，医療分野にスペシャリティを持ちながら

法科大学院 ［志望理由書］問題発見と展開の技術

Case Study 1 医療現場での経験 ❶

~~であり，かつ，オールラウンドな分野で人々の役に立てるよう，~~地元地域で~~一~~生懸命活動していきたい。~~看護師には，「人間性」はもちろんのこと，「科学」および「技術」が重要である。この分野での実務経験を生かし，今後は，「科学」に「法律」を，「技術」に「論理的判断力」を加えて立派な法律家になれるよう努力する決意である。~~
❼~~以上の理由により，私は，××大学法科大学院に入学することを強く希望します。~~

ドラフトの評価

独創性	3
論理性	3
構成力	2
表現力	2
知識	3
総合評価	D

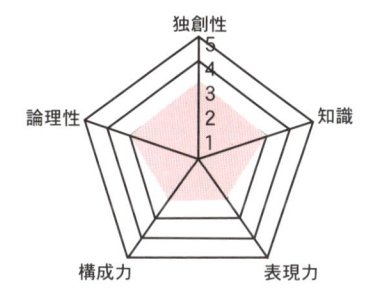

1st 診断と講義

理想とする法律家像から始まって，学歴・職歴・学校への期待など盛りだくさんに書いてある志望理由書です。丁寧に書いていてAさんの真面目な性格をうかがわせますが，それだけに中心となる内容がよくわからないという結果になっています。これでは，丁寧さが逆効果として働いています。いくつもポイントを作らないで，病院勤務という職場経験を生かしたものに集中したほうがよいでしょう。特に，医療事故・医療訴訟の問題は近年ますます重要になってきています。病院勤務という専門性をもっとアピールする方向で内容を整理する必要があります。

構成の基本

　ずいぶんバッサバッサと削除してしまい，せっかく書いたのにかわいそうな気もするのですが，いろいろと初歩的な間違いが見受けられるので，この場合しかたがないのです。このままでは，焦点と特色を持たない文章になってしまいます。志望理由書は，たくさんの志望者の中で，「これは」と思う特徴を持たねばなりません。その意味で，このような構成の文章は損をしてしまいます。

　この志望理由書は，7つの段落からなっています。それぞれの段落の内容は次のとおりです。

1　イントロダクション―自分のめざす法曹像
2　学歴と専攻
3　職業と法律家の関係
4　特筆すべき職業体験
5　ロースクールと法律家の意義
6　大学院への期待
7　結語

　こうやって並べてみると，1を除けば，ほぼ時間的な順序で並んでいることがわかります。実際の出来事の流れに合っているので，志望理由書を書くのに慣れていない人は，このような

プロットの強調

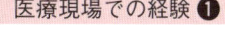

書き方をしがちです。しかし，このような書き方は明らかに間違いです。

何かを物語る場合は，時間的順序に流れる「ストーリー」と因果関係を語る「プロット」に分かれるとよく言われます。何かが必然的であることや，不可避であることを主張するには，ストーリーよりプロットの部分を強調せねばなりません。志望理由書でも，なぜ法律家をめざすか，を「なるほどな」と他人に思わせるのが目的ですから，「これは法律家になるしかない」という必要性・必然性を強調する必要があります。

Point 志望理由書＝法律家になるための必然性・プロットを作成する

法律家の役割

では，その必然性とは何なのでしょうか？　法律家の役割とは，大げさに言ってしまえば，この世に正義と秩序をもたらすことです。少なくとも，ある紛争・問題が起こっているところにやってきて，それが正義にのっとった公平な解決になるように処理していくのがポイントです。法律学のシンボルとしてよく目にする正義の女神ディケー（ユスティティア）は，片手に剣を持ち，もう片方に天秤を持っていることを思い出しましょうね。

社会人が法律家になりたいと志望を述べる場合は，この法律家のイメージと適合する必要があります。つまり，社会に出てある問題に直面し，それが法律以外の方法では解決しないことを確認せざるをえなかった，という状況を作ればよいわけです。自分が法律家に適しているかどうかは，その後に検討すればよいのです。まず「問題の発見」が必要な作業と考えてよいでしょう。

問題化が抜け落ちる

その意味で言うなら，Aさんの志望理由書は自分と法律家の適合性という面ばかりが強調されていて，肝心の「問題化」が埋もれてしまった例と言えるでしょう。たとえば，3，5，6などの段落の大部分は，自分が法律家として適格であり，志望

する大学院もすばらしいと述べている内容になっています。また2も学歴を説明するようでいながら，「1つの分野を掘り下げて学ぶ大学院では，自主性と創造力を高めることができた。法科大学院で法律を学ぶことにも共通する姿勢であろう」などと，法律家としての適格性への言及ばかりが顔を出しています。

　自分が法律家としての適格性を持っているかということは，むしろ自己評価書に書いたほうがよい内容です。自己評価書と志望理由書の役割分担は，後で詳しく説明しますが，簡単に言えば前者が自分の資質について書くのに対して，後者は自分が取り組みたい仕事について書くものだと考えてよいでしょう。この場合，仕事とは取り組むべき「社会問題」です。

⚠ 法律家への適格性は自己評価書に入れる

現場で出会った問題

　Aさんは社会人なのですから，この「問題」は，自分が実際に職場で出会ったものを選ぶべきでしょう。社会人が学生と比べて有利なのは，学業成績や知識ではなく，現実の社会で直面した問題のリアリティにあります。したがって，第1段落で挙げている「法曹を志願する理由」である

1　看護師としての職歴・経験が生かせる
2　医療倫理や医療過誤の問題
3　地元で職業法曹となる

のうち，1，3は自己評価書が別にあればそちらに書くか，あるいは志望理由書の補足に回すことにして，当面は「医療倫理や医療過誤の問題」に集中すべきです。

主なる方針と無駄な細部

　特に，医療問題は法律と絡み合う複雑な問題ですし，医療訴訟などこれから増えていく分野でしょう。この問題を適切に解決するには，医療と法律の双方に通じている必要がありますが，少なくとも看護職としてそのうちの一つである医療の現場を知っている，ということは採点者に強い印象を与えることになるし，有利なポイントになります。病院での豊富な経験を生かした法律活動という方針で志望理由を整理していけば，他の志望者との差異化・差別化ができるのです。

しかし，そういった目で見ると，この志望理由書はあまりにも無駄な部分が多すぎるとともに，必要な内容が欠如しています。たとえば，第3段落の組織の中でうまくやるとか，個人として努力するなどは，社会の中で働くからには当たり前で，アピールするほどの内容ではありません。むしろ，自分が医療の現場にいて矛盾と感じたこと，大きな問題になりかかったこと，それが法律を介することで解決に向かったという経験を強調すべきでしょう。特に具体的な例があると，臨場感もあるし，インパクトが強い。その意味で，もっと病院での実際の出来事を詳しく書き，それが法律家志望につながったというプロットを組み立てる必要があります。

ストーリーに役立つ部分を中心にする

これは，嘘を書くということではありません。往々にして，人間は自分の経てきた経験がどのようなストーリーであるかを知りません。読み手を動かすストーリーにするためには，素材を吟味して，それをおもしろくなるようにアレンジしなければなりません。私はよく志望理由書を料理にたとえます。よい材料を使っても，料理のしかたがまずければダメですし，それを盛りつける皿やテーブルや部屋の雰囲気も「おいしさ」には大きな影響があります。病院での職業経験というよい材料をうまくアレンジして，1つのストーリーとして料理すべきなのです。

二義的な内容は捨てる

逆に言えば，そういう方針に役に立たないものは大胆に捨てるべきです。たとえば，第6段落に志望大学院を称揚したところがありますが，これは捨ててしまうか，あっさりと触れるにとどめます。なぜなら，こんなことはだれでも書けるからです。大学の良さ悪さは内部にいる者が一番よく知っているはずです。外の人からほめられたところで，大してうれしくはないでしょう。また地域に貢献するのも，地元で活動するなら当たり前のことです。こういうものは，自分としては大事な内容でしょうが，他人から見れば陳腐な表現にしか見えません。他人が見て，「なるほど」と思うように演出することが大事なのです。したがって自分が活躍したい方面をあれこれと挙げるのではなく，医療問題に「特化」した面を打ち出すとよいと思います。

もちろん，面接で「それだけなのか？」と聞かれたら，「他にも興味がある」と答えれば済むことです。そこで十分補正できるでしょう。

　逆に充実すべきなのは，自分がその問題にかかわった部分です。特に治験コーディネーターという経験は，法曹に対する志望につながるだけに，どのように取り組んだか，そこでどんな問題に直面したか，自分はどのように対処したか，そこでどんな感想を持ったか，などの面から詳しく述べるべきでしょう。

> ❹患者を守るという仕事にやりがいを感じ，2000年の当院でのCRC立ち上げ時よりこの仕事を希望した。患者の気持ちに寄り添い，よき相談相手となって患者の立場を代弁する，という仕事は大変充実したものであり，次第に法曹の仕事に対するイメージと重なり，法曹の世界に進む気持ちを強いものとした。

というだけでは，なぜ「法曹でなければならないか？」という疑問に十分答えることはできません。法律で処理しなければならない事態に直面しなければならないでしょう。

改訂の方向を決定する

　そんなわけで，この志望理由書は大幅な改訂が必要です。医療を話題の中心とし，病院での具体例を思い出し，スペシャリティのある弁護士を志望する，というような方向で再構成しなければなりません。今のままでは，話題があっちに行きこっちに行き，ふらふらして定まらない印象があります。ステレオタイプな表現を避けて，自分の特徴のみに集中してください。

❷nd 再提出ドラフト

❶

序論
時代状況・
法律家にな
りたい理由

　私が法曹を志願する理由は，医療と法が絡んだ複雑な問題にかかわりたいからだ。現在の医療は高度化している一方，医療に対する倫理観の欠如や医療過誤の問題が続出している。特に医療過誤事例は最近増加の傾向がある。医療に関する基礎知識を持ちながら，これらの事例を法的に取り扱うことが求められていると思う。

❷

本論1
問題の例示

　たとえば，私の勤めている病院では，平成12年に薬剤に関連した重大な事故が起きている。主治医が胃薬の「アルサルミン」を処方すべきところ，パソコン入力を誤り，よく似た名称の抗がん剤の「アルケラン」を8か月にわたり処方してしまった。そのため，服用を続けた患者が副作用で白血球や赤血球などが減少する重症の汎血球減少症になり入院するに至ったのだ。幸い患者は回復し，損害賠償の支払いだけで和解し裁判には至らなかった。しかしいまだに係争中のものもあり，医療と法律がかかわる事例は確実に増えている。

❸

　この背景には，医療情報の開示が進められている中で，医療スタッフが患者とコミュニケーションを図りながらその説明責任を果たす，という対応が十分ではないことが挙げられるだろう。病院は，患者に最善の医療を提供することを理念としているが，現実はさまざまな問題が発生する。治療の過不足や薬の副作用などにより，患者は自身が求める医療を受けられるとは限らない。あるいは，医療スタッフと患者双方のコミュニケーションの不足などから，安心して納得できる治療を受けられない，などの問題も頻出している。そして，患者が，説明を十分に受けていないなど病院の対応に不信感を持つ場合は，医療側との直接の対話のみでは解決できない問題が発生してくる。このような状況の中で，組織をバックに持たない患者は弱い立場にある。不利益を被った場合でも，救済の手段は限られる。このようなときに医療に詳しい法律家がいれば，問題解決の介助が可能であり，法律で認められた権利を用いて不利益の代償を与えることがたやすくなる。

❹　一方で、事故は年々複雑になってきており、医療と法律の双方の知識・経験がなければ、さまざまな問題の原因を解明できないと思う。なぜなら、このような医療事故の場合、主治医のみのミスとしてとらえるのは、問題の矮小化することが多いからだ。高度化する医療において病院組織は細分化され、おのおのが専門性を高めることを優先する。その結果、専門以外の分野に注意が疎くなるものの、横の連携は十分にはなされてこなかった。たとえば、前述の事故でも、外来の場合は通常、主治医が一人で診療を行うため、ほかの医師がこの処方ミスおよび副作用の発現に気づくことがなかった。しかも、処方をオーダーするコンピュータシステムは、薬品名の最初の2文字を入力すると画面上に該当の薬品名が表示されその中より選択するものだった。しかし2文字だけでは10品目以上の薬品が一致するため、画面上での操作ミスで1列上の薬品が選択されてしまったのだ。一方で、薬局では、抗がん剤の薬は、告知の問題が絡んで、医師への問合せが行われることもなく、本人に薬の効果や副作用を説明していなかった。さらに、血液検査の結果も見過ごされていた。異常値が出ていたが、原疾患の治療に直接かかわっていない検査値であったため、主治医が気づいていなかったのである。このように単純な事故一つとっても、一人の医者のミスとして簡単に責任を問えるものではなく、医療システム全体が複雑に絡み合う様子を解き明かさねばならない。

本論2
問題提起2

❺　私は病院で、治験コーディネーター（CRC）の仕事に深くかかわり、この問題の根深さを痛感した。治験とは、承認を得るために、承認前の薬である治験薬を患者に投与する臨床試験である。これまでは、患者の同意を得ずに投与が行われたり、検査データがねつ造されたりなどの問題があった。そのため、平成9年より、被験者となる患者の文書同意の取得が義務づけられるなど、患者の人権について十分な配慮と安全性が求められた。この場合、コーディネーターは、「患者の立場を代弁」し、「情報を提供」する役割を果たす。

❻　私は、立ち上げ時よりこの仕事を希望し、薬剤師と協力して、医師の診察に同席して患者の付添人的役割を果たした。もちろん、患者は試験段階の薬の投与に対し期待とともに不安を感じ

ているため，CRCは十分な説明を行い質問に答えるなど，常に患者の気持ちに寄り添い，よき相談相手となる必要がある。その際，損害賠償などにかかわる場合も出てくる。たとえば，ある患者の場合では，治験薬投与が終了した直後に，体の不調を訴え別の病院に入院し緊急手術を受けることとなった。投与はすでに終了しており，治験との関連性は不明であったが，医師や患者と相談のうえ，医療費約50万円の補償を製薬会社に求めた。その際には，私は医師のコメントや患者からの請求の書類を作成し製薬会社との交渉に当たり，患者に全額支払うことができた。

❼　このような仕事をすることで，私は次第に患者の権利と医療システムの矛盾などの問題への関心を深めていった。複雑な医療システムの中で，患者は翻弄されている。その法的な権利を守りたいという思いは，法曹の世界への志望を強めた。憲法13条の条文には「生命，自由及び幸福追求に対する国民の権利については，公共の福祉に反しない限り，立法その他の国政の上で，最大の尊重を必要とする。」とある。この条文でも述べられているように，すべての人にとって「生命」は「最大限に尊重」されるべきであり，その権利が侵されている状況に対しては法的な救済がなされるべきである。医療側は誠意をもって事実を説明し，必要があれば謝罪および相応の救済を行う義務がある。それゆえ，患者が納得できる説明や補償を受けられない場合は，これまでに学び経験してきた医療知識を活用し，医療側の過失を主張・立証していきたい。さらに，新しいゲノム医療の分野などでは人権問題なども危惧されてきており，医療にかかわるさまざまな法的問題を考えていくうえでも有用であろう。一方，医療問題を積極的に取り上げていくことにより医療の発展に貢献したい。守るべき範疇を越えて病院が守られてしまうと，病院は問題を省みることなく繰り返す危険があり，医療界の発展を阻害する方向に働くと考えるからである。これにより患者が安心して治療を受けられる医療環境を作っていきたい。

❽　もちろん，多くの医療従事者は患者の治療のため誠心誠意尽くしており，実際に，病院でそのような医師たちの姿を日々見てきた。一方で，マスコミの過剰報道が患者側の医療への過剰

> 結論
> 大学院への期待

❾ な疑心感を抱かせ，医事紛争増加に荷担しているとも言われている。このような別の側面があるのも事実であり，「医学的真実」および「法律的真実」を明らかにするという理念を大切にしていきたいと考えている。
　××大学法科大学院は，医療・福祉をはじめ，身近な生活問題に強い人材の育成を重点項目として掲げてあり，私のめざす医療と法曹の総合のイメージと一致している。さらに，貴大学法学部は半世紀以上の伝統に裏打ちされた実績と，司法試験合格の現実的なシステムがある。法律の知識を身につけるだけではなく，それらを役立てるフィールドを積極的に開拓していきたいと思う。

2nd　診断と講義

方向と具体例の明確化

　　　　前半はかなりよくなってきています。自分のスペシャリティと思われる分野にまっすぐ進んでおり，叙述にスピード感が出てきました。第2段落の具体的な医療事故のエピソードも，細部のデータが豊富なので迫力があります。さらに第3段落では，医療事故の原因・背景・メカニズムを考察しています。このような考察は効果的です。単に具体的イメージを提示するだけでなく，自分の思考力・構想力・推論力をアピールすることにもなります。具体的事例を提示しただけで満足せずに，必ずそのメカニズム・背景・原因まで言及しましょう。

> **Point**　具体的事例とともに，その原因・背景・メカニズムを考察して，自分の思考力・構想力・推論力をアピールする

　　　　ただ，その推論・メカニズムの説明は，複雑すぎてはいけません。ここでは，特に第3・第4段落の説明が錯綜しています。ここでは，以下の4つ，つまり
　　1　医療スタッフと患者とのコミュニケーションの問題
　　2　病院組織における問題

3　患者の不利な条件
　　　4　情報システムの問題
の問題が絡み合っているので，複雑な感じがしてしまいます。論点は2つぐらいでも十分困難な感じがするので，適当に削除しておく必要があります。

▼第3・第4段落の添削

❸この背景には，医療情報の開示が進められている中で，医療スタッフが患者とコミュニケーションを図りながらその説明責任を果たす，という対応が十分ではないことが挙げられる~~だろう~~。~~病院は，患者に最善の医療を提供することを理念としているが，現実はさまざまな問題が発生する。~~治療の過不足や薬の副作用~~などにより，患者は自身が求める医療を受けられるとは限らない~~。あるいは，医療スタッフと患者双方のコミュニケーションの不足などから，安心して納得できる治療を受けられる状況にない。~~ない，などの問題も頻出している。そして~~特に，患者が，説明を十分に受けていないなど病院の対応に不信感を持つ場合は，医療側との直接の対話のみでは解決できない~~問題が発生してくる。このような状況の中で，組織をバックに持たない患者は弱い立場にある。不利益を被った場合でも，救済の手段は限られる。このようなときに医療に詳しい法律家がいれば，問題解決の介助が可能であり，法律で認められた権利を用いて不利益の代償を与えることがたやすくなる。~~

❹一方で，事故は年々複雑になってきており，~~医療と法律の双方の知識，経験がなければ，さまざまな問題の原因を解明できないと思う。なぜなら，このような医療事故を~~の~~場合~~，主治医のみのミスとしてとらえるのは，問題の矮小化~~することが多いから~~につながる。高度化する医療において~~病院組織は細分化され，~~おのおのの部署は細分化され，~~が~~専門性を高めること~~が~~を優先~~さ~~する。その結果，専門以外の分野~~に注意が疎くなるものの，横~~との連携は不十分に~~はなる~~されてこなかっ~~た。~~たとえば，~~前述の事故でも，

外来の場合は通常、主治医が一人で診療を行うため、ほかの医師がこの処方ミスおよび副作用の発現に気づけない。しかも、処方をオーダーするコンピュータシステムは、薬品名の最初の2文字を入力すると画面上に該当の薬品名が表示されるが、上述の場合はその中より選択するものだった。しかし2文字だけでは10品目以上の薬品が一致するため、画面上での操作ミスが起こってしまったのだ。薬局でも、抗がん剤の薬は告知の問題が絡むので、本人に薬の効果や副作用を説明していなかった。医療システム全体が複雑に絡み合う様子を解き明かさねばならない。

従来の職責での努力を描く

　このように整理してしまえば、論点は1と4の2つに絞られて、この2つだけでも十分複雑で解決困難な問題であるということがわかります。この志望理由書では、この問題に対して、看護職の立場から治験コーディネーターとしてかかわったことが述べられています。これもいいことですね。

　ストーリーを盛り上げるには、主人公の行動を邪魔する状況を置く、というのがシナリオ構成の常套手段と言われています。ここでも、いきなり法律でなければならないという結論に飛びつくのではなく、努力したが不十分だったというストーリーにしたほうがよいでしょう。法律という結論に行く前に、まず自分の職責の範囲で努力した、というプロセスを述べ、志望書の目標である法律家をめざす「必然性」を高めるわけです。

> **Point** 法律以外の手段に訴える→法律でなければならなかった、というストーリー構成をめざす

したがって，看護職での努力から法律への関心が芽生えるあたりは，「いろいろ努力してみたけど，どうしても限界があった」というプロットになるように整理する必要があります。今のままでは，関心を高めていったというストーリーをすんなりと述べているだけなので，なぜ病院の看護職という現在の仕事を捨ててまで，法律家をめざす道に進もうと思ったか，という人生の転換が納得しにくいのです。Ａさんと話し合った結果，第7・第8段落を次のような事例と変えることにしました。

▼第7・第8段落の書き換え

❼一方で，病院という組織内での努力ではどうにもできない問題にも直面した。治療では患者の利益を最優先すべきであるとされているが，実際には理念どおりにはいかないからだ。たとえば，治験薬の投与は計画どおり行わなければならないため，効果が認められても途中で投与を中止しなければならない。このようなケースでは，製薬会社や病院内の倫理委員会に対し「継続提供申請」の手続きを行えば，継続投与が了承されるケースが多い。しかし，ある製薬会社の場合は何度も交渉に当たったが，薬の提供には応じてもらえなかった。薬の開発全体の進行に影響が出かねないと考えたからだ。確かに，1日でも早く薬が承認されることは，他の多くの患者の治療にとっては有用かもしれないが，「死にたくない」と訴える患者を目の前にし，治療できないのには悔しい思いをした。間もなく患者は亡くなったが，会社はこの患者の治験期間中のデータを有効例として治験薬を国に申請した。

❽このような経験を積むうちに，複雑な医療システムの中で翻弄されている患者の権利を守りたいという気持ちが強くなってきた。憲法13条でも述べられているように，すべての人にとって「生命」は「最大限に尊重」されるべきだが，現実は理想からほど遠い。それぞれの場合で具体的な条件を整理して，権利がどう侵されているか，どこにどこまで責任があるかを明らかにしたうえで，救済を試みなけ

> ればならない。それゆえ，法的な介入が必須となってくるのはもちろんであるが，それだけではなく医学的・看護学的な見解も必要となってくるだろう。そこにこれまでに看護師として経験してきた知識を活用することができると考えたのである。

　これだと，「努力→限界→法律への志望」というプロットが明快に出ているので，安定した職業を捨ててまで新しい道にチャレンジするという動機が納得できるものになると思います。

3rd　完成稿

　私が法曹を志願する理由は，医療と法が絡んだ複雑な問題にかかわりたいからだ。現在の医療は高度化する一方，医療に対する倫理観の欠如や医療過誤の問題が続出している。特に医療過誤事例は最近増加の傾向がある。医療に関する基礎知識を持ちながら，これらの事例を法的に取り扱うことが求められている。

　たとえば，私の勤めている病院では，平成12年に薬剤に関連した重大な事故が起きている。主治医が胃薬の「アルサルミン」を処方すべきところ，パソコン入力を誤り，抗がん剤の「アルケラン」を8か月にわたり処方した。そのため，服用を続けた患者が副作用で白血球や赤血球などが減少する重症の汎血球減少症になり入院するに至ったのだ。幸い患者は回復し，損害賠償の支払いだけで和解し裁判には至らなかった。しかしいまだに係争中のものもあり，医療と法律がかかわる事例は確実に増えている。

　この背景には，医療情報の開示が進められている中で，医療スタッフが患者とコミュニケーションを図りながらその説明責任を果たす，という対応が十分ではないことが挙げられる。治療の過不足や薬の副作用，あるいは，医療スタッフと患者双方のコミュニケーションの不足などから，安心して納得できる治療を受けられる状況にない。特に，患者が，説明を十分に受けていないなど病院の対応に不信感を持つ場合は，医療側との直接の対話のみでは解決できない。

　一方で，事故は年々複雑になってきて，医療事故を主治医のミスとし

てとらえるのは，問題を矮小化することにつながる。高度化する医療において，おのおのの部署は細分化され，専門性を高めることが優先される。その結果，専門以外の分野との連携は不十分にはなる。前述の事故でも，外来は通常，主治医が一人で診療を行うため，ほかの医師がこの処方ミスおよび副作用の発現に気づけない。しかも，処方をオーダーするコンピュータシステムは，薬品名の最初の2文字を入力すると画面上に該当の薬品名が表示されるが，上述の場合は10品目以上の薬品が一致するため，画面上での操作ミスが起こってしまったのだ。薬局でも，抗がん剤は告知の問題が絡むので，本人に薬の効果や副作用を説明していなかった。単純な事故でも，医療システム全体が複雑に絡み合う様子を解き明かさねばならない。

　もちろん，私は病院のスタッフとして自分なりに医療事故をなくすべく努力をした。特に，治験コーディネーター（CRC）の仕事に携わることで，患者本位の医療を実践することの重要性を強く認識するようになった。治験とは，承認を得るために，承認前の薬である治験薬を患者に投与する臨床試験である。これまでは，患者の同意を得ずに投与が行われたり，検査データがねつ造されたりなどの問題があった。そのため，平成9年より，被験者となる患者の文書同意の取得が義務づけられるなど，患者の人権について十分な配慮と安全性が求められた。この場合，コーディネーターは，「患者の立場を代弁」し，「情報を提供」する役割を果たす。

　私は，立ち上げ時よりこの仕事を希望し，薬剤師と協力して，医師の診察に同席して患者の付添人的役割を果たした。もちろん，患者は試験段階の薬の投与に対し期待とともに不安を感じているため，CRCは十分な説明を行い質問に答えるなど，常に患者の気持ちに寄り添い，よき相談相手となる必要がある。その際，損害賠償などにかかわる場合も出てくる。たとえば，ある患者の場合では，治験薬投与が終了した直後に，体の不調を訴え別の病院に入院し緊急手術を受けることとなった。投与はすでに終了しており，治験との関連性は不明であったが，医師や患者と相談のうえ，医療費約50万円の補償を製薬会社に求めた。その際には，私は医師のコメントや患者からの請求の書類を作成し製薬会社との交渉に当たり，患者に全額支払うことができた。

　一方で，病院という組織内での努力ではどうにもできない問題にも直面した。治療では患者の利益を最優先すべきであるとされているが，実

際には理念どおりにはいかないからだ。たとえば，治験薬の投与は計画どおり行わなければならないため，効果が認められても途中で投与を中止しなければならない。このようなケースでは，製薬会社や病院内の倫理委員会に対し「継続提供申請」の手続きを行えば，継続投与が了承されるケースが多い。しかし，ある製薬会社の場合は何度も交渉に当たったが，薬の提供には応じてもらえなかった。薬の開発全体の進行に影響が出かねないと考えたからだ。確かに，1日でも早く薬が承認されることは，他の多くの患者の治療にとっては有用かもしれないが，「死にたくない」と訴える患者を目の前にし，治療できないのには悔しい思いをした。間もなく患者は亡くなったが，会社はこの患者の治験期間中のデータを有効例として治験薬を国に申請した。

　このような経験を積むうちに，複雑な医療システムの中で翻弄されている患者の権利を守りたいという気持ちが強くなってきた。憲法13条でも述べられているように，すべての人にとって「生命」は「最大限に尊重」されるべきだが，現実は理想からほど遠い。それぞれの場合で具体的な条件を整理して，権利がどう侵されているか，どこにどこまで責任があるかを明らかにしたうえで，救済を試みなければならない。それゆえ，法的な介入が必須となってくるのはもちろんであるが，それだけではなく医学的・看護学的な見解も必要となってくるだろう。そこにこれまでに看護師として経験してきた知識を活用することができると考えたのである。

　組織を持たない患者は弱い立場にあり，不利益を被った場合でも救済の手段は限られてしまう。このような場合には，医療に詳しい法律家が患者の代弁をすることで不利益の代償を勝ち取ることができる。このように，患者一人一人の問題を地道に取り上げ，「医学的真実」および「法律的真実」を明らかにするという作業は意義のあることだ。深刻な医療問題で困窮している人々の手助けをするとともに，医療の現場で感じる矛盾を少しでも改善し，患者が安心して治療を受けられる医療環境を作っていきたい。「法」を用いて患者を守ることにより，患者が満足な治療を受けたり，満足な最期を迎えたりすることにつなげていければ，医療に携わってきた者として大きな喜びであり，これまで以上にやりがいのある仕事になると考えている。

　××大学法科大学院は，医療・福祉をはじめ，身近な生活問題に強い人材の育成を重点項目として掲げてあり，私のめざす医療と法曹の総合

のイメージと一致している。さらに，貴大学法学部は半世紀以上の伝統に裏打ちされた実績と，司法試験合格の現実的なシステムがある。法律の知識を身につけるだけではなく，それらを役立てるフィールドを積極的に開拓していきたいと思う。

評価と感想

全体的に実践的な関心に貫かれ，医療現場の矛盾を身をもって体験した人ならではの文章ですね。いくつか挿入された例は，患者の陥っている辛い立場を垣間見させて，迫力があります。できれば，このような状況をもう少し理論的に説明できるようになるとよかったのですが，具体的データの豊富さを特徴と考えれば，これも一つの方法でしょう。

Solution

- ◆時間的順序で書くのではなく，プロットを明確にする
- ◆職業体験の中に，解決すべき問題を見つける
- ◆ストーリーに役立つ部分を強調し，無駄な部分を大胆にカットする
- ◆論点を絞ることで，文章を整理する
- ◆努力→限界→法律への志望という構成を明確にする

Case Study 2　行政制度の問題点

公務員Mさんの場合　　　2,000字　／　未修
30歳　男性　　私立大学薬学部卒

　自分の体験をよりよく理解してもらうには，ストーリーをいくつかのパーツに分けて提示するとよい。その際に，そのパーツで何をめざすのかという目標をハッキリさせることで，必要な内容と不要な内容とを見分けることができる。説明と例示でイメージを膨らませた後に，キーワードでまとめるのが効果的な方法である。

❶st　最初のドラフト

　私が法科大学院の入学を希望する理由は，大学や社会での経験を通じ，専門知識を基礎として法という視点から社会的弱者を救済できる法曹をめざしたいとの考えからです。

　私は大学では薬学部に在籍し，医療分野や衛生分野について専門的に学びましたが，「薬学は応用科学である以上，世の中の役に立ってこその学問である」との思いから，社会でより多くの人の役に立つ職業に就きたく，病院の中で薬剤師として働くよりも，薬学にて学んだことを生かしながらより多くの人と接することのできる行政分野での就職を希望し，社会保険庁に入庁しました。社会保険制度は憲法25条2項の趣旨に鑑み，保険給付による社会的弱者の生活の安定および福祉の向上を目的とおり，社会保険庁の仕事はその制度の実施機関として，直接に国民の一人一人と接する非常にやりがいのある仕事です。＊1

　しかし，国民皆保険・国民皆年金を採用し，弱者を救済する制度である社会保険制度はその適用一つを見ても現段階では必ずしも万全に機能しているとは言えず，「突然に解雇され保険も打ち切られた」「社会保険を適用してもらえない」など弱者である労働者（被保険者）からの相談は後を絶ちません。労働基準監督署からも社会保険の資格争訟に関する書類が毎日のように回送されてきます。しかし，社会保険制度の中では行政としての立場から法的な指導はできても弱者の権利は個々に直接救

済することができません。なぜなら社会保険の適用業務は法律上事業主に届出義務があり，事業主が行った届出は原則正しいものと推定されるため，その確認行為について労働者が異議を唱える場合は労働者側がその反証する事実を立証する責任を負うことになるからです。*2

また医療をはじめとする給付事務についても同様に，個別の権利救済は法律上できないものがほとんどです。特に医療ミス・医療過誤等については，相談や苦情に基づいて調査をし，保険医療機関や保険医等に対して指導や登録取消などの処分は行政として行うことができたとしても，処分そのものは医療ミス・医療過誤等の被害者に対する個別の権利救済には直接結びつかないからです。*3 このように，どれだけ優れた立法がなされどれだけ優れた制度ができたとしても，現実にはさまざまな問題が生じています。電話や窓口での応対の中で，相談者から「何のための役所なのか」「結局何の解決にもならないじゃないか」と言われることもあり，私自身の知識と力のなさを痛感することも多々あります。

このような業務経験の中で，少しでも社会的弱者である労働者や被保険者等の役に立てればと思い，職務関連資格である社会保険労務士の資格を取得しました。しかし，社会保険労務士としての業務権限も現在のところ限られており，ADRや斡旋代理業務の導入による権限拡大など新しい動きもありますが，原則争議への介入は許されず，弱者の救済は弁護士による争議にゆだねられることになります。結局のところ，社会保険制度は社会的弱者を救済する事前的な制度ではあるのですが，その権利を侵害された弱者に対する事後の救済手段は弱く，弱者の権利を確保するためには最終的には司法的救済によらなくてはなりません。

私は日常業務として社会的弱者である労働者や被保険者等からの相談を受け，自分に何かできることはないかと考えるうちに，社会的弱者の権利救済に直接関与することができる法曹業務を次第に志望するようになり，法科大学院への入学を決意するに至りました。*4

上記の経験から，大学院入学後は司法試験関係法規のほかに特に社会保障関係や労働法関係および医療分野をより深く学習・研究したいと思っています。労働者における権利や医療患者の権利救済など社会的に弱い立場の人からの視点で法を学び，新司法試験に合格した後は今までに得た薬剤師や社会保険労務士としての知識や経験も生かしつつ，市民に直接に接することのできる身近な弁護士になりたいと考えています。

上述のような学習・研究は他大学院においても不可能なことではあり

ません。しかし，貴学は医学部を有する総合大学であることから，特に医療分野について専門家の技術的な立場からの研究などより多角的な視野から学ぶ環境が整っており，他の科目についても自分の学びたい科目が先進的体系的に学べるカリキュラムになっています。こうした学習環境は私の将来の目標である市民に直接に接することのできる身近な弁護士になるための，最も適したものであると考えます。*5

　以上の理由により，私は貴学法科大学院への入学を希望します。

NG *1 ここまではもっと簡潔に！　後の矛盾に気がつくところがポイント。
Good *2 このあたりは，問題提示として興味深い。ただ，もう少し説明を詳しくするか，実例が欲しい。
NG *3 この辺に実例を入れたらどうか？　くやしい思いがより伝わると思う。
NG *4 表現に繰り返しが多い。キーワードは最初と最後で明確に書いておけばよい。
NG *5 大学院の特徴を述べるならもっと簡潔に。

1st　最初の添削

❶私が法科大学院の入学を希望するの理由は，大学や社会での経験を通じ，専門知識を基礎として法という視点から社会的弱者を救済できる法曹をめざしたいとの考えからである。

❷私は大学では薬学部に在籍し，医療分野や衛生分野について専門的に学んだびましたが，「薬学は応用科学である以上，世の中の役に立つべきってこその学問である」との思いから，社会でより多くの人の役に立つ職業に就きたく，病院の中で薬剤師として働くよりも，薬学にて学んだことを生かしながらより多くの人と接することのできる行政分野での就職を希望し，社会保険庁に入庁しました。社会保険制度は憲法25条2項の趣旨に鑑み，保険給付による社会的弱者の生活の安定および福祉の向上を目的としており，社会保険庁の仕事はその制度の実施機関として，直接に国民の一人一人と接することができ，非常にやりがいがのある仕

❸しかし，国民皆保険・国民皆年金を採用し，弱者を救済する制度であるはずの社会保険制度は現段階では，必ずしも万全に機能しているとは言えない。たとえば最近では，「突然に解雇され保険も打ち切られた」「社会保険を適用してもらえない」など労働者（被保険者）からの相談は後を絶たない。しかし，社会保険庁では行政としての指導はできても，弱者の権利を個々に直接救済することができない。なぜなら社会保険の適用業務は法律上事業主に届出義務があり，事業主が行った届出は原則正しいものと推定されるため，その確認行為について労働者が異議を唱える場合は労働者側がその反証する事実を立証する責任を負うことになるからである。

❹また医療をはじめとする給付事務についても同様に，個別の権利救済は法律上できないものがほとんどである。特に医療ミス・医療過誤等については，相談や苦情に基づいて調査をし，保険医療機関や保険医等に対して指導や登録取消などの処分はできたとしても，その処分そのものは医療ミス・医療過誤等の被害者に対する個別の権利救済には直接結びつかない。このように，どれだけ優れた制度ができたとしても，解決することができないという事態に直面することが多かった。相談者から「何のための役所なのか」「結局何の解決にもならない」と批判されることもあった。

❺このような業務経験の中で，少しでも社会的弱者である労働者や被保険者等の役に立てればと思い，職務関連資格である社会保険労務士の資格を取得した。しかし，社会保険労務士としてその業務権限も原則として争議への介入は許されず，弱者の救済は弁護士による争議にゆだねられることになる。結局のところ，社会保険制度は社会的弱者を救済する事前的な制度ではあるのですが，その権利を侵害された弱者に対する事後の救済手段は弱く，弱者の権利を確保するためには最終的には司法的救済に

よらなくてはなりません。

❻このように私は日常業務として社会的弱者である労働者や被保険者等からの相談を受け、自分に何かできることはないかと考えるうちに、社会的弱者の権利救済に直接関与することができる法曹業務を次第に志望するようになり、法科大学院への入学を決意するに至りました。

❼上記の経験から、特に社会保障関係や労働法関係および医療分野をより深く学習・研究したいと思っています。労働者における権利や医療患者の権利救済など社会的に弱い立場の人からの視点で法を学び、新司法試験に合格した後は今までに得た薬剤師や社会保険労務士としての知識や経験も生かしつつ、労働者における権利や医療患者の権利救済など社会的に弱い立場の人の視点から市民に直接に接することのできる身近な弁護士になりたいと考えています。

❽上述のような学習・研究は他大学院においても不可能なことではありません。しかし、貴学は医学部を有する総合大学であることから、特に医療分野について専門家の技術的な立場からの研究などより多角的な視野から学ぶ環境が整っており、他の科目についても自分の学びたい科目が先進的体系的に学べるカリキュラムになっています。こうした学習環境は私の将来の目標である市民に直接に接することのできる身近な弁護士になるための、最も適したものであると考えます。

❾以上の理由により、私は貴学法科大学院への入学を希望します。

ドラフトの評価

独創性	4
論理性	3
構成力	3
表現力	4
知識	4
総合評価	C

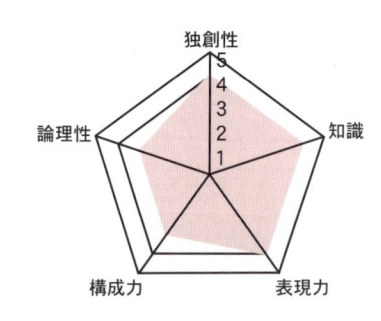

法科大学院 ［志望理由書］問題発見と展開の技術

Case Study 2　行政制度の問題点 ❶

1st　診断と講義

Clinic！

> 　内容は明快で悪くありません。大学での専攻から始め，職場で働くうちに社会的な矛盾に直面してさまざまに努力したが，限界を感じて，結局法曹を志望するに至った，というストーリーはかなり明快に出ています。その意味では，わかりやすい志望理由書といえるでしょう。
> 　しかし，今整理したような内容は，この志望理由書の中に含まれてはいるのですが，効果的に表現されているとは言えません。一番問題なのは，これらの事柄がダラダラとつながり，一つ一つのエピソードの切れ味が悪いことです。もっとそれぞれの要素をくっきりと浮かび上がらせて，メリハリをつけてストーリーを進めていく必要があります。そうなっていないので，「社会的弱者」という言葉が何度も出てきて，ややうるさい印象になっています。

基本構成は悪くない

　この志望理由書は社会保険庁で働く国家公務員の書いたものです。一見して，内容は明快です。「大学や社会での経験を通じ，専門知識を基礎として」などと無駄な部分もありますが（自分の経験・専門を生かすのは当たり前ですから，わざわざ書くには及びません！），最初に社会的弱者を助けたいという動機が述べられ，それをサポートするために「どういう社会的弱者なのか」を後から説明している。その際に自分が役所で働いていたときの経験を使っています。初めに大きな方向を示し，後から細部で補強する，という構成になっている。

文体の効果

　ただ，表現・構成などはまだ不十分です。まず，全体が「デス・マス」調で書いてあります。「デス・マス」調のほうが丁寧な書き方だと思っている人がいますが，必ずしもそうではありません。私がここで「デス・マス」調で書いているのは，読者に敬意を表すためではなく，生の講義という感じや親しみやすい感じを出そうと思ってのことです。しかし，志望理由書では，このような効果をねらう必要はありません。きっちりとし

た内容が明確な言葉で書いてあればよいわけです。

しかも，敬体文「デス・マス」調は全体の文字量が20％ほど多くなります。字数に制限がないなら別ですが，「1,500字以内」などと制限が設けられている場合には，入れ込む内容の量が少なくなってしまいます。むしろ，常体文「ダ・デアル」調でよいから，豊富な内容をきちんと整理できていたほうが印象はよくなります。志望理由書・自己評価書は常体文「ダ・デアル」調で書いて，その分内容に集中したほうがよいでしょう。

⚠ **志望理由書・自己評価書は，基本的に「ダ・デアル」調を使う**

段落の意味と効果

第二に，自分の職業・キャリアでの体験を述べる第2段落以降で，ほとんど段落が切れていないのはとても読みにくい。確かに，文章の形式はリニア（線型）に事柄を一つずつ提示していく方式なのですが，それに無自覚に従って言いたいことを次々と述べていくのはよい方法ではありません。

なぜなら，人間の認識は事柄をまとまりとして一挙にとらえるようになっているからです。細かな情報を一つ一つ処理していくのではなく，対象を全体性として認識するのです。ところが文章を書くという作業は，逆に細部を一つ一つレンガのように積み重ねていかないといけません。書くときには，一つ一つの要素を考慮するのに対して，読む側は全体としての大ざっぱな印象を持ちます。

⚠ **文章は細部を積み重ねる ⇔ 認識は全体をとらえる**
　　　　　　　　　　　矛盾

たとえば，一つ一つ微妙に違った色のレンガでできている壁も，パッと見ると一様な色の壁面に見えるようなものです。このような，書く側と読む側の姿勢の違いに気をつけましょう。したがって，一連の出来事を物語る場合でも，それをいくつかの段階・部分に意識的にはっきり区分して提示しないと，同じ出来事がだらだら続く印象になってしまいます。

Point **ストーリーはいくつかの段階・部分の連なりとして提示すべきである**

段落に分ける

最初のドラフトでは，第2段落がそのようなだらだらした印象の段落になっています。しかし，これもよく読むといくつかのパーツに分かれます。まず，自分の職業をどうして選んだかという動機。次にその現場で出会った問題点とその説明。さらには，その問題に対して自分が行った対処，最後にそこから法律への関心を高めたという結果，の4項目です。

これらの要素は，それぞれ自己のアピールにもなっています。1では職業意識・社会意識の高さをアピールし，2は職業における問題発見能力，3は発想・熱心さ，4は法曹への意識と熱意を強調するといった具合です。これだけ内容と目的が違っているのですから，それぞれ分けて，互いの違いをハッキリさせるとともに，それらを有機的にまとめて，法曹への志望というラストにつなげていく必要があります。

◆内容と資質のアピール

	内容	アピール
1	自分の職業を選んだ動機	職業意識・社会意識の高さ
2	現場で出会った問題	職業における問題発見能力
3	自分が行った対処	発想・熱心さ
4	法律への関心を高める	法曹への意識と熱意

段落の機能を考える

第2段落の実際に即して，もう少し説明してみましょう。まず，第1部分の職業・キャリアを選んだ動機は①大学での専攻，②公務員を選んだ動機，③社会保険庁の仕事の3つに分かれています。これは，次に出てくる「問題の発見」に至る前提条件を書いた部分で，イントロダクションと考えていいはずです。とすれば，この部分は後の「問題化」の部分を明確にするための補助と割り切って，あれこれと情報を入れ込まないで，あっさりと片づけたほうがよいでしょう。

その意味で言えば，自分の専門性のアピールや法曹としての適性などは，ここでは必要ありません。むしろ，Mさんは社会人なのですから，大学での専攻よりも仕事における能力を中心にアピールしたほうがよいでしょう。法曹の適性についても，

後で法律に関心を持つところに集中すればよいからです。

> **Point** 段落の内容と機能を分析して，必要な部分だけ残して余計な内容は排除する

そのあたりを削除して整理すると，以下のようになります。

▼第2段落の書き直し

> ❷私は大学では薬学部に在籍し，医療分野や衛生分野について専門的に学んだが，「薬学は応用科学である以上，世の中の役に立つべきである」との思いから，病院の中で薬剤師として働くよりも，より多くの人と接することのできる行政分野での就職を希望し，社会保険庁に入庁した。社会保険制度は，保険給付による社会的弱者の生活の安定および福祉の向上を目的としており，仕事はその制度の実施機関として，直接に国民の一人一人と接することができ，やりがいがあった。

一読して，文章がタイトになって中身がぎっしりと詰まっている印象になります。これは，内容を大学での専攻と職業意識に集中して，他の論点を排除したことで得られた効果です。

問題点の提起

さて，このようにイントロを作った後，いよいよ仕事の現場で出会った問題点の記述に移るわけです。**Part 1**でも述べたように，志望理由書のポイントは，問題点の提起にあります。したがって，どんな問題点であったのかを明確に読者に提示し，その背景やメカニズムを分析し，さらには自分がどのような対処をしたのかを説明せねばなりません。

◆問題提起の基本形
1. 問題点は何かを提示する
2. 背景やメカニズムを分析する
3. 自分がどのような対処をしたのかを説明する

しかし，上で整理した部分の続きを見ると，このような構造への意識は弱い。年金制度の問題点について書いてある部分を「ダ・デアル」調に直して再録してみましょう。

▼第3段落の書き直し

> ❸しかし,国民皆保険・国民皆年金を採用し,弱者を救済する制度である社会保険制度はその適用一つを見ても現段階では必ずしも万全に機能しているとは言えず,「突然に解雇され保険も打ち切られた」「社会保険を適用してもらえない」など弱者である労働者(被保険者)からの相談は後を絶たない。労働基準監督署からも社会保険の資格争訟に関する書類が毎日のように回送されてくる。しかし,社会保険制度の中では行政としての立場から法的な指導はできても弱者の権利は個々に直接救済することができない。なぜなら社会保険の適用業務は法律上事業主に届出義務があり,事業主が行った届出は原則正しいものと推定されるため,その確認行為について労働者が異議を唱える場合は労働者側がその反証する事実を立証する責任を負うことになるからだ。

主張・説明・例示の順番

　一読してわかるように,保険・年金の問題点を指摘する文が,「突然に解雇され…」などという事例と直接に結合されているために,「問題がある」というメッセージが曖昧になっています。しかも,問題点の詳しい説明は最初の事例の後で出てくるので,「年金は機能していない」と述べられた読み手が,「その問題点は何か?」と追っていく,読むほうの思考の流れと一致しないのです。このような場合は,まず「機能していない」という主張を立て,それから「どのように機能していないか?」という説明をし,最後にその例示を持ってくる,という順序にすべきです。まず大きな見通しを作り,その細部を後から補充するという方法です。

⚠️「大きな見通し→細部の情報」の順序に並べたほうが,読者の思考の流れに合致する

　この順序に並べ替えてみると,第3段落は次のようになります。これでも問題は残っていますが,少なくとも前に書いたものより

はずいぶんわかりやすくなっています。

▼第3段落の書き直し

> ❸しかし、弱者を救済する制度であるはずの社会保険制度は、実際の適用では、必ずしも万全に機能していない。なぜなら、社会保険庁では行政としての指導はできても、個々の弱者の権利を直接救済はできないからだ。たとえば、社会保険の適用業務は法律上事業主に届出義務があり、事業主が行った届出は原則正しいものと推定されるため、その確認行為について労働者が異議を唱える場合は労働者側がその反証する事実を立証する責任を負う。そのため、最近では「突然に解雇され保険も打ち切られた」「社会保険を適用してもらえない」など労働者からの相談が後を絶たない。

典型例の書き方

このドラフトでは、問題点として保険・年金だけでなく、その周辺として医療ミス・医療過誤の論点も取り上げています。これは、大学での専攻から見ても、賢明な選択といえましょう。もちろん、これは保険・年金とは別の問題ですから段落も別にしなければなりません。しかし、関連しているので、そのつなぎも工夫する必要があります。先ほどと同じように「ダ・デアル」調に直してみると、以下のようになります。

▼第4段落の書き直し―医療問題

> ❹また医療をはじめとする給付事務についても同様に、個別の権利救済は法律上できないものがほとんどである。特に医療ミス・医療過誤等については、相談や苦情に基づいて調査をし、保険医療機関や保険医等に対して指導や登録取消などの処分は行政として行うことができたとしても、処分そのものは医療ミス・医療過誤等の被害者に対する個別の権利救済には直接結びつかないからだ。このように、どれだけ優れた立法がなされどれだけ優れた制度ができたとしても、現実にはさまざまな問題が生じる。電話や窓口

での応対の中で，相談者から「何のための役所なのか」「結局何の解決にもならないじゃないか」と言われることもあり，私自身の知識と力のなさを痛感することも多々あった。

接続の工夫

初心者は，文と文を「そして」「また」でつなぎすぎる傾向があります。この2つの接続詞は内容に関連がなく，ただつながっている印象を与えやすいので，なるべく別の接続詞に変えるべきです。たとえば，「一方」「特に」「逆に」など接続関係を明確にするものを使ったほうがよいのです。ここでは，医療が自分の専攻であることを強調して書き直してみましょう。

> ❹私の専攻である医療についても，個別の権利救済はほとんどできない。法律上の権限がないからである。たとえば，医療ミス・医療過誤では，相談や苦情に基づいて調査をし，保険医療機関や保険医等に対して指導や登録取消などの処分を行うことはできる。しかし，この処分は被害者に対する権利救済には直接結びつかない。電話や窓口での応対の中で，相談者から「何のための役所なのか」「結局何の解決にもならないじゃないか」と苦情を言われることもあり，自分自身の知識と力のなさを痛感することも多々あった。

どうでしょう？　職場での一般的問題から，特に専攻と関係ある問題に絞り込む様子がわかりますね。このように「問題化」がハッキリしていれば，後はこの問題を解決することに努力したこと，しかし，それだけでは結局不十分であり，法曹の道を選ぶしかないと思ったこと，という風に構成していけばよいことがわかります。

Point 問題化から法曹志望への基本的な流れ
1　問題解決への努力
2　その結果が不十分であった
3　法曹の道を選ぶしかないと決意

2nd 再提出ドラフト

❶

序論
法律家への
意志とキャ
リア

　私が法科大学院の入学を希望するのは，社会的弱者を救済できる法曹をめざしたいとの考えからである。私は大学では薬学部に在籍し，医療分野や衛生分野について専門的に学んだが，「薬学は応用科学である以上，世の中の役に立つべきである」との思いから，病院の中で薬剤師として働くよりも，より多くの人と接することのできる行政分野での就職を希望し，社会保険庁に入庁した。社会保険制度は，保険給付による社会的弱者の生活の安定および福祉の向上を目的としており，社会保険庁の仕事はその制度の実施機関として，直接に国民の一人一人と接する非常にやりがいのある仕事であった。

❷

本論1
職業でぶつ
かった問題

　しかし，弱者を救済する制度であるはずの社会保険制度は，実際の適用では，必ずしも万全に機能していない。なぜなら，社会保険庁では行政としての指導はできても，個々の弱者の権利を直接救済はできないからだ。たとえば，社会保険の適用業務は法律上事業主に届出義務があり，事業主が行った届出は原則正しいものと推定されるため，その確認行為について労働者が異議を唱える場合は労働者側がその反証する事実を立証する責任を負う。そのため，最近では「突然に解雇され保険も打ち切られた」「社会保険を適用してもらえない」など労働者からの相談が後を絶たない。

❸

　私の専攻である医療に関する給付事務についても，個別の権利救済はほとんどできない。法律上の権限がないからである。たとえば，医療ミス・医療過誤では，相談や苦情に基づいて調査をし，保険医療機関や保険医等に対して指導や登録取消などの処分を行うことはできる。しかし，この処分は被害者に対する権利救済には直接結びつかない。電話や窓口での応対の中で，相談者から「何のための役所なのか」「結局何の解決にもならないじゃないか」と苦情を言われることもあり，自分自身の知識と力のなさを痛感することも多々あった。

❹

　このような業務経験の中で，少しでも社会的弱者である労働者や被保険者等の役に立てればと思い，職務関連資格である社

本論2
努力と挫折

会保険労務士の資格を取得した。しかし，その業務権限も限られており，原則として争議への介入は許されず，弱者の救済は弁護士による争議にゆだねられる。結局のところ，社会保険制度は社会的弱者を救済する事前的な制度ではあっても，その権利を侵害された者に対する事後の救済手段は弱く，権利を確保するためには最終的には司法的救済によらなくてはならないのだ。このような矛盾に直面し，自分にできることはないかと考えるうちに，その権利救済に直接関与できる法曹業務への関心が高まり，法科大学院への入学を決意するに至った。

❺
結論
意志と展望

特に上記の経験から，社会保障関係や労働法関係および医療分野をより深く学習・研究したい。新司法試験に合格後は薬剤師や社会保険労務士としての知識や経験も生かしつつ，労働者における権利や医療患者の権利救済など社会的に弱い立場の人の視点から市民に直接に接することのできる身近な弁護士になりたいと考えている。

❻

貴学は医学部を有する総合大学であることから，特に医療分野について専門家の技術的な立場からの研究などより多角的な視野から学ぶ環境が整っている。こうした学習環境は私の将来の目標である市民に直接に接することのできる身近な弁護士になるための，最も適したものであると考えている。

❷nd　診断と講義

構造を整理して内容を充実させる

　　　　段落を切って，その要素を順序よく並べることで，再提出ドラフトはずいぶんよくなりました。何よりも，全体の流れがスッキリと見えてきています。しかし，このように並べ替えてみると，この文章の欠陥もハッキリします。それは，例示の部分が中途半端なことです。

　　　たとえば第2段落を見てみましょう。「事業主が行った届出は原則正しいものと推定される」とはだれが推定するのでしょうか？　あるいは，「確認行為について労働者が異議を唱える

場合は労働者側がその反証する事実を立証する責任を負う」とはどういう意味でしょうか？　読んでいても，専門用語ばかりが目立ってイメージがつかみにくいですね。せっかく社会保険庁の現場で働いているのですから，この辺の事情を読むほうにわかりやすく示すべきでしょう。

情報を補充する

　こういう場合は，2つの方法があります。一つは例をまったく変えてわかりやすいものにする，もう一つは，この例をもっと詳しく説明することです。私がこの点を指摘すると，Mさんは後の方法をとって書いてきました。つまり，例示の情報を豊富化してきたのです。

▼第2段落の書き直し―具体例の充実

> ❷しかし，現状では弱者を救済する制度であるはずの社会保険制度は必ずしも万全に機能していない。なぜなら，社会保険庁では行政指導はできても，弱者を直接救済できないからだ。たとえば保険料負担を軽減しようと，事業主が健康保険・厚生年金保険の資格取得日・喪失日や報酬月額をごまかして届け出ることがある。これにより不利益を被るのは労働者だが，提出された書類の日付や報酬月額は社会保険庁が確認しているので，そこには公定力が働く。そのため，訂正を求める場合には，労働者側が訴訟を起こし，届出が誤りであることを立証しなければならない。労使契約自由の原則があるので，社会保険庁は資格を訂正する職権を持たないのだ。しかも保険料徴収権の消滅時効は2年だから，それ以上前の保険給付は行われない。老齢厚生年金を請求する際に資格の誤りに気づいて資格の訂正が行われても，その時点ではもう年金額を増額できない。このような損失について社会保険制度には救済手段がなく，事業主に対して損害賠償請求を提起するしかないのである。

分節化の利点

　おわかりのように，例示の部分の情報がかなり詳しく述べら

れています。そうすることで「正しいものと推定」「反証する事実を立証する責任」などの部分の意味がより具体的で明確になり、問題の深刻さがイメージできるようになっています。このように、段落の内容を区切って明確にすることで、それぞれの部分の意図や目的も明らかになり、どの部分の内容を豊富にすればよいのか、どの部分の内容を削除・簡略化すればよいのか、もわかってきます。このような処理を「分節化」と言います。

Point 分節化する利点
1 意図や目的が明らかになる
2 内容を豊富化・簡略化の方向がわかる
3 明快で効果的な文章になる

この操作を第3段落にも施してみましょう。例示に含まれる説明を少し豊富にしてみます。ここでは、「手術ミス」という例をあえて出して、そこにおける問題点を示してみました。そうすると、現場の知識に通じている自分というイメージをさらにアピールすることにもつながります。

▼第3段落の書き直し—説明の豊富化

❸特に私の専攻であった医療分野では、個別の権利救済はほとんどできない。医療ミス・医療過誤等については、相談や苦情に基づいて調査をし、保険医療機関や保険医等に対して指導や登録取消などの処分まではできる。しかし、その処分そのものは個別の被害者に対する救済には結びつかない。たとえば手術ミスにより障害を負った被害者からの申出により調査を行い、ミスの事実が認定され保険医登録の取消処分が行われたとしても、被害者が直接救済されるわけではない。被害者は、弁護士に委任して病院や医師に対して損害賠償請求を行うことが必要となる。しかし、社会保険庁として私法上の権利関係に立ち入ることはできないのだ。相談者から「何のための役所なのか」「結局何の解決にもならない」と批判されることも多かった。

「社会保険庁として私法上の権利関係に立ち入ることはできない」という表現にも注意しましょう。ここで，従来のキャリアの限界が示されるわけです。

法曹への接続のプロセス

後はもう一歩です。まず従来のキャリアの中での努力を描き，自分の発想や努力をアピールし，それが結局挫折する中で法曹への志望が固まるというストーリーにすればよいわけです。ここで，2の挫折の部分はなくてもよいのですが，あったほうが力を尽くしたあげくにその結論にたどり着いたというストーリーを強調することができます。つまり，以下のようになりますね。

1　従来のキャリアの中での発想・努力
2　結局挫折する
3　法曹への志望が固まる

ここまでのところで，2の挫折もある程度書かれていますが，せっかく材料があるので，もう少ししつこくこのプロセスを追ってみましょう。

▼**第4段落の書き直し―努力と挫折の結果**

❹このような経験を重ねるにつれ，労働者や被保険者等の役に立てればという思いが募り，職務関連資格である社会保険労務士の資格を取得した。しかし，その権限は限られており，原則として争議への介入は許されない。結局のところ，社会保険制度は社会的弱者を救済する事前的な制度ではあっても，その権利を侵害された者に対する事後の救済手段は弱く，権利を確保するためには弁護士による争議に頼るしかない。最終的には司法的救済によらなくてはならないのだ。このような矛盾に直面し，自分にできることはないかと模索するうちに，救済に直接関与できる法曹業務への関心が高まり，法科大学院への入学を決意するに至った。

効果的なキーワードの使い方

　最初のドラフトでは,「社会的弱者」というフレーズがあちこちで使われていました。キーワードを見つけることは大事なので,何回も使いたくなる気持ちはわかりますが,強調したいからといって繰り返し使うのは逆効果です。詩人の大岡信は「一番伝えたいことを最上級の表現にしようとすると,手垢の付いた表現にしかならない」と言っています。話し言葉では,強調したいところを何度も繰り返す必要があります。話し言葉は書き言葉と違い,すぐ消え去ってしまうので,このような方法が有効なのです（これを利用したのが,ヒットラーの演説です）。しかし,書き言葉の,しかも散文では一度使った表現は二度と使わないのが原則です。むしろ,十分にイメージを膨らませてから,キーワードを「キメ」として使うべきです。つまり,具体的なイメージを広げるだけ広げておいて,それを1つのキーワードに凝縮してやるのです。ここでは,頭と最後ぐらいに「社会的弱者」という言葉があれば十分だと思います。

⚠ **キーワードは,広がったイメージを凝縮するために使う**

❸rd　完成稿

　私が法科大学院の入学を希望するのは,社会的弱者を救済できる法曹をめざしたいからである。特に医療関係における紛争にかかわりたいと思っている。私は大学では薬学部に在籍し,医療や衛生分野について専門的に学んだが,「薬学は応用科学である以上,世の中の役に立つべきである」との思いから,病院の中で働くよりも,より多くの人と接することのできる社会保険庁に入庁した。社会保険制度は,保険給付による社会的弱者の生活の安定および福祉の向上を目的としており,社会保険庁はその制度の実施機関として,直接に国民と接する非常にやりがいのある仕事であった。

　しかし,現状では弱者を救済する制度であるはずの社会保険制度は必ずしも万全に機能していない。なぜなら,社会保険庁では行政指導はできても,弱者を直接救済できないからだ。たとえば保険料負担を軽減し

ようと，事業主が健康保険・厚生年金保険の資格取得日・喪失日や報酬月額をごまかして届け出ることがある。これにより不利益を被るのは労働者だが，提出された書類の日付や報酬月額は社会保険庁が確認しているので，そこには公定力が働く。そのため，訂正を求める場合には，労働者側が訴訟を起こし，届出が誤りであることを立証しなければならない。労使契約自由の原則があるので，社会保険庁は資格を訂正する職権を持たないのだ。しかも保険料徴収権の消滅時効は2年だから，それ以上前の保険給付は行われない。老齢厚生年金を請求する際に資格の誤りに気づいて資格の訂正が行われても，その時点ではもう年金額を増額できない。このような損失について社会保険制度には救済手段がなく，事業主に対して損害賠償請求を提起するしかないのである。

　特に私の専攻であった医療分野では，個別の権利救済はほとんどできないのが現状だ。医療ミス・医療過誤等については，相談や苦情に基づいて調査をし，保険医療機関や保険医等に対して指導や登録取消などの処分まではできる。しかし，その処分そのものは個別の被害者に対する救済には結びつかない。たとえば手術ミスにより障害を負った被害者からの申出により調査を行い，ミスの事実が認定され保険医登録の取消処分が行われたとしても，被害者が直接救済されるわけではない。被害者は，弁護士に委任して病院や医師に対して損害賠償請求を行うことが必要となる。しかし，社会保険庁として私法上の権利関係に立ち入ることはできないのだ。相談者から「何のための役所なのか」「結局何の解決にもならない」と批判されることも多かった。

　このような経験を重ねるにつれ，労働者や被保険者等の役に立てればという思いが募り，職務関連資格である社会保険労務士の資格を取得した。しかし，その権限は限られており，原則として争議への介入は許されない。結局のところ，社会保険制度は社会的弱者を救済する事前的な制度ではあっても，その権利を侵害された者に対する事後の救済手段は弱く，権利を確保するためには弁護士による争議に頼るしかない。最終的には司法的救済によらなくてはならないのだ。このような矛盾に直面し，自分にできることはないかと模索するうちに，救済に直接関与できる法曹業務への関心が高まり，法科大学院への入学を決意するに至った。法曹の資格があれば，弱者の権利救済に直接関与することができるし，ひいては人生の総合的な支援ができるのではないかと思うのだ。その支援に携わることが，法曹としての私の夢である。

上記の経験もあり，特に社会保障関係や労働法関係および医療分野をより深く学習・研究したいと思っている。新司法試験に合格後は薬剤師や社会保険労務士としての知識や経験も生かしつつ，労働者における権利や医療患者の権利救済などの視点から市民に接することのできる弁護士になりたいと考えている。

　特に，貴学は医学部も有する総合大学であることから，医療分野について専門的・技術的な知識にも触れる機会が他校よりも多いと思われる。こうした学習環境は医療関係の弁護士をめざすために，最も適したものであると考えている。

評価と感想

　自分の仕事の中で直面した矛盾から，いろいろ努力したものの，結局限界にぶつかり，法律家を志すしかないというストーリーです。パターンを忠実に追っているので，わかりやすく素直な志望理由書になりました。やや字数は少なめですが，バランスの取れた内容といえるでしょう。

Solution

◆基本的に常体文「ダ・デアル」調を使う
◆ストーリーはいくつかの段階・部分の連なりとして提示する
◆問題提起の基本形＝　1　問題点の提示
　　　　　　　　　　　2　背景やメカニズムの分析
　　　　　　　　　　　3　自分の対処
◆法曹志望への流れ＝　1　解決への努力
　　　　　　　　　　　2　不十分な結果
　　　　　　　　　　　3　法曹への決意
◆構造を整理すれば，内容の足りないところがわかる
◆キーワードは，イメージを凝縮するために使う

Case Study 3　国際間のトラブル

新聞記者Cさんの場合　　　　　　2,000字　／　未修
　　　　　　　　　　　　　　38歳　女性　米国大学院卒

　国際経験のアピールでは，日本と外国との間で起こる具体的問題に注目する。最初に大事な内容を書き，その後から細部の情報を付け加える。この方法を使えば，内容をクリアに提示できる。この細部情報に含まれる例示・説明に自分の知識・経験を入れ込んでアピールする。

❶st　最初のドラフト

　私は数か国での海外経験を通じ，日本と世界をつなぐ仕事にかかわりたいと思い，帰国後は通信社の記者の道に進み，日本の「今」を海外に伝える機会にも恵まれた。しかし，グローバル化がさらに進む中で，国籍や国境を超えたところで起きるさまざまな問題を「伝えるだけ」にとどまらず，これからは報道するだけでは及ばない事柄に直接かかわり，法の力をもってその解決に取り組みたいと考えるようになった。[*1]　国際機関やNGO・NPOなどの場で，法律実務の専門家として，海外でトラブルに巻き込まれた邦人や日系企業へのサポートあるいは国内の外国人差別の解消や子供の権利の確立のために活動したい。またそのような活動の積み重ねを通じて国際社会における日本人への信頼の向上にも貢献していきたい。
　海外留学そして現地での就職などで1980年代を国外で過ごした経験から，外国が日本を見る目に自然と興味を持つようになった。日本人への誤解や不信感を大なり小なり直接体験し，それらを払拭するには日本の立場を自分たちでしかも世界にわかるように伝えることが必要と考えるようになった。帰国後は記者として，あくまで日本人の視点から「バブル後」の日本を世界に伝えることにかかわることができた。政治改革，細川内閣の誕生，日米経済摩擦そして不良債権問題など天下国家の動きを追いかける一方で，国内の外国人労働者，難民や留学生を取り巻く問

題などを扱う機会もあった。

　そこでは，同じ資格を持っているのに私の給料がヨーロッパ人の同僚より少ない，とあきらめ顔で語る国際スクールのフィリピン人教師や保証人がいても僕らには貸したがらないと，部屋探しの苦労を皮肉たっぷりで話す大学に通う韓国の留学生がいた。それは同じ外国人でも欧米出身とアジア・南米出身とで明らかに違う扱いをする日本人の屈折した意識に対する生の声だった。＊2

　難民の受け入れの現状や留学生の境遇について役人と話をしても，政府の立場に「法的にはなんら問題ない」とよく聞かされた。問題ないと言っても，依然としてそこに生身の人間の苦しみがある，とこちらが苛立っても埒はあかなかった。そうかといって本当に法的にどうなのか知る由もなかったし，こと法について記者が中途半端にわかったことを言っても役人に通じるものでもなかった。

　難民や外国人労働者への偏見や差別は，それで苦しめられている者にとって目の前の問題が具体的に解決されなければ何の意味もない。報道をしただけで，国民の意識や行政の対応が変わるとか，個別の問題の解決に至るというほど甘いものではないことはわかっていたつもりだった。しかし，彼らのさまざまな問題の一つ一つに直接かかわれる時間も覚悟もないままに次の取材そしてまた次の取材と進んだ気がする。時折日本の大新聞が取り上げて，弁護士などの努力や裁判所の判断でやっと解決を見たケースを後になって知ったとき，私もあの時もう少しできたかなと反省するのが関の山だった。

　外国人の問題を日本人のわれわれ自身がどうとらえているかを日本人の視点で外国に伝えることはしてきた。しかし伝えるだけで偏見や差別がなくなるわけではない。法の力をもってして初めて，彼ら一人一人の悩みや苦しみを解決するための，具体的な事が始められるのだと思った。

　日本と世界の交流はモノやカネや情報にとどまらない。それは，国際結婚などを通じて日本人の家族のありようにも及んでいる。夫の母国に移り，しばらく主婦として子供の面倒を見ていた頃，長男が週1回通う日本政府の補習校で会った現地の日本人の方々が，異国での自分たちの老後，外国人との間の子供の将来などについて，日本法が二重国籍を認めない現状もあって，さまざまな心配を持たれている事実を知った。そこには一度家族が壊れてしまうと子供自身のコントロールがまったく及

ばないところで彼らの意思とは無関係に重要な決定がなされてしまう，国際間のはざまに立たされる子供たちの現実がある。国際離婚は，訴訟がどこでどんな理由から起こされたかなどで，夫婦のもめ事が子供の将来を国をまたいで巻き込む複雑な事件となる。家族についての制度もその価値も異なる国と国の法のぶつかり合いの中で，真の当事者である子供の人権がないがしろにされる危険を感じた。*3

　自分がどの親から生まれたかは，自分では選べないが，それが自分がだれなのかというアイデンティティを規定する，という言葉を聞いたことがある。多様なバックグラウンドを持つ「日本人」をまさに体現している彼らの人権についても，国際私法などの分野の理解を深めて，将来取り組んでいきたい。

　法科大学院という法曹への新しい道が開かれたことを，私は夫の母国で知った。日本と世界の間のさまざまな問題をこれまでは発見し報道することが中心だったが，これからは個々の問題に取り組み，具体的に解決していくことにかかわりたい，そのために，このチャンスに挑戦しようと決意した。

　国内の外国人，海外とのトラブルに巻き込まれた日本人，あるいは多様なバックグラウンドの子供たち―このどの立場に置かれた人たちにとっても，彼らのトラブルの現場に直接身を置き，彼らとともに解決に取り組む，弁護士としてそんな身近な存在でありたい。私の両親，家族そして世界中にできた友人たちのサポートがあったからこそ得られたこれまでの経験に，法律実務の理論と実践を加えることで，世界のどこにいても「使える」弁護士の一員としてやっていきたい。

NG *1　なぜ「法の力」でなければならないのだろう？　理由が書いていないので，このつながりがよくわからない。第2段落でその内容があるのだが，その根拠がきちんと書かれていない。

NG *2　例示の並び方が混乱している。何のための例なのか，意図をハッキリさせる文を前に置いて，それから具体例を出すべき。また，直接話法を使った表現が多すぎる。

Good *3　国際結婚の問題は，グローバリゼーションの中で今後増えていく問題である。明瞭な問題化ができるので，志望動機としては効果的だろう。外国人差別の問題も，このくらいに整理すること。

法科大学院 ［志望理由書］問題発見と展開の技術

Case Study 3　国際間のトラブル❶

１st　最初の添削

❶私は数か国での海外経験を通じ、日本と世界をつなぐ仕事にかかわりたいと思い、帰国後は通信社の記者の道に進み、日本の「今」を海外に伝える機会にも恵まれた。しかし、グローバル化がさらに進む中で、国籍や国境を超えたところで起きるさまざまな問題を「伝えるだけ」にとどまらず、これからは報道するだけでは及ばない事柄に直接かかわり、法の力をもってその解決に取り組みたいと考えるようになった。国際機関やNGO・NPOなどの場で、法律実務の専門家として、海外でトラブルに巻き込まれた邦人や日系企業へのサポートあるいは特に国内の外国人差別の解消や子供の権利をの確立し、のために活動したい。また、そのような活動の積み重ねを通じて国際社会における日本人への信頼の向上にも貢献していきたいと考えている。

❷私は、海外留学そして現地での就職などで1980年代を国外で過ごした。そこでた経験から、外国が日本を見る目に自然と興味を持つようになった。日本人への誤解や不信感を大なり小なり直接体験し、それらを払拭するには自分たち日本の立場を自分たちでしかも世界にわかるように伝えることが必要だと考えるようになった。そのため、帰国後は記者として、あくまで日本人の視点から「バブル後」の日本を世界に伝えてることにかかわることができた。政治改革、細川内閣の誕生、日米経済摩擦そして不良債権問題など天下国家社会の動きを追いかけ、それなりの充実感はあったと思う。しかし、次第に報道の限界を感じるようになってきた。

❸それはる一方で、国内の外国人労働者、難民や留学生を取り巻く差別の問題などに触れるようになってきたからである。たとえばを扱う機会もあった。そこでは、同じ資格を持っているのに、フィリピン人教師は私の給料がヨーロッパ人の同僚より少ないし、とあきらめ顔で語る国際スクールのフィリピン人教師や保証人がいても韓国人僕らには家主が貸したがらないなど、と、部屋探しの苦労を皮肉たっぷりで話す大学に通う韓国の留学生がいた。それは日本人は、同じ外国人でも欧米出身とアジア・南米出身とで明らかに違う扱いをする日本人の屈折した意識に対する生の声だった。

❹これらの問題難民の受け入れの現状や留学生の境遇について、政府の

担当者と話す機会もあったがをしても，政府の立場に「法的にはなんら問題ない」と言われるばかりであったよく聞かされた。確かに，このような差別は社会現象であり，政府が強制的に介入すべきではないかもしれない。しかし問題ないと言っても，依然としてそこに生身の人間の苦しみがある、とこちらが苛立っても埒はあかなかった。そうかといって本当に法的にどうなのか知る由もなかったし、こと法について記者が中途半端にわかったことを言っても役人に通じるものでもなかった。難民や外国人労働者への偏見や差別は，それで苦しめられている者にとっては，目の前の問題が具体的に解決されなければ何の意味もない。もちろん報道をしただけで，国民の意識や行政の対応が変わるとか、個別の問題の解決に至るというほど甘いものではないことはわかっていたがつもりだった。しかし，彼らのさまざまな問題の一つ一つに直接かかわれる時間も覚悟もないままに次の取材へと追い立てられるのは，問題を放置するようで心残りだった。そしてまた次の取材と進んだ気がする。時折日本の大新聞が取り上げて、弁護士などの努力や裁判所の判断でやっと解決を見たケースを後になって知ったとき，私もあの時もう少しでできたかなと反省するのが関の山だった。外国人の問題を日本人のわれわれ自身がどうとらえているかを日本人の視点で外国に伝えることはしてきた。しかし伝えるだけで偏見や差別がなくなるわけではない。法の力をもってして初めて，彼ら一人一人の悩みや苦しみを解決するための，具体的に解決できな事が始められるのだと実感したのである思った。

❺一方で，グローバリゼーションの進行による日本と世界の交流は，家族問題でも新しい局面を生み出しつつある。モノやカネや情報にとどまらない。それは特に，国際結婚などを通じてできた日本人の家族のあり方は，国家と国家のはざまで十分な法的保護が受けられていないようにも及んでいる。夫の母国でに移り，しばらく主婦として子供の面倒を見ていた頃，長男が週一回通う日本政府の補習校で会った現地の日本人の方々がさまざまな不安を感じていることを知った。がたとえば，異国での自分たちの老後，外国人との間の子供の将来などについて，日本法が二重国籍を認めない現状もあって，さまざまな心配を持たれている事実を知った。そこには離婚で一度家族が壊れてしまうと，親権の決定など子供自身のコントロールがまったく及ばないところで彼らの意思とは無関係なところでに重要な決定がなされてしまう場合も多い。国際間のはざまに立たされる子供たちの現実がある。国際離婚は，訴訟がどこで

法科大学院　[志望理由書]　問題発見と展開の技術

Case Study 3　国際間のトラブル ❶

~~どんな理由から起こされたかなどで，~~夫婦のもめ事が子供の将来を国を~~またいで巻き込む複雑な事件となる。~~家族についての制度もその価値も異なる国と国の法のぶつかり合いの中で，真の当事者である子供の人権がないがしろにされる現状がある~~危険を感じた~~。

❻~~自分がどの親から生まれたかは，自分では選べないが，それが自分がだれなのかというアイデンティティを規定する，という言葉を聞いたことがある。~~国際結婚で生まれた子供たちは，多様なバックグラウンドを持つ国際的な「日本人」をまさに体現しているはずなのに，法的な保護は薄い。彼らの人権についても，国際私法などの分野の理解を深めて，守っていかなければならない~~将来取り組んでいきたい~~。

❼法科大学院という法曹への新しい道が開かれたことを，私は夫の母国で知った。~~日本と世界の間のさまざまな問題をこれまでは発見し報道することが中心だったが，~~これまでに培った国際的な経験とジャーナリストとしての現場感覚を生かしつつ，国際化が進む日本社会に隠された~~これからは個々の~~問題に取り組み，具体的に解決していくべく~~ことにかかわりたい，そのために，~~このチャンスに挑戦し，~~ようと決意した。国内の外国人，海外とのトラブルに巻き込まれた日本人，あるいは多様なバックグラウンドの子供たち　こうした~~どの立場に置かれた人たちにとっても，彼らの~~トラブルの現場に直接身を置き，彼らとともに解決に取り組む，弁護士としてそんな身近な存在でありたいと思う。~~私の両親，家族そして世界中にできた友人たちのサポートがあったからこそ得られたこれまでの経験に，法律実務の理論と実践を加えることで，世界のどこにいても「使える」弁護士の一員としてやっていきたい。~~

ドラフトの評価

独創性	4
論理性	4
構成力	3
表現力	2
知識	4
総合評価	C

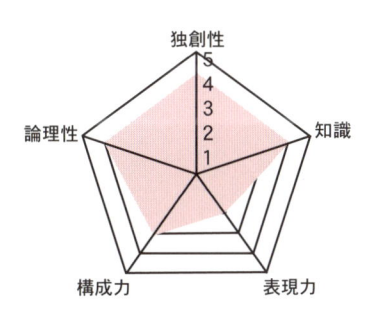

Part 2

1st 診断と講義

Clinic!

> この志望理由書の内容は非常に興味深いものです。Cさんは留学など海外経験も長く，国際人としての経歴・教養は十分。また，ジャーナリストとしての経験が社会問題に対しての関心を生み，それを解決するために法曹の道を志したというストーリーも説得力があります。
>
> しかし，豊富な素材もうまく組織されないと，混乱した印象を与えてしまいます。字数も限られているので，取り上げる問題を絞って明確にし，そこに十分な具体的イメージを与える必要があるでしょう。このドラフトでは，その細部とまとめの関係が明確に構成されていないために，せっかくの素材が生かされていません。特に経歴の説明から社会問題につなげる部分が，ごたごたしています。全体をすっきりまとめる工夫をしてみましょう。

海外経験だけでは特徴にならない

Cさんは高等教育を外国で受け，日本に戻って通信社の記者になっています。当然，こういう人は「国際経験」「海外経験」を特徴としてアピールします。しかしながら，最近では海外経験が長くて英語が堪能というだけでは，希少価値ではありません。それだけでは，採点者に与える印象は弱い。

むしろ，海外と日本がかかわる特有の問題を指摘して，自分のやりたいことにつなげる工夫が必要になります。Cさんもそのことには気づいているようです，第1段落の「グローバル化がさらに進む中で，国籍や国境を超えたところで起きるさまざまな問題…に直接かかわり，法の力をもってその解決に取り組みたい」と宣言しています。この進行は悪くない。しかしそれなら，なぜこれほど訂正すべき箇所が多いのか？

問題の具体化の失敗

それは，問題を具体化するところで失敗しているからです。そのため，Cさんがどういう問題に取り組みたいのかはっきりせず，めざす弁護士のイメージも混乱してしまった。しかも，こうなったのは，内容よりも，むしろ表現や構成の問題なので

す。第1段落の後半を，細かく分析してみましょう。

	内容	文面
1	自分の地位や立場の表明	国際機関やNGO・NPOなどの場で，法律実務の専門家として
2	問題の提示	1　海外でトラブルに巻き込まれた邦人 2　日系企業へのサポート（あるいは） 3　国内の外国人差別の解消や子供の権利の確立のために（活動したい）
3	論点の付け加え「また」	（そのような活動の積み重ねを通じて）国際社会における日本人への信頼の向上にも貢献（していきたい）

　ここは，将来のイメージを語るところですが，情報が整理されないので，全体のイメージが混乱しているのです。

列挙による混乱

　最初に将来の自分の立場・身分が書かれ，それから取り組みたい事件・問題が3つ列挙されています。しかし，**列挙が続くと印象が薄くなる**。しかも，それらがどのようなものなのか，説明がないままに，「また」と次の計画につなげている。これでは，どれが中心的内容なのか，つかみきれないままに段落の終わりに運ばれてしまいます。

　文章はリニア（線型）なメディアだから，情報は一瞬間に1つしか伝わらない。だから，内容は大事な順に書くのが一番よい。先に述べたように，一番大切なのは「問題」だから，それを最初に出して，次にどのような性質のものか，詳しい情報を与える。その際，論点は少数に絞り，安易に列挙しない。これは，読者の興味をそらさないために絶対に必要です。

> **Point** 問題化の方法＝指摘＋説明（問題は何か＋どのような問題か）➡できるだけ少数に絞る・列挙を避ける

主なる内容を前に出す

　したがって，まず説明すべきは，焦点となる問題の内容と性質であり，立場や社会的地位などの副次的な内容は後に回したほうがよい。そうしないと，どれが重要な情報なのかわかりに

くくなるのです。

> ❸特に，国内の外国人差別の解消のためには積極的に活動したいと思っている。日本は国際化したと言っても，まだまだ外国人に対する差別はなくなっていない。たとえば，フィリピン人は同じ語学教師としての資格を持っていても，ヨーロッパ人より少ない給料しか支払われない，あるいは，アジア・南米出身者に対しては，保証人がいても家主部屋を貸したがらないなど，同じ外国人でも欧米出身とで明らかに待遇が違うという例もある。

　ここでは，自分の取り上げたい問題を「国内の外国人差別の解消」と限定し，その後「外国人差別」の実態を述べることで，「どのような問題」なのか，詳しくわかりやすい情報に変形する。その際，第3段落以降の内容を，適宜入れ込んで内容を豊富にする。これで読者は，Cさんの取り組みたいことが何か，については十分なイメージを持てる。整理前と比べれば，「明快さ」に格段の違いがあることがおわかりだろうと思います。

ポイントとサポート

　このような手法をポイントとサポート（正確にはサポート情報）と呼びます。この手法は，まず冒頭で自分の言いたいことを，一文で簡潔に述べ（ポイント・センテンス），それがどういうものか，背景・例示・理由・説明など細部の情報は後から順次付け加えていく，という方法です。

ポイント	言いたいことを，簡潔に述べた一文
サポート（情報）	背景・例示・理由・説明などの細部の情報

　その際，ポイントはなるべくシンプルにして，印象を明快にし，付け加え・修正・留保などは，なるべく後に持ってきて，明快さを損なわないようにすべきなのです。

> **Point** ポイント・センテンスはなるべくシンプルにする＋詳しい内容は後から付け加える

　書き直しでは，ここの構造は以下のように整理されています。

ポイント	言いたいことを，簡潔に述べた文	国内の外国人差別の解消のためには積極的に活動したい
サポート	説明	日本は国際化したと言っても，まだまだ外国人に対する差別はなくなっていない
	例示	たとえば，フィリピン人は同じ語学教師としての資格を持っていても，ヨーロッパ人より少ない給料しか支払われない，あるいは，アジア・南米出身者に対しては，保証人がいても家主部屋を貸したがらないなど，同じ外国人でも欧米出身者とで明らかに待遇が違うという例もある

　最初に簡潔に述べられた内容が，次第に詳しい情報を付け加えられて，内容が豊かになっていく様子がわかると思います。もちろんここで挙げたポイント・センテンスは一例に過ぎず，もっと効果的な文にすることもできます。

本質に集中できる構造を作る

　こうすると，読む側は文の本質を見失うことがなく，最後まで簡単にたどることができます。そればかりか，知識や経験も示せます。もし，自分の取材経験や海外体験をアピールしたいのなら，例示の部分を詳しく描写し，そこから外国の社会と比較して，日本社会の問題点につなげてゆけばよいからです。

> ❹このような外国人に対する差別的な処遇は，少なくとも私が学んだ欧米諸国ではあまり例がない。日本政府の担当者と何回か話をする機会があったが，「政府の立場は法的にはなんら問題ない」と繰り返すのみであった。確かに，差別は社会現象であり，政府が格別介入すべき問題ではない，とも言える。しかし，偏見や差別に苦しめられている者にとっては，目の前の問題が解決されなければ意味がない。

　政府への対応もできるし，海外との比較もできる人材であるという点が強調されますね。さらに，その体験から法律家を志した動機につなげるには，ジャーナリズムでは解決できず，法

律によって解決ができたというエピソードを指摘すれば十分でしょう。

> ❹このような問題を伝えることで，社会の意識を変化させるのが報道の役目ではあるが，それだけでは個別の問題の解決には至らない。わかっていたつもりだが，さまざまな問題の一つ一つに直接かかわれる時間も覚悟もないままに，次の取材へと進むのは心残りだった。弁護士などの努力で解決に至ったケースを知って，伝えるだけでは偏見や差別が実質的になくならない。法という強制力を持って初めて，具体的な解決が見つけられると実感したのである。

ポイント→サポートという順番を守ることで，文章に一貫性が出てくることが実感できたでしょうか？　このように，一つの情報から，芋づる式に全貌が姿を現してくる，という構造を意識的に作らなければ，文章は寄り道ばかりになってしまい，最終的なイメージがまとまりません。

一貫した流れを作る

全体の構成については，志望理由書なのですから，「なぜ法律家をめざすのか？」という問いに答えればよいのです。採点者が最初に読みたいのは，その動機です。だから構成としては，その核心のところから入るべきです。

ここでは，むしろ，強引に理由を2つにまとめてしまうのがわかりやすいと思います。一つは「日本にいる外国人」の問題，もう一つは「国際結婚で生まれた子供たち」の問題。それを各段落冒頭でうたい，後はサポート情報を補足する形で，ディテールを付け加えるのです。ちょっと図式的になりすぎと思われるかもしれませんが，そのくらいに整理したほうが読む側にとっては親切でしょう。

❷nd 再提出ドラフト

❶

序論
時代状況の提示と自分の位置

　国籍や国境を超えて生じる人権問題や利害対立が，ますます複雑で多様化するこれからの時代において，弱い立場に立たされた個人の苦悩や不安を，法律実務の専門家として実際的に改善する存在になりたい。私はジャーナリストとしての活動を通じ，偏見や差別を受ける在日外国人の厳しい境遇のほんの一部を垣間見ることができたが，そこには，報道するだけで事が解決に向かうほど甘くない複雑な現実があった。また一方で，十数年にわたる海外生活では，国際結婚の危機によって，国と国の異なる法のはざまでなすすべを知らず翻弄される夫婦やその子供たちのような国際化の影の部分にも遭遇した。

❷

　このように，日本と世界の関係が，モノやカネにとどまらず人と人との間においてもますます深まるに伴い，個人の権利や生活が不当に侵害される危険が高まってくる。それに対して，彼らのトラブルの現場に直接身を置き，彼らとともに解決に取り組む，弁護士でありたい。そしてそのような取組みを通じて，より世界に開かれた日本にしていきたい。

❸

本論 1
キャリアの説明と問題提起 1

　私は20代を丸々外国で過ごした経験から，日本人への誤解や不信感を直接体験し，それらを払拭するには日本の立場を自分たちが世界にわかるように伝えることが必要と考え，日本でマスコミの道に進んだ。通信社の記者として選挙制度改革，細川内閣の誕生，日米経済摩擦そして不良債権問題などの動きを追いかける一方で，国内の外国人労働者，難民や留学生を取り巻く問題などを扱う機会もあった。

❹

　私が，取材の現場で目の当たりにしたのは，90年代になっても外国人や難民に対する差別や偏見がより巧妙な形で依然として存在するという日本の現実だった。たとえば，国際スクールで働くフィリピン人教師に対しては，同じ資格を持っていても，欧米人より少ない給料しか支払われない，あるいは，保証人がいても韓国人には部屋を貸したがらない不動産業者や家主など，同じ外国人でも欧米出身とアジア・南米出身とで明らかに待遇が違った。このような外国人への不当な扱いや厳しい現状

について政府の担当者と何回か話をしたが，そのたびに政府の立場は「法的にはなんら問題ない」と言われた。

❺　難民や外国人労働者への偏見や差別は，苦しめられている者にとって目の前の問題が解決されなければ意味がなかった。もちろん報道をしただけで，国民の意識や行政の対応が変わり，個別の問題の解決に至るというほど甘いものではないことはわかっていたが，私には，彼らの問題の一つ一つに直接かかわれる時間も覚悟もないままに，次の取材そしてまた次の取材と進むばかりであった。弁護士などの努力でやっと解決を見たケースを知って，自分の無力を思い知らされた気がした。伝えるだけで偏見や差別は決してなくならない。法の力をもって初めて，彼ら一人一人の苦しみを解決するための具体的な行為が始められるのだと実感した。

❻　日本の国際化は，国内の外国人問題ばかりでなく，日本人にも新たな幸福の追求の機会と同時にそれに伴うリスクをもたらした。20年近く前に比べて，私のような国際結婚の夫婦やその間に生まれた子供はもはや奇異なものではなくなりつつある反面，そのような家族ならではの複雑な悩みやトラブルを見聞きする機会も格段に増えた。

❼　通信社を退職してから夫の母国に移り，しばらく主婦として子供の面倒を見ていたことがあったが，長男が通う日本語補習校で会った現地の日本人が，外国人との間の子供の将来について，深く懸念している事情を知った。日本法が二重国籍を認めない現状もあって，一度家族が壊れてしまうと子供自身のコントロールがまったく及ばないところで彼らの意思とは無関係に重要な決定がなされてしまうのだ。

❽　とりわけ国際離婚は，訴訟がどこでどんな理由から起こされたかなどで，些細な夫婦のもめ事が国をまたいで子供の将来を巻き込む複雑な事件となる。家族についての制度もその価値も異なる国と国の法のぶつかり合いの中で，真の当事者である子供の人権がないがしろにされる危険を強く感じた。多様なバックグラウンドを持つ「日本人」をまさに体現している彼らの何が守られるべき権利なのか，それをどう法的にサポートするのが本当に子供のためなのか，そのような問題に直接取り組んでい

> ⑨ きたいと考えるようになった。
>   法科大学院という法曹への新しい道が開かれたことを，私は2002年に夫の母国で知った。上述のような国と国の間で翻弄される個人の苦しみや悲しみに対して，それを伝えるだけ，耳を傾けるだけではなく，法の力で予防し，仲裁あるいは解決することができる法の専門家となるには，このチャンスしかないと思った。

結論 決意の繰り返し

2nd 診断と講義

全体の構成と流れ

全体の構成は，最初のドラフトよりよくなっています。最初に全般的な決意表明をし，次に自分のキャリアをアピールする。その中で出会った問題を2つ挙げて，それぞれの細部を描きつつ，自分が法律家を志望するに至った理由を説明している。この流れは概観から細部へという流れを踏まえていて，明快です。

◆全体の流れ

1	全般的な決意表明	国籍や国境を超えて生じる人権問題や利害対立→弱い立場に立たされた個人の苦悩や不安を，法律家として実際的に改善する存在になりたい
2	自分のキャリアをアピール＋問題化の発端	ジャーナリストとして選挙制度改革，日米経済摩擦そして不良債権問題などの動きを追いかける一方で，国内の外国人労働者，難民や留学生を取り巻く問題などを扱う機会
3	出会った問題を挙げる	外国人や難民に対する差別や偏見がより巧妙な形で依然として存在する
4	細部の情報→法律家への決意	報道をしただけで…問題の解決に至るというほど甘いものではない→法の力を持って初めて，彼ら一人一人の苦しみを解決するための具体的な行為が始められるのだと実感

簡潔性と情報量

ただし，複雑な問題を一気に表現しようとして，修飾部分が長くなってしまいました。そのため，やや重苦しい印象を与えてしまいます。前でも説明したように，ポイント・センテンスは全体の見通しをつける部分ですが，その表現はできるだけ簡潔にして，情報量を絞るほうが，明快になります。

> ⚠ ポイント・センテンスはできるだけ簡潔にして，情報量を多くしない

特に決意表明とその方向づけをしている第1・第2段落では，表現が錯綜しています。まず現状の大ざっぱな分析を行い，その中で出てきた問題を指摘し，最後に自分のコミットメントを書けば，導入部としては十分。それ以外の要素は，後から説明すればよいのです。

▼第1・第2段落の書き直し

> ❶❷グローバリゼーションが進行して，国籍や国境を超えて人や物が行き来するに従い，そのはざまで人権問題や利害対立が，ますます複雑で多様化する。たとえば，在日外国人が日本社会で受ける偏見や差別，あるいは国際結婚の危機によって異なる法体系のはざまで翻弄される夫婦やその子供たちなど，個人が弱い立場に立たされる場合も多い。私はこれらグローバリゼーションが引き起こす個人の苦悩や不安に向き合って，法律家として実際的に改善する存在になりたい。そのような取組みを通じて，より世界に開かれた日本にしていきたいのである。

細部を充実させる方法

後は段落を変えて，ここで出た要素を一つ一つ説明・例示していけば済みます。要素としては，次のようなものが考えられるでしょう。

1 自分のキャリアと問題の発見
2 在日外国人差別の実態・背景・メカニズムなど
3 法律的解決への興味

▼第3段落の書き直し─自分のキャリアと問題の発見

❸私は20代を丸々外国で過ごした経験から，世界の人々の日本人に対する誤解や不信感を直接体験した。そこで，それらを払拭するには自分たちの立場を世界にわかるように伝えることが必要と考え，日本でマスコミの道に進んだ。通信社の記者として選挙制度改革，細川内閣の誕生，日米経済摩擦，不良債権問題などの動きを追いかけ，日本の現実の国際的な発信という面では，充実感を考えていた。しかし，しだいにジャーナリズムだけでは飽き足らなくなった。なぜなら，上述のようなグローバリゼーションに伴う問題は，事実の報道だけではほとんど解決できないからである。

スムーズな接合にする

このように変えれば，自分のキャリアの説明をするうちに，問題を発見していくという道筋がはっきり見えます。一般に文章が流れるためには，古い情報と新しい情報をうまく接合する必要があります。ここでは，キャリアという先に説明された情報から，「外国人差別」という問題にスムーズにつなげられるように，ジャーナリズムの限界という媒介項を入れてみました。

◆ストーリーの順序を整理する

```
キャリアの体験
    ▼
ジャーナリズムの限界
    ▼
「外国人差別」問題
```

▼第4・第5段落の書き直し─外国人差別の実態・背景・メカニズム

❹たとえば，日本では現在でも外国人や難民に対する差別がより巧妙な形で依然として存在する。国際スクールで働くフィリピン人教師に対しては，同じ資格を持っていても，欧米人より少ない給料しか支払われない，あるいは，保証人がいても韓国人には部屋を貸したがらない不動産業者や家主が多いなど，同じ外国人でも欧米出身とアジア・南米

出身とで明らかに待遇が違う。このような現状について政府の担当者と何回か話をする機会もあったが、そのたびに政府の立場は「法的にはなんら問題ない」と言われるばかりであった。
❺確かに、偏見や差別は社会現象であって、政府が積極的に介入すべきものではないかもしれない。しかし、苦しめられている者にとって目の前の問題が解決されなければ意味がない。報道をしただけで、国民の意識や行政の対応が変わるというほど甘くはないことはわかりつつも、彼らの問題の一つ一つに直接かかわれる時間も覚悟もないままに、次の取材と追われていくのは心残りであった。そんな中、弁護士の努力で解決を見たケースを知って、法の力をもって初めて、彼ら一人一人の苦しみに対する具体的な解決ができるのだと実感した。

Unpackingの方法

第4段落以降は、自分の知っている現状・背景・メカニズムなどを読者に披露する場です。この場合、**なるべく詳しくわかりやすく説明するのがよい**のです。この作業のことを英語でunpackingと言います。つまり、頭の中に詰まっていた知識や情報を外に広げて、周囲の人に見せることです。

その際、典型的な例を挙げたり、対比したり、反対意見を批判したり、あらゆるテクニックを使って、自分の持っている情報が価値があって興味深いとアピールします。店の商品をきれいに見せるために、陳列台の上に並べるように、読者の興味をシミュレートしながら、最適な配置と順序を考えるのです。

> **Point** 材料のunpacking＝自分の持っている情報が価値があり、興味深いものであることをアピールする➡さまざまなテクニックを使う➡最適な配置と順序

志望理由書は、他人が読んでわかりやすくおもしろく感じるようにすべきです。したがって、技術的な操作は不可欠だし、十分に身につけておく必要があります。

▼第6〜第8段落の書き直し─国際結婚の問題

> ❻また，国際化は，外国人問題ばかりでなく日本人にも新たな幸福の追求の機会とそのリスクをもたらした。たとえば，国際結婚で生まれた家族の問題である。以前に比べて，私のような国際結婚の夫婦やその間に生まれた子供はもはや特別ではなくなっている。その反面，そのような家族に対する法的な保護は遅れていると言わざるをえない。
> ❼❽夫の母国で主婦として子供の面倒を見ていたとき，長男が通う補習校で出会った日本人が，外国人との間に生まれたの子供の将来について，深く懸念している事情を知った。日本法が二重国籍を認めない現状もあって，一度家族が壊れてしまうと子供自身のコントロールがまったく及ばないところで親権の決定などがなされてしまう。離婚では，訴訟がどこで起こされたかによって，結果が大きく異なる場合が多い。家族制度もその価値も異なる国と国の法のぶつかり合いの中で，当事者の人権がないがしろにされている現状に危機感を感じた。国際結婚から生まれた子供たちは，多様なバックグラウンドを持つ「日本人」をまさに体現しているのに，権利を十分に守られていない。それをどう法的にサポートするのが本当に子供のためなのか，そのような問題に直接取り組んでいきたい。

　まず「国際結婚と家族」というメインの問題を第6段落で提出し，それを第7・第8段落で具体的事実を使ってサポートする。段落をポイントとサポートというように2つに分けることで，さらに構成がはっきりしました。
　第5・第8段落のラストは法律の力を強調したり，法律に対する自分の可能性と情熱を表現したりしています。これは，2つの具体的問題に対する自分の知識・キャリアを強調しつつ，他の国際的な問題への能力も暗示する効果を持ちます。

3rd 完成稿

　国籍や国境を超えて人や物が行き来するに従い，そのはざまで人権問題や利害対立はますます複雑になり，多様化している。たとえば，在日外国人が日本社会で受ける偏見や差別，あるいは異なる法体系のはざまで翻弄される家族の問題など，個人の権利や生活が国際化と国家の間で侵害される危険が高まっている。私はこれらグローバリゼーションの負の現場に直接身を置き，当事者とともにに解決に取り組む弁護士でありたい。そのような取組みを通じて，日本をより世界に開かれた場所にしていきたいのだ。

　私は20代のほとんどを外国で過ごした。その過程で，日本人への誤解や不信感を直接体験し，それらを払拭するには，自分たちの立場を世界にわかるように伝えることが必要と考え，日本に戻ってマスコミの道に進んだ。通信社の記者として選挙制度改革，日米経済摩擦，不良債権問題などを追いかけ，日本の現実の国際的な発信という面では，それなりの充実感を得てはいた。しかし，次第にジャーナリズムだけでは飽き足らなくなった。なぜなら，上述のようなグローバリゼーションに伴う問題は，事実の報道だけではほとんど解決できないからである。

　たとえば，国内の外国人労働者，難民や留学生を取り巻く問題で目の当たりにしたのは，外国人や難民に対する差別や偏見が巧妙な形で存在していることだった。国際スクールで働くフィリピン人教師に対しては，同じ資格を持っていても欧米人より少ない給料しか支払われない，あるいは，保証人がいても韓国人には不動産業者や家主が部屋を貸したがらないなど，欧米出身とアジア・南米出身とで待遇が違う。報道では何回も取り上げ，政府の担当者とも何回か話をする機会もあったが，そのたびに「政府の立場はなんら問題ない」と言うばかりで，状況は改善しない。

　確かに差別は社会現象であり，政府が積極的に介入すべきことではないかもしれない。このような偏見や差別に苦しめられている者にとっては，原則を説明されても，目の前の具体的問題が解決されなければ無意味である。もちろん報道だけで，国民の意識や行政の対応が即座に変わるというほど甘いものではないことはわかっていたが，彼らの問題の一つ一つに直接かかわれる時間も覚悟もないままに，次の取材そしてまた

次の取材と追いまくられるのは、問題が放置されるようで心残りだった。その中で弁護士などの努力で解決を見たケースを知って、法の力を持って初めて、彼ら一人一人の苦しみに対して具体的な解決ができるのだと実感した。

　一方、国際化は、外国人ばかりでなく日本人にも新たな幸福追求機会とそれに伴うリスクをもたらしている。たとえば、国際結婚でできた子供の問題である。以前に比べて、国際結婚した夫婦やその間に生まれた子供はもはや奇異なものではなくなっている。反面、そのような家族ならではの複雑な悩みやトラブルを改善する手だてはまだまだ遅れている。通信社を退職して夫の母国に移り、しばらく主婦として子供の面倒を見ていたことがあったが、長男が通う日本語補習校で現地の日本人と知り合う機会があり、外国人との間の子供の将来について、深く懸念している事情に触れた。

　とりわけ国際離婚は、訴訟がどこで起こされたかという些細な事情によって、国をまたいだ複雑な事件となる。各国間で家族制度もその価値も異なり、そのぶつかり合いの中で、真の当事者である子供の人権がないがしろにされる危険も大きい。たとえば、日本法では二重国籍が認められていない現状もあり、一度夫婦関係が壊れてしまうと子供の親権など重要な決定に関与できなくなる。国際結婚で生まれた子供たちは、多様なバックグラウンドを持ち、国際的な「日本人」をまさに体現しているのに、彼らの権利は十分に守られていないのだ。それをどう法的にサポートするのが本当に子供のためなのか、などの問題に直接取り組み、解決していきたいと考えるようになった。

　もちろん、国際化に絡む問題はこれらにとどまらない。問題があることを指摘するだけでなく、実際にそれを解決すべき時期に来ている。私がこれらの問題解決に貢献できる機会が持てるなら、今までの経験が生かせるやりがいのある仕事になると思う。法科大学院という法曹への新しい道が開かれたことを、私は外国で知った。国と国の間で翻弄される個人の苦しみや悲しみに対して、それを法の力を持って予防し、仲裁しあるいは解決することができる専門家となるために、このチャンスを生かしたいと思う。

評価と感想

　完成稿では，最初にグローバリゼーションに対応する弁護活動をしたいと志望動機を明らかにした後で，第2段落で自分のキャリアを提示し，その中で直面した問題として，国内での外国人差別を取り上げることと，自分の家庭生活から国際結婚で生まれた子供たちの問題を取り上げることの2つから成り立っています。

　どちらも，これまでの人生でかかわったことをもとにしていて，志望動機としては自然でリアリティがあります。ここまで書けば，内容としては十分です。ラストの段落は結論ですが，新しい内容を付け加えることはありません。あっさりと終わってよいでしょう。

Solution

- ◆よくあるアピールに陥らず，より深い問題を追究する
- ◆ポイントとサポートの構造を守る
- ◆言いたいことは簡潔に冒頭で述べる
- ◆詳しい説明は，後から付け加える
- ◆結論で法曹志望につながるストーリーにする

法科大学院　[志望理由書]　問題発見と展開の技術

Case Study 4　　国際経済への関心 ❶

Case Study 4　国際経済への関心

大学生Sさんの場合　　　　　　　　1,500字　／　未修
　　　23歳　女性　　私立大学経済学部在学中

　大学生の志望理由書は，大学での専攻と関連させるのがよいが，法律家になるという目標との関連で書くべきだ。つい，自分が勉強した内容を長々と述べがちだが，法律と結合しない話題では逆効果になる。提示した問題に対しては，十分にそのメカニズムを分析し，例示・データを出して説明する。将来なりたい法曹のイメージは，その分析・説明のしかたから，ほぼ自動的に出てくるはずである。

❶st　最初のドラフト

　私が法律に興味を抱くようになったきっかけは，大学のゼミで国際経済学を勉強したことにある。私は以前から企業を支える仕事に就きたいと希望を持っていたが，ゼミでの研究が深まるにつれ，ビジネスや国際経済学を学んだ自分には法律の専門家になることで，企業を広い視点で支えることができるのではないかと考えるようになった。なぜなら，今後，国際的な法律問題が量的に増大し，かつ，内容的にも複雑・多様化することは容易に予想され，経済学的な視点のみならず，法律などの幅広い専門的知識が要求される。企業間の取引や紛争処理にビジネスロイヤーが活躍し，合理的な紛争解決に至ることを知り，経済的な視点だけでは実効性のあるサポートは難しいと考えたからである。しかし取引，紛争処理には専門知識や，技術が必要不可欠であり，こうした知識なしでは紛争解決や紛争予防などの企業のサポートは難しいであろう。
　ゼミでは2年間，貿易や直接投資など中国およびアジア経済と日本経済とのかかわりを中心に学んだが，特に2001年の中国のWTO加盟を軸とした研究は中国と日本の関係，さらには日本と世界経済とのかかわりに自分の目を向けるきっかけとなった。中でも印象的だったのは中国の国際競争力の強化であり，日本の産業の空洞化であった。多くの企業は巨大な中国市場をめざして進出し，中国は現在GDP成長率7％を誇って

いる。その一方で中国とは対照的に，日本はバブル崩壊後の長引く景気低迷にあえぎ，かつて世界経済を牽引した姿はもうない。*1

現在の日本が誇れるものはいったい何であろうか。それは技術であり，先進国として長年蓄積され，整備された制度である。日本ほど技術を持ち，さらには技術に関する法制度を持つ国は，世界においても数えるほどしかない。また，日本は世界において教育水準が高く，国民の遵法意識の高い国でもある。

知的財産立国である日本国内だけではなく，世界規模で知的所有権に対する意識と保護の要請が現在高まっている。しかし，こうした高い技術を持った日本企業が海外進出するに当たり，まず直面するのは進出先国の制度と自国の制度とのギャップである。たとえば中国がWTOに加盟し，国内法整備が進められても国民の法に対する遵法意識が低く，法制度が十分に活用されていないのが現状である。かたやアメリカでは自国の企業と技術を守ろうとする国民の意識が高く，世界各国と協調しないアメリカ独自の法制度を整えている。研究が進むにつれ，日本企業が海外展開する際に障害となるのが，各国の異なる法制度であることに気づき，卒業論文では知的財産制度の中でも特許制度を取り上げ，「世界の特許制度における問題点とその論考」と題する論文を書いた。しかし，特許制度などの知的財産制度のみならず，海外展開をする日本企業が紛争に巻き込まれることは多く，卒業論文の執筆に当たり，今後ますます高度な専門知識を有する法律家が必要となることを痛感した。*2

私は中国やアジア経済の研究が進むにつれ，自分の日本経済を見る視点が内側からではなく，外側へと移り，日本が今後世界経済で生き残っていくにはどうしたいいのか，日本がかつての国際競争力を取り戻すにはどのようにしたらいいのか，など自分の中で疑問として感じるようになった。日本企業，日本経済の今後の発展の方向性の疑問は現在も継続している。*3

これまでは経済的な観点による研究であったが，今後，法科大学院に進学後も自分のテーマとして，法律的なアプローチから継続的に学びたいと考えている。だから私は，単に実務家になるためだけに法律を学ぶのではなく，学術的な視点からも法律を学びたいと考えている。そして，経済学的な視点を持つ法律家として，企業を支えたいと考えている。*4

法科大学院［志望理由書］問題発見と展開の技術

Case Study 4　　国際経済への関心 ❶

- **NG** *1　データとしてはよいが，それが問題提起とつながってこなければいけない。
- **Good** *2　これを問題の焦点にするとよい。
- **NG** *3　日本経済を憂えるコメントが多すぎる。法律にかかわる部分に内容を絞るべき。
- **NG** *4　将来のイメージにつなげるところが簡単すぎる。

ドラフトの評価

独創性	4
論理性	3
構成力	3
表現力	3
知識	3
総合評価	C

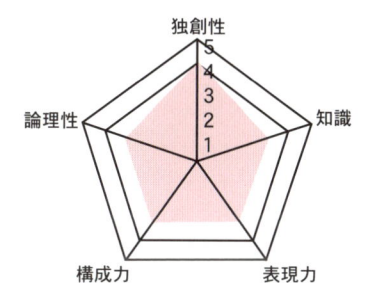

1st 診断と講義

Clinic! 一生懸命に自分の専攻した学問分野を説明し，そこから法律家への志望につなげようとした苦心は十分うかがえます。しかし，その試みはあまり成功していません。なぜなら，学問分野の説明を熱心に書きすぎたために，その部分が長くなりすぎ，肝心の法律との接続には簡単に触れるにとどまっているからです。もう少し専攻の説明部分で触れる話題を整理して，法律と関係のある叙述だけにしなければなりません。そのためには，専攻分野で法律が関連する問題を見つけて，そこに集中して書くべきなのです。

志望理由書の条件

この志望理由書には，次のような条件がついています。
（a）あなたはなぜ法曹をめざすのか
（b）あなたはどのような法曹をめざすのか
1,500字以内で（a）（b）を合わせて書く

つまり，動機と将来への展望を両方書かねばならないわけです。これは，志望理由書で求められる一般的な内容です。もちろん，この2つをまったく区別するわけにはいきません。（a）の内容が（b）の内容を導き出すような構造になっている必要があります。

要素のバランス

Sさんもそうですが，大学生の場合は大学等での勉強から法律家に興味を持つという場合が多いでしょう。だから，「大学での専攻→法律の必要性→法律家志望」というストーリーをどうやって構築するかが，眼目になります。この場合，この3つの要素がバランスよく叙述されている必要があります。特にSさんのような法律の未修者の場合，「大学での専攻」が多すぎると，勉強してきたことはアピールできても，「なぜ法曹でなければならないか？」がわからなくなるし，逆に「法律家志望」ばかりを強調すると，動機の必然性の部分が希薄になります。

法科大学院　［志望理由書］問題発見と展開の技術

Case Study 4　　国際経済への関心 ❶

⚠ 大学生の場合＝「大学での専攻→法律の必要性→法律家志望」というストーリー，3つの要素がバランスよく叙述されるべき

その点から言うと，このドラフトは大学での専攻ばかりがフィーチャーされていて，そこから法律への接続の面があっさりと片づけられています。そのため，学校の勉強に対する熱心さはわかるものの，法律家になる動機としてはいささか弱い印象になってしまうのです。だから，ここではむしろ学業の説明の部分を大胆にカットして，法律にかかわる部分が中心になるように整理する必要があります。この観点から，第1〜第4段落を添削してみましょう。

▼第1〜第4段落の添削─国際経済と法律の結びつきを中心に

❶私が法律に興味を抱くようになったきっかけは，大学~~のゼミ~~で国際経済学を勉強したことにある。私は以前から企業を支える仕事，経済動向や企業の問題を解析し，ビジネスをコンサルティングする仕事に就きたいと希望を持っていたが，ゼミでの研究が深まるにつれ，ビジネスや国際経済学を学んだ自分には法律の専門家になることで，企業を広い視点で支えることができるのではないかと考えるようになった。なぜなら，今後，国際取引が~~的な~~法律問題が~~量的に増大し，かつ，~~内容的にも複雑・多様化するとともに，紛争も増大することは容易に予想されるからだ。~~経済学的な視点のみならず，法律などの幅広い専門的知識が要求される。~~特に知的財産問題などの紛争処理，取引など企業の意思決定にかかわる際には経済的な視点だけでは実効性のあるサポートは難しく，高度な法律の知識の必要性を感じた。このような場合，企業間の取引や紛争処理にビジネスロイヤーが活躍し，合理的な紛争解決に至ることを知り，法律への興味がわいたのである。~~経済的な視点だけでは実効性のあるサポートは難しいと考えたからである。しかし取引，紛争処理には専門知識や，技術が必要不可欠であり，こうした知識なしでは紛争解決や紛争予防などの企業のサポートは難しいであろう。~~

❷ゼミでは2年間、貿易や直接投資など中国およびアジア経済と日本経済とのかかわりを中心に学んだが、特に2001年の中国のWTO加盟を軸とした研究は中国と日本の関係、さらには日本と世界経済とのかかわりに自分の目を向けるきっかけとなった。中でも印象的だったのは中国の国際競争力の強化であり、日本の産業の空洞化であった。多くの企業は巨大な中国市場をめざして進出し、中国は現在GDP成長率7％を誇っている。その一方で中国とは対照的に、日本はバブル崩壊後の長引く景気低迷にあえぎ、かつて世界経済を牽引した姿はもうない。

❸現在の日本が誇れるものはいったい何であろうか。それは技術であり、先進国として長年蓄積され、整備された制度である。日本ほど技術を持ち、さらには技術に関する法制度を持つ国は、世界においても数えるほどしかない。また、日本は世界において教育水準が高く、国民の遵法意識の高い国でもある。

❹知的財産立国である日本国内だけではなく、世界規模で知的所有権に対する意識と保護の要請が現在高まっている。しかし、こうした高い技術を持ったとえば、日本企業が海外進出するに当たり、まず直面するのは進出先国の制度と自国の制度とのギャップである。たとえば中国などがWTOに加盟して、国内法整備が進められてはいるも、国民の法に対する遵法意識が低く、法制度が十分に活用されていないのが現状である。そのためにコピー商品など堂々と出回ることになる。かたやアメリカでは自国の企業と技術を守ろうとする国民の意識が高く、世界各国と協調しないアメリカ独自の法制度を整えている。そのため、日本企業が特許制度などの知的財産制度に関する紛争に巻き込まれることは多い。このように研究が進むにつれ、日本企業が海外展開する際に障害となるのが、各国の異なる法制度である。私はその中でもことに気づき、卒業論文では知的財産制度、特にの中でも特許制度を取り上げ、「世界の特許制度における問題点とその論考」と題する論文を書いたが、調べていくにつれ、今後ますます高度な専門知識

法科大学院　［志望理由書］問題発見と展開の技術

Case Study 4　国際経済への関心 ❶

<del>を有する法律家が必要となることを痛感した。しかし、特許制度などの知的財産制度のみならず、海外展開をする日本企業が紛争に巻き込まれることは多く、卒業論文の執筆に当たり、今後ますます高度な専門知識を有する法律家が必要となることを痛感した。</del>

削除する部分

　　見てわかるように、Sさんが国際経済について感じていることを、かなり削除しています。特に第2段落は中国やアジア経済についてのコメントであり、Sさんとしても思い入れがあるところでしょうが、完全になくなっています。これは、Sさんが法律に興味を持った実際のきっかけではあるのですが、そのあたりを詳述すると、法律に結びつけるためのスペースがなくなってしまうからです。このような自分の知的成長にかかわる部分は個人的には強調したいでしょうが、むしろ自己評価書に回して、法律にかかわる「問題」を提示することに集中するべきです。

　　第3段落もまったくなくなっています。ここは、「日本が今後世界経済で生き残っていくにはどうしたらよいのか、日本がかつての国際競争力を取り戻すにはどのようにしたらよいのか」などの問題意識が扱われています。しかし、これはどちらかというと利益の確保という経済・経営的問題であり、法律の分野である「紛争解決」とは距離があります。もともとのきっかけはそこにあったとしても、法律家志望という目標とは結びつきにくい。これもカットすべき要素でしょう。

　　志望理由書のポイントが、法律を必要とする問題と直面することから始まるのなら、なるべく早くその「問題」を導入して、読者の前に引き出すべきです。自分の意見や感想などは、その問題に対して後から述べれば済むことです。まず大切なのは、「問題の導入」であることを、ここでも確認しておかなければなりません。

Point　なるべく早く「法律を必要とする問題」を提示する→叙述がわかりやすくなる

テーマから表現を整理する

　一貫した内容を持つためには，文章のラストから逆算して最初や途中の語句をコントロールする必要があります。たとえば，第1段落で「知的財産問題などの紛争処理，取引など企業の意思決定にかかわる際には経済的な視点だけでは実効性のあるサポートは難しく，高度な法律の知識の必要性を感じた」の部分を加えましたが，これは後の中国・アメリカの知的財産権の事例と平仄を合わせるためです。つまり，「知的財産権」という言葉が第1段落から出現して，第4段落で本格的に展開されるための布石となっているわけです。

　このように，同じ語句または類義語が複数の段落で繰り返し出てくることで，段落と段落のつながりを強め，全体としてまとまっている印象（coherence）を与えます。このように何回も繰り返し出てくる語句のつながりのことをテーマの糸（Thematic Strings）と言います。

◆Thematic Stringsの構造

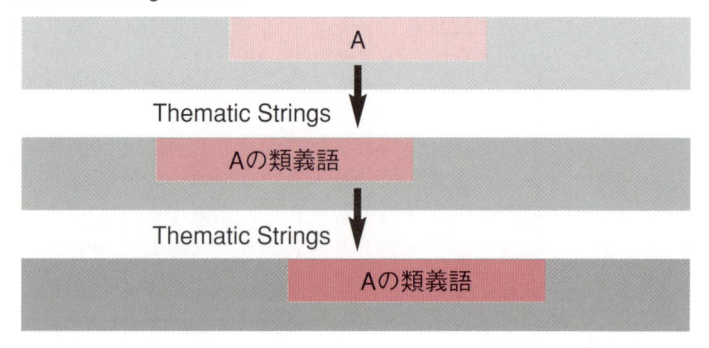

```
                    ┌─── A ───┐
                         ↓
              Thematic Strings
              ┌── Aの類義語 ──┐
                         ↓
              Thematic Strings
                    ┌── Aの類義語 ──┐
```

　このStringsの形を意識的に作っていくことで，全体として1つのことを述べているということを読者に印象づけることができます。

法律との接続

　一方，これだけ国際経済にスペースを取っていながら，その分野と法曹の接続は簡単すぎます。その部分はラストの部分にありますが，国際経済の問題と法律のつながりは「法律的なア

プローチから継続的に学びたい」だけであって，実質的にはほとんどありません。繰り返しの部分を削除して，この段落を添削すると以下のようになってしまいます。

> ❻~~これまでは経済的な観点による研究であったが，~~今後，法科大学院に進学後も自分のテーマとして，法律的なアプローチから継続的に学びたいと考えている。~~だから私は，単に実務家になるためだけに法律を学ぶのではなく，学術的な視点からも法律を学びたいと考えている。そして，経済学的な視点を持つ法律家として，企業を支えたいと考えている。~~

この「法律的なアプローチ」とは何か，どうして「法律的なアプローチ」が必要になるのか，明確にしなければなりません。せっかく特許制度のことを卒論で書いたと述べているのですから，それに応じた内容をここでも繰り返せば，何がポイントなのか，はっきりします。この文書は国際経済学のレポートではなく，法律家になるための志望理由書なのですから，日本経済についての一般的な分析よりも，法律との接合の部分を丁寧に書くべきでしょう。

2nd　再提出ドラフト

❶　私が法律に興味を抱くようになったきっかけは，大学で国際経済学を勉強したことにある。私は以前から企業を支える仕事，経済動向や企業の問題，ニーズ・プロジェクトを解析し，ビジネスをコンサルティングする仕事に就きたいと希望を持っていたが，ゼミでの研究が深まるにつれ，ビジネスや国際経済学を学んだ自分には法律の専門家になることで，企業を広い視点で支えることができるのではないかと考えるようになった。なぜなら，今後，国際取引において，内容的にも複雑・多様化するとともに，紛争も増大することは容易に予想されるからだ。特に知的財産問題などの紛争処理，取引など企業の意思決定にかかわる際には経済的な視点だけでは実効性のあるサポートは難しく，高度な法律の知識の必要性を感じた。このような場合，企業間の取引や紛争処理にビジネスロイヤーが活躍し，合理的な紛争解決に至ることを知り，法律への興味がわいたのである。

❷　変容が続く経済状況において，企業がどうビジネスを展開し，チャンスをどう生かしていくか。社会のインフラとしての企業を法律の視点からサポートし，日本がかつての国際競争力を取り戻すために，企業，ひいては日本経済の活性化に貢献したい。

❸　たとえば，日本企業が海外進出するに当たり，まず直面するのは進出先国の制度と自国の制度とのギャップである。経済のグローバル化によって企業取引は拡大し，それとともに各国の法制度も変化している。日本国内の法制度，特に商法は今後の商取引の多様化によって改正が続くであろうし，知的財産制度についても法整備が続くと考えられる。経済は法によって秩序づけられており，こうした経済の変化だけではなく，企業を取り巻く法的環境の変化が起こるビジネス環境の中で，企業が法律を遵守し，改正に対応したビジネスを行う必要性は高い。企業が法務部を強化し，ある程度のことは処理できるようになっても，ビジネス展開をしていくうえで専門的知識を持った法律家は今後も必要であろう。

❹　特に私が専門としたい分野は知的財産である。現在，日本の

序論
きっかけとなった体験

本論 1
問題を一般化

法科大学院　［志望理由書］問題発見と展開の技術

Case Study 4　国際経済への関心 ❷

本論2
自分のめざす弁護士像

産業は，かつて加工組立分野を中心とした時代は終わり，情報を中心とした社会システムの構築が進んでいる。したがって企業も生産技術だけではなく，付加価値の高い無形の資産である知的財産を保護する必要が大きい。その一方で，海外における模倣品被害，情報技術の進歩による複製による被害も年々拡大している。しかし，日本では知的財産分野を専門とした法律家はまだ少なく，制度，対応ともに十分ではない。私は，知的財産を専門とする法律家になり，企業の知的財産保護を通じ，企業価値を高めたいと考えている。企業価値を高めることで，経済の活性化にもつながるだろう。

❺

結論
補足

もちろん，知的財産分野を専門とする法律家に求められているのは，そのような専門知識だけではなく，知的財産制度を支える法律全般の知識や，経済を見渡す広い視野を持ち，時代の流れを把握することである。企業と経済は法によって秩序づけられているのであり，国際化が進むことによってさまざまな国内法との衝突が起こりうる。こうした衝突の解決には国際感覚を養うことはもとより，法曹として変化し続ける法環境に順応しうる知識を深め，市民感覚を失わずに見識を深め続ける必要があろう。

❷nd　診断と講義

文章の流れを意識的に作る

　　　　　　前半は添削をとり入れているので，それほど悪くありません。しかし，せっかくアメリカや中国の実例が出ていたのに，再提出ドラフトではなくなってしまいました。スペースの問題もあるでしょうが，テーマにかかわる実例は削除してはいけません。例示は現実にあるデータの役目を果たすので，自分の論点をサポートするようなものは，必ず必要です。何を削除して何を残すか，をしっかり見極めること。何でも簡潔にしてしまえばよいわけではないのです。

　　　　　　第１〜第３段落の構造ももう少しですね。特に第２段落の内

容が余計です。第1段落の終わりは、「合理的な紛争解決」となっているので、次の段落はその「合理的な紛争解決」を受けて始まったほうがよいのです。ところが、その間に「変容が続く経済状況において…企業、ひいては日本経済の活性化に貢献したい」などとSさんの決意表明が入っているので、文章がうまく流れないのです。

既知の情報から未知の情報へ

一般に、文章の流れは既知の情報から未知の情報へ、というコースをたどります。主語の部分で既知の情報を共有し、それを述語部分で道の新しい情報につなげるわけです。

◆文章の構造

既知の情報	未知の情報
Aは	Bである

‖ 繰り返し，共通点

既知の情報になる

Bは	Cである

この構造は、段落でも適用されます。**段落の初めのほうで既知の情報を扱い、それを段落の末尾で未知の情報につなげる。**そうすると、内容が既知から未知へと段階的に進み、滑らかに変化していくことになります。そういう意味で言えば、この第2段落は前の段落の内容を受けていません。

▼第1〜第3段落の構成

❶…法律の知識の必要性を感じた。このような場合、企業間の取引や紛争処理にビジネスロイヤーが活躍し、合理的な紛争解決に至ることを知り、法律への興味がわいたのである。

❷変容が続く経済状況において、企業がどうビジネスを展開し、チャンスをどう生かしていくか。社会のインフラとしての企業を法律の視点からサポートし、日本がかつての国際競争力を取り戻すために、企業、ひいては日本経済の活性化に貢献したい。

❸たとえば、日本企業が海外進出するに当たり、まず直面するのは進出先国の制度と自国の制度とのギャップである。

法科大学院　［志望理由書］問題発見と展開の技術
Case Study 4　　国際経済への関心 ❷

　　第1段落の最後にある「紛争解決」という言葉は，第2段落とつながらず，むしろ第3段落の「制度とのギャップ」という言葉と似ています。ですから，イメージは「紛争→ギャップ」とつながり，第2段落の内容はその間で宙ぶらりんになってしまいます。この場合は，第2段落を削除して第1段落と第3段落を直接接続してしまったほうがよいでしょう。

残しておくべき内容

　　逆にテーマをサポートする例示やデータは残しておくべきです。第3段落の上に続く部分は，前は具体例が豊富だったのですが，今度のでは簡単に説明されるだけに終わっています。

▼第3段落の変化

> 　　中国などWTOに加盟して国内法整備が進められてはいるが，国民の法に対する遵法意識が低く，法制度が十分に活用されていない。そのためにコピー商品など堂々と出回ることになる。かたやアメリカでは自国の企業と技術を守ろうとする国民の意識が高く，世界各国と協調しないアメリカ独自の法制度を整えている。そのため，日本企業が特許制度などの知的財産制度に関する紛争に巻き込まれることは多い。
>
> 　　　　　　↓
>
> 　　経済のグローバル化によって企業取引は拡大し，それとともに各国の法制度も変化している。

　　この場合は，後の第4段落で「特に私が専門としたい分野は知的財産である」と書いてあるので，逆に「知的財産」の現状を伝えるデータとして残しておかなければならないのです。

　　大切なのは，自分がやりたい分野とその社会的必要性の冷静な分析です。問題を提起し，メカニズムを分析し，現状のデータを提示する，というプロセスは守らねばなりません。法律は現実の紛争を扱うのですから，抽象論だけでは十分ではなく，現実を表すイメージが必要なのです。

> **Point**　テーマの進行＝問題を提起＋メカニズムの分析＋現状データの提示

法律家との結合

このように問題提示からその分析，例示まで書いた後に，いよいよ（b）の「あなたはどのような法曹をめざすのか」に対する解答を書くことになります。ここまでの流れでほぼおわかりのように，この「どのような法曹」は，問題とその分析からほとんど自動的に決まってきます。

つまり，国際間の紛争解決をめざすわけですから，特に日本企業が直面しやすい紛争・問題の種類を選んで，それを解決するための条件を考えればよいことになります。ここでは，例として知的財産権を取り上げているわけですから，その問題に取り組む弁護士になりたい，とすればよいわけです。とすれば，そのような弁護士は，国際的交渉能力，他国の法制度への関心と知識，経済についての専門知識などを兼ね備えた存在でなければなりません。

⚠️ **法曹のイメージは，問題の分析からほとんど決定されてくる**

一方で，そういうタイプの弁護士に対する社会的需要が大きく，職業として可能性も大きいことを示すともっとよいでしょう。そうすると，たとえば以下のような書き換えが考えられます。

▼第4・第5段落の書き直し─需要の大きさと将来のイメージ

❹特に私が専門としたい知的財産の分野は，これから決定的な役割を果たす。なぜなら，日本の産業ではかつてのような加工組立分野を中心とした時代は終わり，情報を中心とした生産システムの構築が進んでいるからだ。海外における模倣品被害，情報技術の進歩による複製による被害などは年々拡大している中，企業も付加価値の高い無形の資産として生産技術を知的財産として保護する必要が出てくる。しかし，日本では知的財産分野を専門とした法律家はまだ少なく，制度・対応ともに十分ではない。私は，企業の知的財産を法律的に保護する活動を通じて，企業価値を高めることに貢献したい。変容が続く経済状況において，企業がどうビジネスを展開し，チャンスをどう生かしていくか，企業を法律の視点からサポートすれば，日本はかつ

ての国際競争力を取り戻すだろうし，日本経済の活性化にもつながるだろう。

❺一方で，日本国内の法制度，特に商法は今後の商取引の多様化・国際化によって改正が続いていくであろう。経済の数値の変化だけではなく，企業を取り巻く法的環境の変化に応じて，企業がビジネスを行う仕組みが必要になる。最近，企業は法務部を強化し，このような状況に対応しようとはしているが，ビジネスと法との関係について，専門的知識を持った法律家は今後も需要が大きいと思う。このような問題を扱う法律家は，国際的交渉能力，他国の法制度への関心と知識，経済についての専門知識などを兼ね備えた存在でなければならない。単に法律の厳密な解釈だけではなく，相互に違った法体系のすり合わせなども要求されるかもしれない。国際感覚を持って処理するだけでなく，変化し続ける国際環境に順応できるように，健全な市民感覚を失わずに問題に対処する必要があろう。

◆構造の図解

第4段落	知的財産権の重要性とその理由
	それに対応した弁護士への志望
	日本経済への貢献
第5段落	国内法制度との関連
	法律家としての条件

　この知的財産権への関心・アプローチは，**Case Study 5**の内容とはずいぶん異なりますが，これはこれで一つの立場ですので，問題はありません。要は，自分の立場が一貫していれば済むことです。

3rd 完成稿

　私が法律に興味を抱くようになったきっかけは，大学で国際経済学を勉強したことにある。私は以前から企業を支える仕事，経済動向や企業の問題を解析し，ビジネスをコンサルティングする仕事に就きたいと希望を持っていたが，ゼミでの研究が深まるにつれ，ビジネスや国際経済学を学部だけでなく，法律の専門家になることで，企業をより広い視点から支えることができるのではないかと考えるようになった。

　なぜなら，今後，国際取引が複雑・多様化するとともに，経済的紛争も増大することは容易に予想されるからだ。経済は法によって秩序づけられているので，このような紛争処理にかかわる際には経済的な視点だけでは実効性のあるサポートは難しい。たとえば，日本企業が海外進出するに当たり，まず直面するのは進出先国と自国の制度とのギャップである。中国などWTOに加盟して国内法整備が進められてはいるが，国民の遵法意識が低く，法制度が十分に活用されていない。そのためにコピー商品など堂々と出回ることになる。かたやアメリカでは自国の企業と技術を守ろうとするあまり，世界各国とは協調しない独自の法制度を整えてしまった。そのため，日本企業が特許制度などの知的財産制度に関する紛争に巻き込まれることは数多い。アメリカではこのような紛争処理にビジネスロイヤーが活躍し，合理的な解決に至るという。私は卒論で，「世界の特許制度における問題点とその論考」と題する論文を書いたが，調べていくにつれ，このような法律家が必要となることを痛感した。

　特に私が専門としたい知的財産の分野は，これから決定的な役割を果たす。なぜなら，日本の産業ではかつてのような加工組立分野を中心とした時代は終わり，情報を中心とした生産システムの構築が進んでいるからだ。海外における模倣品被害，情報技術の進歩による複製による被害などは年々拡大している中，企業も付加価値の高い無形の資産として生産技術を知的財産として保護する必要が出てくる。しかし，日本では知的財産分野を専門とした法律家はまだ少なく，制度・対応ともに十分ではない。私は，企業の知的財産を法律的に保護する活動を通じて，企業価値を高めることに貢献したい。変容が続く経済状況において，企業がどうビジネスを展開し，チャンスをどう生かしていくか，企業を法律

の視点からサポートすれば，日本はかつての国際競争力を取り戻すだろうし，日本経済の活性化にもつながるだろう。

　一方で，日本国内の法制度，特に商法は今後の商取引の多様化・国際化によって改正が続いていくであろう。経済の数値の変化だけではなく，企業を取り巻く法的環境の変化に応じて，企業がビジネスを行う仕組みが必要になる。最近，企業は法務部を強化し，このような状況に対応しようとはしているが，ビジネスと法との関係について，専門的知識を持った法律家は今後も需要が大きいと思う。このような問題を扱う法律家は，国際的交渉能力，他国の法制度への関心と知識，経済についての専門知識などを兼ね備えた存在でなければならない。単に法律の厳密な解釈だけではなく，相互に違った法体系のすり合わせなども要求されるかもしれない。国際感覚を持って処理するだけでなく，変化し続ける国際環境に順応できるように，健全な市民感覚を失わずに問題に対処する必要があろう。

評価と感想

　自分の関心領域や専攻と法曹への関心をうまくつなげるのが，志望理由書のポイントになります。この完成稿は，学業の話題を整理するのに苦心したおかげで，経済の話題が効果的に法律家の業務に結合しています。大学生は現在の学問レベルに触れているわけですから，分析の論理性・正確なデータは特に重要になります。

Solution

- ◆大学生は大学での専攻と結びつけるのが一般的な書き方である
- ◆経験を述べるのではなく，法律と関係ある話題を選択する
- ◆専攻の中で法律と結びつく「問題」を発見する
- ◆そのメカニズム・データを述べることから，将来像は自然に出てくる

Case Study 5　著作権を巡る問題

出版社社員Dさんの場合　　　　　3,000字　／　既修
37歳　男性　国立大学法学部卒

長い志望理由書では，実例が豊富に載っていることは大きな強みになる。現実感が増すし，社会に対する関心の深さを示すことになるからだ。しかし，複数の例の間の一貫性を保つのが難しくなる。一貫したロジックに基づかないで列挙するだけでは，混乱した印象のみが残ってしまうし，法律との関連もつけにくいので注意したい。

❶st　最初のドラフト

　私は大学の法学部を出てから，出版社の編集に携わって10年になる。その間にさまざまな本を出版し，そのうちのいくつかはかなり成功したものもあった。最近，出版社は不況が言われているが，私はその中で常に「攻めの姿勢の編集」を心がけ，それなりに成功してきたという自負がある。

　その中で，何回かトラブルにも見舞われている。特に問題になったのは，著作権に関するトラブルである。たとえば，私が一時かかわっていた参考書関係の出版では，どうしても文章の引用が避けられない。著名な書き手の過去の文章から，問題として適当な部分を引用して，そこに設問を付けることになるのだが，著作家との間で摩擦が起きることが多いのだ。どれを引用するかが決まったら，当該の著作家に許諾の手紙を出すのだが，関心がないのか，その際に返事をよこさない著作家も多い。一方で，丁寧な返事を書いてくる筆者もいるのだが，何度手紙を出してもなしのつぶてという例も多い。出版期日も迫っているので，そのまま掲載して，後で抗議を受けるなどということもあった。

　さらに，著作権は著作家団体が管理している場合が多いのだが，その団体によって，著作権料の請求に大きな幅がある。たとえば同じような量の引用でも，A協会では5,000円ほどの掲載料で済むものなのに，別の

団体だと150,000円プラス売れた場合のマージンなど、法外な要求をされたという例もある。これは、管理団体の方針による差であるが、要求を受け入れないと即掲載拒否になるので、結果的に強い要求を出す者だけが得をするというシステムになってしまっている。当然、後者のような団体に属している著作家の作品を引用するのは、出版社としてはリスクがあるので、避けることになる。しかし、せっかくおもしろい文章なのに、単なる教材に過ぎないとはいえ、若い読者が読む機会が失われてしまうというのは、日本の教育や文化のためにも損失で矛盾を感じてしまう。*1

もちろん、著作権の厳密な適用は歓迎すべきことである。第一次生産者である書き手のオリジナリティがあまりにも軽視されてきたのが、今までの日本の出版であるからだ。作品の引用などでも無頓着な例が多かった。教育関係とはいっても、それでビジネスをするわけだから、著作権料を払うのは当然のことであろう。しかし、急速に著作権の扱いが厳しくなったために、「羹に懲りてなますを吹く」*2かのように、至るところで混乱が生じている。出版社のほうも、どのように著作権に対応してよいかについて混乱があり、過剰反応してしまうのだ。たとえば、ある高名な作家の作品は著作権料が高いというので、出版社間ではなるべく使わないようにという申合せがあった。しかし、私が彼の作品をどうしても使いたいと思い、直接に事務所に連絡を取ったところ、あっさりと了承を得られたという事例もある。これは、いいかげんな風評が先行したために、出版側が怖じけて、作品を利用する機会を奪われている例であろう。

一方で、掲載の許諾が筆者の恣意的な判断に任せられているという点でも問題がある。一度発表されたものを筆者が再録を許さないことがままあるからだ。たとえば、過去の著作の中で論争になったり批判されたものなど、著者が問題とされるのを嫌がって、掲載を断ってくる場合もある。本来、著作権とは筆者・作者の権利を守るための制度であるが、それを読む側の権利もあるはずである。いったん発表されたからには、作品も公の評価にさらされるのであり、その意味で社会の共有知識になるという面も否定できない。批判されるのが気に入らないからといって、掲載を許さないというのは著作権の使用として妥当なことだろうか。むしろ、筆者に一定の著作権料を払えば、自由に利用してかまわないという制度にすべきではないだろうか？*3

私は，出版にかかわる者として，これらの混乱にさまざまに対処してきたが，近年の著作権を巡る混乱は，個々の現場での対処を工夫すればよいというレベルを超えており，なんらかの統一基準を作るべき段階に来ているように思う。そもそも，「著作権」は現在のように厳しくなったのは，アメリカが情報社会になって，情報の価値を戦略的に利用しようという意図が背後にあると言われる。たとえば，現在ミッキーマウスというキャラクターの著作権はアメリカ経済にとって有用なので，その期限を120年に延長しようという動きがある。ウォルト・ディズニーが亡くなってから50年以上が経過しているのだから，これ以上の著作権を認めるのはおかしいのだが，いったん商業的な価値があると見なされると，それに合わせて法律の基準のほうを改正する，という奇妙な事態になっている。しかも利益を上げているのは，ミッキーマウスを作ったウォルト・ディズニー本人ではなく，その管理をしている会社であるのに，その利益を上げるために著作権法を強化しようというのはおかしい。

　このような傾向は，音楽の著作権保護でも見られる。日本でCDになっている作品は，海外からの輸入を禁止するという法律が作られたのだ。しかし，これは本来著作権が保護するはずの第一次生産者である作曲家・演奏家の利益にはならず，ただ日本のメーカーの利益を保護するだけである。「著作権」という概念が，本来の目的である作り手の保護から業界の既得権保護に変わっているという感じさえある。一方で，情報社会では，コピーが自由にできる機械・ソフトなどが発達し，情報は簡単に複製できてしまう。最近はWinnyなどコピーソフトの作成者が警察に捕まって罪を問われるという事態にもなっている。この場合，ソフトの作成者はホームページなどで「著作権をぶち壊す」などと発言しているから，確信犯だとして摘発されたというが，ナイフを使って殺人事件が起こったからといって，ナイフの作成者が罪に問われるはずはない以上，警察の解釈にはやや無理があるだろう。＊4

　そこで，デジタル情報，特にインターネット上の情報はすべて「コモンズ」＝共有情報だとする一部の法学者の思想も出てきているが，これでは金銭というインセンティブをなくすことにつながり，資本主義社会の根幹を揺るがしてしまう。たしかにリナックスなど，金銭とかかわらない開発などもあるが，これはコンピュータ技術者という特殊なコミュニティの話であり，一般的に適用するのは難しい。しかし，とにかく現在の状況は，「著作権」を盾にクレームをつける者と作品を利用したい

法科大学院 ［志望理由書］問題発見と展開の技術
Case Study 5　著作権を巡る問題 ❶

者との間の偶然的な力関係や裏取引で決定されているという状態であり，正常な状態とは言えないだろう。*5

情報の価値は，情報社会の方向を決める大事な要素である。私は，このような混乱を見るにつけ，出版・情報産業の内部事情をよく知った法律家が出てこないと，状況はますます混乱するばかりだと感じる。現在の状況は，業界の慣習を知らないままに訴訟を起こし，弁護士が利益を得るだけのような状況になってしまっている。もし，法科大学院で学べるなら，このような問題を持つ著作権のスペシャリストになって，生産者・流通双方の利益になるような法的基準を作ることに携わりたい。

Good *1　実例が豊富で迫力がある。
NG *2　故事成語などの慣用表現は避ける。
NG *3　例としては興味深いが，多すぎるので混乱した印象になる。
NG *4　段落にたくさんの要素が入りすぎている。1段落には，1つの内容だけにする。
Good *5　展開としてはおもしろい話題。

ドラフトの評価

独創性	4
論理性	4
構成力	3
表現力	3
知識	4
総合評価	C

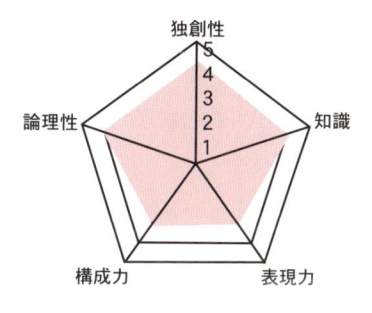

1st 診断と講義

Clinic！

実体験が豊富なだけでなく，著作権法についての知識もかなり調べてありますね。社会人が志望理由書を書くとなると，つい自分の体験にばかり頼って書きがちなのですが，問題が明確なら，それについての文献を読んだり調べたりすると，いろいろ書くべきことが出てきます。この文章もその意味で，内容豊富な文章といえます。ただ，やや混乱した印象が残ります。それは，せっかくの豊富な例・知識をつなぐロジックやストーリーが明確になっていないせいです。問題の提示，メカニズム・背景の分析，予想と展開など要素を区別することで，明確な構造を作れば，ずいぶんスッキリするでしょう。

実例は何をめざすか？

自分が問題の渦中にいたためか，実例が豊富に含まれた文章です。著作権という問題に含まれる事例がたくさん挙げられているので，充実した印象を与え，現在，問題が大変な広がりを見せていることがよくわかります。これだけ事例を集めたことから，問題に対する真剣な姿勢もうかがわれます。印象が強いドラフトと言えるでしょう。このように問題が明確な場合は，論文や書物に当たることで，書きたいことが増えてきます。

⚠ **取り上げる問題がはっきりしたら，それについての論文や書物を調べる➡書きたいこともはっきりしてくる＋例示として使える知識も増える**

ただし，その豊富さがDさんの書いているとおり，「混乱」の叙述に終わっていて，問題点の整理がなされていないのが気になります。著作権を巡る論点が，バラバラに挙げられているからです。出版から話が始まり，インターネット，キャラクター，音楽とめまぐるしく例示が変わっていくのですが，その中の一貫したロジックが見えてこない。たくさんの例示が結局表していることは，まとめると何を意味するのか？　これがはっきりしないので，話があっちに行ったりこっちに行ったり，い

ささか落ち着きがない感じになってしまう。例示に振り回されて，論旨が見えにくくなっているのです。

もちろん，最終的な解決は法律家になった暁に取り組めばよいことですから，完全に問題が整理し切れている必要はないのですが（整理し切れていたら，わざわざ法律家になって解決する必要はありません！），それでも，これらの事例が表す「混乱」がどんな広がりがあるのか，どんな意味合いを持つのか，というような現在の自分の見解は欲しいところです。実例を列挙するだけでなく，それらが共通して指し示している「本質」を考察するわけですね。

例示が列挙してあるだけでは，バラバラな情報があるに過ぎません。それをまとめて，その中にどんなメカニズムや構造が含まれているかを明らかにすべきです。これは，現在の社会問題に対する自分なりの視点を提示することになり，社会認識の深さをアピールすることにもつながります。

例示の機能と構造

一般的に，複数の例を出すときは，その中で一貫したストーリーやロジックが流れている必要があります。1,000字以内の文章では，たった1つの例を挙げるだけで十分だし，また1つでなければスペースが足りないのですが，3,000字以上の長い文章になってくると，実例・例示が1つでは足りないことが多いのです。しかし，その場合でも，ただ列挙するのではなく，複数の例を出すことで，ある1つの事象の複数の面を示す，というように，結局は1つの目標に向かって収斂していくべきです。例示を豊かにすることは大切ですが，それが同一の方向を向いていなければならないのです。

> **Point** 複数の例示の構造＝豊富である＋1つの方向に収斂する

この文章でも複数の例示が使われていますが，それらが「混乱」するだけではなく，1つの方向に収斂するように構成しなければなりません。せっかく複数の例を出してイメージを作るのだから，ある大きなメカニズムなり物語なりが出てこないと，意味がないのです。

方向を収斂させる

その意味で言えば，この文章の例示の部分は，データは豊富に入っていても，その方向がいささか混乱しています。たとえば第3・第4段落では，

1　著作権料の相違
2　出版社の敬遠・混乱
3　教育・文化への影響の懸念

などという内容が入っているのですが，その順序がモザイク状に入り組んでいるため，わかりにくい。1段落1内容の原則に従って整理すると，以下のようになります。

▼第3・第4段落の書き直し―1段落1内容の原則を守る

❸さらに，著作権は著作家団体が管理している場合が多いのだが，その団体によって~~，著作権料の請求に大きな幅が~~ある。たとえば同じような量の引用でも，A協会では5,000円ほどの掲載料で済むものなのに，別の団体だと150,000円プラス売れた場合のマージンなど，法外な要求をされたという例もある。これは，管理団体の方針による差であるが，要求を受け入れないと即掲載拒否<ins>という挙に出ることができ</ins>~~になる~~ので，結果的に強い要求を出す者だけが得をするというシステムになってしまっている。

❹<ins>一方で</ins>~~当然，後者~~このような団体に属している著作家の作品<ins>を引用するの</ins>は~~，出版社として~~はリスクがあるので，<ins>出版社は引用</ins>避け~~ることになる~~。しかし，せっかく<ins>いい</ins>~~おもしろい~~文章なのに~~単なる教材に過ぎないとはいえ~~，若い読者が読む機会がなくなる~~失われてしまう~~というのは，~~日本の~~教育や文化のためにも損失~~だろ~~で矛盾を感じてしまう。しかも，そのような情報は必ずしも正確ではない。たとえば，ある高名な作家の作品は著作権料が高いというので，出版社間ではなるべく使わないようにという申合せがあった。しかし，私が彼の作品をどうしても使いたいと思い，直接に事務所に連絡を取ったところ，普通の値段で了承を得られたという経験もあった。もちろん，~~著作権の厳密な適用は歓迎すべきことである。第一次生産者である書~~

法科大学院 ［志望理由書］問題発見と展開の技術
Case Study 5　著作権を巡る問題 ❶

~~き手のオリジナリティがあまりにも軽視されてきたのが，今までの日本の出版であるからだ。作品の引用などでも無頓着な例が多か~~った。教育関係とはいっても，~~それで~~ビジネス~~なの~~をする~~わけ~~だから，著作権料を払うのは当然のこと~~だ~~であろう。しかし，急速に著作権の扱いが厳しくなったために，~~「羹に懲りてなますを吹く」~~かのように，至る~~ところで混乱が生じている。~~出版社のほうも，どのように著作権に対応してよいかについて混乱があり，過剰反応してしまうのだ。~~たとえば，ある高名な作家の作品は著作権料が高いというので，出版社間ではなるべく使わないようにという申合せがあった。しかし，私が彼の作品をどうしても使いたいと思い，直接に事務所に連絡を取ったところ，あっさりと了承を得られたという事例もある。これは，いいかげんな風評が先行したために，出版側が怖じけて，作品を利用する機会を奪われている例であろう。~~

　　　　　後の段落の内容である，特定の著作家の文章を敬遠するという問題点は，前は２つの段落に分割されていたのですが，１つにまとめました。こうすると，前の段落は著作権料の請求形態が団体によりまちまちであること，後の段落はその結果として特定の作家を敬遠する問題点として整理され，著作権という問題の厄介な二面性としてまとまり，ストーリーが緊密に結びつくことになります。

本質・背景の探究

　　　　　さて，このような著作権法，あるいはもっと一般化して「知的財産法」の混乱・問題に叙述した後は，この**問題の根源を追究するのがよい**と思います。前述したように，単に混乱・問題を指摘して，その解決として法律を持ってくるという方法はあまりにも単純だからです。法律は決して問題を解決するためのオールマイティな道具ではなく，むしろそれを使うことでさまざまな新しい問題を生み出すことすらあるのが現実です。

　　　　　したがって，まず当該の問題がどんな構造を持っているのかを考察し，さらには，それが法律的解決に適合しているかどうかを，考察してみる必要があるでしょうね。もちろん，志望理

由書は法学の論文ではないので，法学的に正確であるかどうかはさほど問題ではありません。

「そもそも」で本質追究をする

その意味では，「私は…」で始まる第6段落の内容は注目すべきです。これは，現在の著作権法あるいは知的財産法の本質を分析しようとしている段落だからです。実を言うと，この叙述は不正確です。アメリカで1998年に成立した法律では「作者が特定されている著作物については個人の死後70年，個人の作者を特定しない著作物や企業が保有する著作物の場合は出版から95年または制作から120年のいずれか短いほう」（個人，企業ともそれぞれ20年延長された）で，2003年に合憲判決が出ています。「120年に延長しようという動き」はそれをさしているのでしょう。しかし，それでも著作権法の社会的パースペクティブを考えており，問題をより深く追究していることは確かです。

▼第6・第7段落の内容と添削

❻そもそも，「著作権」「知的財産法」の適用が〜は現在のように厳しくなったのは，アメリカが情報社会になって情報の価値を高めて，経済戦略的に利用するしようという意図が背後にあるからだと言われる。たとえば，現在，ミッキーマウスというキャラクターの著作権はアメリカ経済にとって有用なので，その期限を最長120年に延長しようという動きがある。これはミッキーマウスなどディズニー・キャラクターの経済的価値が大きいので，そこから出る利益を確保しようとしての改正だという。ウォルト・ディズニーが亡くなってから50年以上が経過しているのだから，制作者に報いるという本来の意味はなくなっているのだがそれ以上の著作権を認めるのはおかしいのだが，いったん商業的な価値が認められるあると見なされると，それに合わせて法律の基準のほうを改正する，という奇妙な事態になっている。しかも利益を上げているのは，ミッキーマウスを作ったウォルト・ディズニー本人ではなく，その管理をしている会社であるのに，その利益を上げるために著作権法を強化しようというのはおかしい。

❼このような おかしな 傾向は，音楽の著作権保護でも見られる。日本でCDになっている作品は，海外からの輸入を禁止するという法律が作られたのだ。しかし，これは本来著作権が保護するはずの第一次生産者である作曲家・演奏家の利益にはならず，たかだか日本のメーカーの利益を保護するだけである。これでは，「著作権」という概念が，本来の目的である作り手の保護ではなく，~~から~~業界の既得権保護に変わっているのは明らかである。~~という感じさえある。一方で，情報社会では，コピーが自由にできる機械・ソフトなどが発達し，情報は簡単に複製できてしまう。~~
（以下，段落の終わりまで削除）

流れの明確化

この第6・第7段落を，先ほどの第3・第4段楽の後にくっつければ，

| 第3・第4段落 | 問題点の指摘 | 著作権法の問題・矛盾・混乱 |
| 第6・第7段落 | より深い考察 | その社会的背景・原因 |

という流れが明確になり，思考が進展・展開している様子がはっきりします。最初のドラフトのように，問題点が列挙されているだけという印象とはずいぶん違ったものになります。

ここまでのところでは，わざとデジタル情報・インターネットなどの問題については割愛してあります。もちろん，これらの問題が現在最もホットな話題であることは確かなので，できればコモンズやハッカー倫理など，最新の情報倫理の話題なども論じたいところなのですが，Dさんは出版社勤務であり，この方面で経験・知識を積んだ人ではないので，詳しく述べるのを避けて，むしろ結論部の展望であっさり述べるほうが得策だと思われるからです。

2nd 再提出ドラフト

❶ 序論
自己の紹介

　私は大学の法学部を出てから，出版社の編集業務に携わって10年になる。その間にさまざまな本を出版し，そのうちのいくつかはかなり成功したものもあった。最近，出版社は不況が言われているが，私はその中で常に「攻めの姿勢の編集」を心がけ，それなりに成功してきたという自負がある。

❷　そんな私でも，著作権の問題では悩まされた。編集業務のかなりの部分が，著作権トラブルにかかわることが多くなってきたのだ。たとえば，私が一時かかわっていた参考書関係の出版では，どうしても文章の引用が避けられない。著名な書き手の過去の文章から，問題として適当な部分を引用して，そこに設問を付けることになるのだが，著作家との間で摩擦が起きることが意外に多い。当該の著作家に許諾の手紙を出しても，返事がいつまでも来ない。出版期日も迫っているので，そのまま掲載すると，後で抗議をしてくるので，その対応に追われることが日常茶飯事であった。

❸　さらに，著作権は著作家団体が管理している場合は，その団体によって請求に大きな幅がある。たとえば同じような量の引用でも，A協会では5,000円ほどの掲載料で済むものなのに，別の団体だと150,000円プラス売れた場合のマージンなど，法外な要求をされた例もあった。これは，管理団体の方針による差であるが，要求を受け入れないと即掲載拒否という挙に出ることができるので，結果的に強い要求を出す者だけが得をするというシステムになってしまっているには矛盾を感じてしまった。

❹　弁護士に相談したら，このような混乱になっているのは「出版社側に闘う姿勢がない」からだと言われた。しかし，本の一部に過ぎない引用文が原因で裁判沙汰になるのは，コスト的に見ても割に合わないので，文章を差し替えたり，多少のお金で解決するならと著作権料を払うほうを選んでしまうのが現実である。そのために，著作家はますます高額な掲載料を要求する団体へ加盟するようになってくる。一方で，このような団体に

属している著作家の作品はリスクがあるので，出版社は引用を避ける。たとえば，ある高名な作家の作品は著作権料が高いというので，出版社間ではなるべく使わないようにという申合せまである。せっかくいい文章なのに，若い読者が触れる機会がなくなるのは，教育や文化のためにも損失だろう。

❺　そもそも，「著作権」が現在のように厳しくなったのは，アメリカが，情報の価値を高めて経済戦略に利用しようという意図が背後にあると言われる。たとえば，現在，著作権の期限を最長120年に延長しようという動きがある。これは，ミッキーマウスなどディズニー・キャラクターの経済的価値が大きいので，そこから出る利益を確保するという意図だと言う。ウォルト・ディズニーが亡くなってから50年以上が経過しているのだから，制作者に報いるという本来の意味はなくなっているのだが，いったん商業的な価値ができると，それに合わせて法律のほうを改正する，という奇妙な事態になっている。

❻　このような傾向は，音楽でも見られる。日本のCDのアジアでのコピーが出回り，著作権を侵すというので，日本でCDになっているものは海外からの輸入を一律に禁止するという法律が最近作られたのだ。しかし，これは第一次生産者である作曲家・演奏家の利益というより，ただ日本のメーカーの利益を保護する結果にしかならない。「著作権」という概念が，本来の目的である作り手の保護から業界の既得権保護に変わっているのである。

❼　確かに情報社会では，コピーが自由にできる機械・ソフトなどが発達し，情報は簡単に複製できてしまう。放置しておけば，コピーが安い値で出回り，オリジナルを作った生産者が報われない。したがって，制作者を保護して，開発費がかかるというリスクを担うためのインセンティブを与えなければならない，という原理自体は正しい。しかし，現実の著作権・知的財産権は，むしろ企業の利益を確保するための経済的な戦略として使われており，これは明らかに当初の目的からずれている。

❽　特に，パソコンを使った情報ネットワークでは，知的財産権の囲い込みなどという思想はもともと存在しなかった。現在ではハッカーはセキュリティを破壊する犯罪者としてとらえられ

ているが，ハッカーとは元来高度のコンピュータ技術を持った人々のことであり，実質的に彼らが現在のコンピュータ社会を築いてきたのだという。彼らは高度な知的好奇心を持ち，コンピュータに関する知識は共有と見なした。一方で，70年代のヒッピー文化の影響を受けて，国家や制度に対する不信感も強く，隠匿された知識・情報については，それを明るみに出そうという志向が強い。これらのハッカーによれば，コンピュータについての情報はすべて「コモンズ」＝共有であり，ハッカーたちが共同・無償で開発するなどの作業を行った。この成果を，企業が私物化することで利益を上げてきたと主張するのである。このような倫理を自然発生させてきたコンピュータ世界には，特に現在の著作権・知的所有権思想はなじまないのである。

知的所有権を認めないということは，金銭というインセンティブをなくすことであり，資本主義社会の根幹を揺るがしてしまう。上述した共同開発も，コンピュータ技術者という特殊なコミュニティの話であり，一般的に適用するのは難しいという批判もある。しかし，現在の状況は，「著作権」「知的所有権」を盾にクレームをつける者に圧倒的に有利であり，それを利用したい者の権利は保障されていない。

❾ 結論　自分の志望

　このような状況には，出版や情報産業の内部事情をよく知った法律家がいず，杓子定規に法律を適用したための混乱が大きいと思われる。もし，法科大学院で学べるなら，このような問題を持つ著作権のスペシャリストになって，生産者・流通双方の利益になるような法的基準を作ることに携わりたい。

2nd　診断と講義

　前半はかなり流れがよくなりました。第１段落がイントロの役目を果たし，第２〜第４段落で自分が直面した職業上の経験について語り，第５・第６段落でその問題の本質について述べるという構造が明確になりました。ただし，第６段落は輸入CDという別の例なので，削除して書籍の話を中心にしたほう

がわかりやすいと思います。

段落	構造・機能	内容
1	イントロ	キャリア・職業
2〜4	問題の指摘と実例	著作権の混乱・矛盾
5	本質・背景の探求	制作者より企業利益の保護になっている

批判の戦略

さらに、このような流れを明確化し、著作権の意義を入れることで、当初のやや一方的な議論を修正し、バランスを取っています。著作権自体を否定していたような論調を改め、著作権・知的所有権自体の意義を認めながらも、現在のあり方がその本来の意義から外れているというロジックにしたのです。

このような議論の方向は、批判するときの常套戦略です。社会問題ではたいてい利害が対立し、自分と反対の主張であっても、どこかしらに正当性が含まれます。たとえば、公共事業は国の財政を圧迫しているとして非難されましたが、この政策が地方の雇用を安定させ、都市から地方への所得分配機能を果たしていたことは否定できません。したがって公共事業を全面否定する、というのは、その多面的メカニズムを見ていない証拠になってしまいます。

⚠ 対立意見を無視＝現実の多面性を見ないこと

正当性を認めつつ批判する方法

したがって、ある主張・状態を批判するときには、全面否定ではなく、相手の正当性を認めつつ、実質的には否定するという戦略をとるほうがよい。ここでも、著作権・知的所有権を全面否定することは得策ではありません。その権利から利益を受けている制作者も確実にいるからです。金銭が行為の最も強い動機となる資本主義社会では、金銭をインセンティブとすることを否定できない。しかし、その方法が制作者の保護という範疇を超えて、企業利益の保護という状態になってしまうのは行き過ぎだと主張するわけです。これは、ただ著作権を否定するより、読み手に公平だという印象を与えるでしょう。

> **Point** 公平な批判＝全面否定するのではなく，いくらかの正当性を認めつつ，しかし実質的には否定する

新しい概念―インターネット文化

　一方，再提出ドラフトの後半では，最初のドラフトで断片的にしか扱われていなかったインターネットについて新しい知識をとり入れてあります。これは著作権問題の現代的広がりを示す部分で，おもしろいテーマといえましょう。

　ここにも書いてあるように，パソコンを使ったインターネット文化は書籍・新聞・雑誌などと違って，かなり分権的なニュアンスが強いものです。インターネットは，ハッカーと呼ばれるコンピュータ技術に精通した個人が，大企業や政府とは関係なく「自分のガレージ」で発達させてきた技術が基盤にあるからです。彼らの間では知識は**共有物と見なされ，すべての人がアクセス可能なもの**として位置づけられてきました。コンピュータの基本OSであるLinux（リナックス）は，その象徴です。反対に，共有を阻害する制度やシステムは，ハッカーたちが実力で公開させる，という独特の倫理も発展してきたのです。

経済・政治戦略との矛盾

　ところが，IT振興が1980年代後半から国家経済戦略として位置づけられ始めると，政府や企業は知識・情報を囲い込み始め，このような自由が破壊されるという事態が生じました。これは，ハッカーたちにとって許し難いことであり，さまざまな妨害・反抗を試みることになります。その一つがコンピュータ・ウイルスであり，もう一つはセキュリティ突破です。これらの行為は行き過ぎがあったため，現在は犯罪として処罰されていますが，背景に自由に発展してきたコンピュータ技術を，知的財産権保護を名目にして，政府・企業が管理強化したことに対する反発があるのです。最近起こったWinnyなどコピーソフトの摘発でも，「作成者の法への挑戦的態度」を理由とするというやや無理な方法を取っていますが，これも上記の背景で理解するとわかりやすいでしょう。

　アメリカの法学者の中には「コモンズ」という共有財産としての概念を唱え，**大企業や政府によって著作権や知的財産権が**

<u>経済戦略として独占化された</u>ことを批判している人もいます。この矛盾は，まだ日本の法律界では大きな問題になっていませんが，近い将来必ず大問題になりますから，志望理由書に取り上げるのはよいことでしょうね。

結論部と展開

　ただ，Ｄさんが法律家になることで，実際にどのようなことができるのかについてはまだはっきりしていません。しかし，現在のように「著作者側の攻勢」が続けば，そのうちに発行者側でも著作権に関して，互助組織などを作って自衛手段を取るかもしれません。そのような需要に応えるという方向は当然あるでしょう。また，現在のようなコピー社会では，出版社だけでなく普通の人も著作権の紛争に巻き込まれる機会が増えています。もちろん，これが訴訟にまで発展する機会は少ないにせよ，そのような紛争に対する交渉やアドバイザーなどという役目も出てくるでしょう。さらに著作権の問題を知的財産権まで広げれば，絡むお金も大きいので，問題はさらに巨大化します。

　このあたりを書けば，法律の職務との関連も出てきます。結論部は論証するところではないので，ある程度論証抜きで構想やアイディアを展開するのはかまいません。特に志望理由書は，可能性をアピールする文書ですから，述べたい話題は果敢に展開しておくべきでしょう。

⚠ **論証が不足しているアイディアは，結論部で展開の形で示しておく**

3rd 完成稿

　私は大学の法学部を出てから，出版社の編集業務に携わって10年になる。その間にさまざまな本を出版し，そのうちのいくつかはかなり成功したものものもあった。最近，出版不況が言われているが，私はその中で常に「攻めの姿勢の編集」を心がけ，それなりに成功してきたという自負がある。

　そんな私でも，著作権の問題では悩まされた。編集業務のかなりの部分が，著作権にかかわっているのだ。たとえば，私が一時担当した参考書関係の出版では，どうしても文章の引用が避けられない。著名な書き手の過去の文章から，問題として適当な部分を引用して，そこに設問を付けることになるのだが，著作家との間でトラブルが起きることが意外に多い。当該の著作家に許諾の手紙を出しても，返事がいつまでも来ない。出版期日も迫っているので，そのまま掲載すると，後で抗議をしてくるので，その対応に追われることなど日常茶飯事であった。

　さらに，著作権は著作家団体が管理している場合が多いのだが，その団体によって，請求に大きな幅がある。同じような量の引用でも，A協会では5,000円ほどの掲載料で済むものなのに，別の団体だとその30倍プラス売れた場合のマージンなどの法外な要求をされた例もある。要求を受け入れないと即掲載拒否できるので，結果的に強い要求を出すと得をするシステムになり，交渉によって適正な価格が決まるという状況にはなっていない。一方で，ある作家の作品は著作権料が高いというので，出版社間ではなるべく使わないという申合せがあった。せっかくよい文章なのに，後発世代の目に触れなくなる。しかし，私が実際に接触したら，快く適正な値段で掲載を許可してくれた。出版側も過剰な反応をしているのである。

　そもそも，「著作権」が現在のように厳しくなったのは，アメリカが，情報の価値を高めて自国の経済戦略に利用しようという意図が背後にあると言われる。そのために，制作者の保護という本来の理念から外れて法律が使われる傾向にある。たとえば，最近アメリカでは著作権の期限が20年延長になった。これは，ミッキーマウス法とも言われ，漫画のキャラクターなどの経済的価値が大きいので，そこから出る利益を確保するという意図だという。原作者が亡くなってからかなりの時間が経過し

ているのだから，オリジナリティに報いるという本来の意味からずれているのだが，いったん商業的な価値ができると，それに合わせて法律のほうを改正する，という奇妙な事態になっている。

　このような混乱には，出版界や情報産業をよく知った法律家がいず，杓子定規に法律を適用して金をとることが有能だと呼ばれる風潮が影響していると思われる。そのため，制作者にも読者にも利益にもならない著作権の主張が行われているのだ。そもそも情報は他人に与えても，その価値が物品のように減少しないので，対価を要求するのが難しい。著作権は，その部分を補完するための法律として大きな意味があるのだが，それが逆に知識・情報の流通を妨げている面もあると思う。むしろ，十分流通した知識・情報は，ある程度社会の共有財産として，適正な対価さえ払えば，その自由な引用・使用が許されるべきだろう。それなのに，現在進行している著作権の強化は，むしろ知識・情報の独占を主張することで，情報の流通を妨げている面が多いようだ。

　特に現在の流れを見れば，クレームをつけた側の攻勢が目立ち，出版側では，著作権問題でクレームが来ないように過剰に配慮する傾向も年々強くなっている。弁護士によれば，このような事態になっているのは「利用する側に闘う姿勢がない」からだと言う。しかし，引用は出版物の一部に過ぎず，それが原因で裁判沙汰になるのは，コスト的に見ても割に合わない。したがって，文章を差し替えたり，多少のお金で解決するならと著作権料を払うほうを選んでしまうのが現実である。しかし，この傾向がこれ以上強化され続けるのであれば，互助組織などを作ってさまざまな問題に対処して「闘う」姿勢をとらねばならなくなるかもしれない。

　さらに，デジタル情報は簡単に複製ができる。インターネットの世界では，個人がネット上で見つけた情報を自分のホームページに掲載して，著作権侵害と言われる事例が増えている。このように，一般人が簡単に情報にアクセスでき，情報を探し出せる状態では，出版社という組織だけでなく，個人が著作権法侵害の紛争に巻き込まれるケースも多くなる。一つ一つのケースが訴訟に至ることは少ないかもしれないが，情報の取扱いについてのアドバイスや相談などの業務も確実に増えてくる。このような問題を具体的に一つ一つ解決していくうちに，適正な著作物使用料へのコンセンサスも社会的に形成されていくように思われる。

　個人的には，著作権問題を解決する手がかりはデジタル情報ネットワ

ークの倫理にあると思う。元来，コンピュータ技術者の世界では，知識は共有と考えられ，知的財産権の囲い込みなど行われてこなかった。現在ではハッカーはセキュリティを破壊する犯罪者と言われるが，元来高度のコンピュータ技術を持つ人々のことであり，彼らが現在のコンピュータ文化を築いてきた。一方で，彼らは国家や制度に対する不信感も強く，隠匿された知識・情報については，明るみに出そうという志向が強い。彼らによれば，コンピュータ情報はすべて「コモンズ」＝共有であり，知的財産権とはハッカーたちが共同・無償で開発した成果である。現在のIT産業とは，それを企業が私物化することで利益を挙げていることを正当化したものだというのである。

このような主張にはやや極端な内容もあるが，現在の著作権・知的所有権思想に対する批判として有効な面もあると思われる。自由な知的コミュニティが保障されることは，技術の発展の面から見ても大切なことだ。著作権・知的財産権をスペシャリティとする弁護士は，むしろ，このような知的な自由の享受を保障する方向に進むべきだと思う。

評価と感想

例示がしっかりと論旨をサポートする重厚な志望理由書となりました。批判精神も豊かで，新しい話題にも触れています。社会評論的な側面が強すぎる感もありますが，よく調べてあるので一つのスタイルとして通用します。ラストの段落はコンピュータ文化と知的財産権との関連をつけていて，思考力を感じさせます。論旨には好き嫌いがあるでしょうが，現実に意欲的にかかわっていることをアピールできています。

Solution

- ◆複数の例では，一貫したストーリーを作る
- ◆1段落では1内容を原則にする
- ◆問題の背景・本質を追究する
- ◆自分が法律家としてどうかかわるか，アイディアを提起する
- ◆新しい話題はなるべくとり入れる

Case Study 6　法における男女共同参画

保険会社社員Kさんの場合　　　　　　2,000字　／　既修
26歳　女性　　国立大学法学部卒

　理念の明快な志望理由書は，メッセージがわかりやすい。しかし，しばしばその説明にスペースを取られて，具体的なイメージが不足することがある。理念はしばしば対立する意見を巡って表明されるので，理念をサポートする十分な例示を用意しておかないと，説得力が薄れる危険性がある。そのためには，体験の掘り起こしや，描写の工夫も必要になる。

❶st　最初のドラフト

　私は法学部2回生のときのジェンダー法学の授業で，アメリカにおけるセクシャル・ハラスメントを扱った裁判記録を題材に勉強することになって，この問題が大きな矛盾になっていることを学びました。確かに，日本でも「セクハラ」という言葉は普及しています。最初にこの名称を聞いたときには，私も単なる性にまつわる嫌がらせぐらいのことかと思っていました。しかし，現実の報告を読むと，現実はそんな生やさしいことではないことがわかります。女性であるというだけで，いわれのない差別や脅迫を受けている事例が多い。しかも，このような状態から人々を守るのが法であるはずなのに，必ずしも有効に働いているとは言えない。裁判記録を読み進んでいくうちに，男性という一方の性が作った法律が，女性の権利を守るように構成されているかどうかという疑問が強くなってきました。＊1
　その授業で読んだ関連記録では，1980年代からセクシャル・ハラスメントの裁判で当初女性に不利な判決が続いたのに危機感を抱き，自らの人権を守らねば何も変わらないと危機感を抱いた女性たちが，たくさん法律家を志した結果として女性の法律家が増え，彼女らが積極的に女性の権利を求めて闘ったことで，法律が権利を積極的に認め出したという面も強いとも書いてありました。それを読んで，私も実際に起こってい

る暴力や事件を，法に弱者の視点をとり入れることによって解決していくことができるという職業に漠然としたあこがれを持つようになりました。ただ司法試験に合格するのは難しいし，そのときは自分で法曹になるとは夢にも思いませんでした。しかし就職してみると，会社でもセクシャル・ハラスメントにまつわるトラブルが多発していて，もう一度学生時代の夢を実現させてみようと法学の勉強を始めたわけです。＊2

　法律は本来，社会的弱者の権利を擁護するためのものだと思います。私は女性ですから，特に女性の受けているさまざまな差別や被害に興味があります。弁護士になることで，それらの弱者の力になりたいと思うのです。このような目標を達成するには，普通に弁護士の知識を得るだけでは十分ではないかもしれません。女性や弱い立場の人々が出会う現実の矛盾や問題に触れる必要もあると思います。もちろん，法律の知識を習得するのは当然ですが，現実に女性問題を扱っている市民団体などとも協力して，現在の法律解釈だけでは救えない被害の救済もめざしたい。＊3　そのためには現在ジェンダー法学と言われている分野も積極的に研究し，いまだに法律関係に残ると言われる男性的な偏向もできるだけ正していきたいと思います。法曹人口が増えていく中で，ただ単に幅広く法律を知っているというだけではやっていけないと思います。「専門性」という要素が大変重要になってくる。私は貴学で学ぶ知識を武器にして女性のための弁護士として社会に貢献していきたいと思うのです。

　ただ，これらの道を歩むためには，まず新司法試験を突破しなければなりません。新司法試験に移行することで，合格率も上がり，受かりやすくなるとの声も聞かれますが，依然として難しい試験であることには変わりはないと思っています。現行司法試験は合格までに平均して数年かかる試験です。それをこれから2年間あまりの学習で受かろうとしているわけですから，並大抵の努力では突破することはできません。寝る間も惜しんで勉強に取り組む必要があります。将来のめざす法律家としての活動の基盤作りのための勉強に取り組みながらも，新司法試験突破というまず目の前の第一の目標を強く念頭に置きながら学業に励んでいきたいと思っています。＊4

法科大学院 ［志望理由書］問題発見と展開の技術
Case Study 6 法における男女共同参画 ❶

> **NG** *1 もう少し具体例を入れないと，自分の気持ちの表明だけになっている。
> **NG** *2 これでは，自分の歴史を述べただけになっている。
> **Good** *3 自分の問題意識と関連するイメージを入れるのはよい。
> **NG** *4 最後の段落は「勉強する」という宣言だけであまり意味がない。

ドラフトの評価

独創性	3
論理性	4
構成力	4
表現力	3
知識	3
総合評価	C

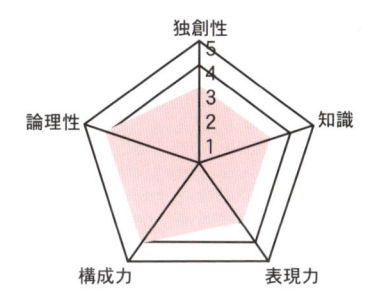

1st 診断と講義

Clinic!

　法律家になって何をしたいかが，非常に明確な志望理由書です。その意味ではわかりやすいと言えましょう。しかし，その明快さの半分は問題のわかりやすさによっています。全体としてやや理念の説明に傾き，具体的イメージに多少欠けるところがあるので，もう一つ迫力が足りない。特にラストの段落は「一生懸命勉強したい」というやや内容のない文章になってしまいました。この場合は，法律に興味を持ったきっかけである女性問題に対する追究を充実させることで，ある程度解決がつきます。

　女性の置かれている状況を改善し，法的な救済をしたいというコンセプトが非常に明快に書かれている志望理由書です。「志望の理由」はよくわかりますね。しかし，その裏付けとなる事実の配列・叙述はもっと効果的にできると思います。たとえば，第1段落で法曹をめざすきっかけになった大学での学業経験ですが，その内容が簡単にしか書かれていないのはもったいない。全体的に言えることとして，Kさんの志望理由書は理念が多くて具体例が少ない。面接で具体例を付け加えて熱弁するという手もありますが，志望理由書でもある程度面接の手がかりとなる例をあらかじめ示しておくべきでしょう。

例示と理念のバランス

　例示は，読者が具体的イメージや現実感を持てるところですから，必ず入れておく必要があるでしょう。できれば細部まで生き生きと書いてあるのがよい。逆に理論的・理念的な箇所は，簡潔でわかりやすいのがベターです。

▼第1段落の添削

❶私は法学部2回生のときのジェンダー法学の授業で，アメリカにおけるセクシャル・ハラスメントを扱った裁判記録を題材に勉強することになって，この問題が大きな矛盾になっていることを学んだびました。確かに，日本でも

Case Study 6　法における男女共同参画 ❶

「セクハラ」という言葉は普及して~~います。最初にこの名称を聞いたときには~~いるが，私も単なる性にまつわる嫌がらせ~~というぐらいの~~認識~~しかない~~~~ことかと思っていました~~。しかし，~~現実の報告を読むと，~~現実はそんな生やさしいことではな~~かった~~いことがわかります。たとえば，ある会社の上司が数年間に渡って女性の部下に性的な関係を強要していた事例がある。断ると辞職を迫られるのでしかたなく応じていた。そのために女性が訴え出ても，当初は数年間に渡って関係が続いたことを理由に強姦とは認められなかったという。女性であるというだけで，性的な存在として~~いわれのない~~差別や脅迫を受け~~ている~~事例が多い~~。~~しかも，このような状態から人々を守るのが法であるはずなのに，必ずしも有効に働いているとは言えない。裁判記録を読み進んでいくうちに，男性という一方の性が作った法律が，女性の権利を守るように構成されているかどうかという疑問が強くなってき~~まし~~た。

　このバランスが，第1段落では逆になっています。理屈的な箇所が詳しく，具体的な事例でのイメージがほとんど書かれていない。特に「確かに，日本でも『セクハラ』という言葉は普及して…。しかし，」の所は長すぎますね。「しかし，…」の後がメインの内容なのですから，その前の部分を詳しく説明する必要は少ないのです。逆に，「セクシャル・ハラスメントを扱った裁判記録を題材に勉強する」の中身については，どんなことを知識として得たのか，説明がない。これでは具体的イメージがつかみにくいので，読む側としての印象は強くない。少し情報を足して具体的なイメージを豊富にし，一方で理屈の部分は思い切って簡潔化しましょう。原則的には，詳しい具体例を簡潔に抽象化する，という方向を取ればよいのです。

⚠️ **抽象と具体のバランス＝具体例は詳しく＋抽象化・まとめは簡潔に**

具体例の不足

　　ここまではアメリカの例だけですが，Kさんがなりたいのは日本の法律家ですから，実例としては日本の例も入れるほうが望ましいでしょう。前の段落の最後は「法律に対する期待と不信」という内容になっていますね。つまり，一方で不正を正すのが法律の役割であるのに，それが「女性の権利」を守るのには十分機能していない，という内容です。次の段落で，その内容を発展させた日本の具体例を出せれば，説得力はかなり増すと思われます。ここでは，自分の感じた結果だけがポツンと書いてあるだけなので，やや納得しにくいのです。たとえば，次のようなつなぎを使って，例示を出すのはいかがでしょうか？ Kさんから追加の情報をもらって，次のように具体例を入れて書き直してみました。

▼第１段落の後につなげるべき例示

　❷このような例は何もアメリカに限らない。日本の裁判でも女性の人権は必ずしも尊重されているとは言えない。たとえば，あるレイプ事件の裁判を傍聴に行ったときなど，検事が起こった出来事を長々と読み上げる。裁判は公開なのでこの手続きはある意味で当然とも言えるのだが，女性のプライバシーが暴かれるだけでなく，過去の辛い体験を呼び起こす。被害者の精神状態をまったく考慮していないのではないかと，強く疑問に思った。

対立意見の処理

　　「女性問題」は社会で広く認知されてはいますが，対立意見や批判も考えられるところです。最近，フェミニズムやフェミニスト的な言説が社会的に認知されてきた一方で，これらに対する批判も次第に目立ってきています。つまり対立状況が生まれてきているわけですね。このような対立状況の中で一方の立場にコミットするためには，自分の意見を強力に主張するだけでは不十分です。

　　たとえば，「法は男性という一方の性が作った」という見解をある程度説得力を持って受け止めさせるには，単に自分の意

見を表明するだけではなく，それをサポートするための説明や例示が不可欠です。その辺の配慮をもう少ししたほうがよいでしょう。一般的に言って，対立意見が予想されるときには，より説得力を増すために説明や具体例を詳しく用意して，相手の反対意見にあらかじめ答えておくのがよいのです。

> **Point** 対立意見が予想されるところでは，説明や具体例，反論なども用意しておく

法曹のイメージの提出のしかた

後半は「どのような法曹になりたいか」という要素への解答になります。前半の論理の進め方から考えて，Kさんは当然ジェンダーや女性差別などという問題に取り組む弁護士というイメージを示すことになるでしょう。第3段落の内容は，一応はそうなっています。しかし，その大きな方向は満たされているのですが，この部分はやや表現として単調な感じがします。

なぜなら，この部分では何回も「弱者」の力になりたいということが強調されているのですが，その具体的なイメージがほとんどないからです。わずかに「市民団体と協力して…」の文が具体的ですが，せっかく女性問題に興味を抱いているわけですから，女性の法律家のおかげでどういう問題が解決されるようになったか，まで強調して書きたいところです。

▼第3段落の添削

❸法律~~と~~は本来，社会的弱者の権利を擁護するためのものだと思~~います~~。私は女性~~として~~ですから，特に~~同~~女性の受けているさまざまな差別や被害の助けに貢献できると思う。法律自体は公平であっても，その解釈や運用に女性に不利な要素が入ってくる。それを正すのは立場を同じくする者の役割だと思うからだ~~に興味があります。弁護士になることで，それらの弱者の力になりたいと思うのです~~。このような目標を達成するには，普通に弁護士の通常業務の知識を得るだけでは十分ではない~~だろう~~かもしれ~~ません~~。現実に起こっている女性や弱い立場の人々が出会う現実の矛盾や問題に触れ，今までの法律の適用では見逃されてい

た分野に注目したい。たとえば，ドメスティック・バイオレンスや夫婦間レイプなど，女性からの視点を設定して初めて問題化できたのだと思う ~~必要もあると思います~~ 。もちろん，法律の知識を習得するのは当然 ~~だ~~ ですが，現実に女性問題を扱っている市民団体などとも協力して，現在の法律解釈だけでは救えない被害の救済もめざしたい。~~そのためには現在ジェンダー法学と言われている分野も積極的に研究し，いまだに法律関係に残ると言われる男性的な偏向もできるだけ正していきたいと思います。法曹人口が増えていく中で，ただ単に幅広く法律を知っているというだけではやっていけないと思います。「専門性」という要素が大変重要になってくる。私は貴学で学ぶ知識を武器にして女性のための弁護士として社会に貢献していきたいと思うのです。~~

一般的にポジティブな内容は無意味

　この志望理由書は女性差別をなくしたいという明確な意図を持った文書ですが，最後のほうで妙な方向転換をしています。それは「専門性」と言う新しい用語の導入と「司法試験をめざして一生懸命勉強する」という内容です。特に後者の内容のように，一般的にポジティブに評価されるような内容を書く人はかなりいます。たぶん，そうすれば自分に対する評価が高まると感じているのでしょう。

　しかし，このような書き方はあまり効果的とは言えません。なぜなら，「一般的にポジティブに評価される」ということは，だれでも書ける内容ということであり，その意味で他の人との差別化・差異化が図れないからです。志望理由書という文書は，資格試験と異なって，ある一定の基準を満たせばOKというわけではありません。もちろん，構成力・論理力・知識などは必要ですが，それはあくまでも自分が取り組みたいと思う問題を表現する中で暗に示されているべきなのです。そのような能力を直接知りたいのなら，適性試験の点数を見れば十分なのです。**特に熱意を強調するという方法は，だれにでもできるので陳腐な表現になりがち**です。熱意を表現したくて書いたのに，その

法科大学院 ［志望理由書］問題発見と展開の技術
Case Study 6 法における男女共同参画 ❶

結果が「陳腐」をアピールする結果になるのでは逆効果ですよね。その意味で、「将来のめざす法律家としての活動の基盤作りのための勉強に取り組みながらも、新司法試験突破というまず目の前の第一の目標を強く念頭に置きながら学業に励んでいきたいと思っています」というメッセージを打ち出す、この段落は有害無益だといえましょう。

⚠ 一般的にポジティブな表現は有害無益である ← 陳腐になりがち、差別化・差異化が図れない

弁解としての内容か？

しかし、もしかしたらあまりにも女性問題という志向を打ち出しすぎたと思って、一般的に弁護士に必要とされる要素を出して、中和しているつもりかもしれません。

最近の若い人は「他人から批判を受けそうなことはあらかじめ避ける」ということがよく言われます。ここでもフェミニズム的な言動に対する反感を考慮しているという可能性もあります。しかし、もしそうだとしたら、ちょっと姑息ですね。自分の問題を「女性問題」だと選択したわけですから、それで最後まで押し切るべきです。もちろん法科大学院に入学するには、採点者をはじめとするスタッフから高評価を得られないといけないのですが、入学を許可するかどうかは、個人的な好みとは違います。たとえ、採点者がフェミニズム的言説にあまりよい感情を持っていなかったとしても、それだけでマイナス点をつけるということはまずありえないでしょう。

問題を追究してイメージを得る

むしろ、ここまで自分の立場を明確にしているのですから、その問題と関連したことで自分のなりたい法律家のイメージを提示していったほうが一貫性が保てると思います。思考力と論理性、展開力などをアピールするためにも、途中で問題を放棄するのではなく、徹底的に追究する中で、自分のなりたい「法曹のイメージ」が出てきたほうがよいのです。

▼ラストの段落を変える

❹一方で、グローバル化のもとでは、差別や抑圧は一国の

内部の問題では収まらない。むしろ、国際的な分業体制の中で国境を越えて問題化し、途上国の女性が先進国で経済的に搾取されたりする問題も多い。このような問題に対しては、対応が進んでいる国の法律に学ぶ一方、人権が侵害されている国の人々とも密接に協力して、問題を解決していきたい。そのためには、語学力はもちろんのこと、文化的背景の異なる人々への深い理解が必要となるだろう。法曹人口が増えていく中で、ただ単に幅広く法律を知っているというだけではやっていけない。「専門性」が重要になってくる。女性のための弁護士という存在も、十分その専門性があると思う。

ポイントを明確にする

　この添削では、前段落の国内の問題に対して、国外の問題を取り上げることにして、それらを「一方」という接続詞でつなぐことで、関係をはっきりさせることを試みました。しかも「国際分業体制」という視点を持ち込み、女性の人権侵害が国際化しているとして、グローバル化と女性問題の理論的な関係を付けました。これで、Kさんの扱っている問題は一気に国際的な広がりを感じさせるものになっています。最後に、どうしても摩擦を避けたい人のために、あっさりとですが「専門性」に触れました。女性専門という職種が成立することを書き、現実性を持たせています。

2nd 再提出ドラフト

❶

序論
問題の認識
のきっかけ

　私は法学部2回生のときのジェンダー法学の授業で，アメリカにおけるセクシャル・ハラスメントを扱った裁判記録を題材に勉強することになって，この矛盾が大きな問題であることを学んだ。確かに，日本でも「セクハラ」という言葉は普及しているが，性にまつわる嫌がらせというぐらいの認識しかない。しかし，現実はそんな生やさしいことではなかった。たとえば，ある会社の上司が数年間に渡って女性の部下に性的な関係を強要していた事例がある。断ると辞職を迫られるのでしかたなく応じていた。そのために女性が訴え出ても，当初は数年間に渡って関係が続いたことを理由に強姦とは認められなかったという。差別から人々を守るのが法のはずなのに，必ずしも有効に働いているとは言えないのだ。裁判記録を読み進んでいくうちに，男性が作った法律が，女性の権利を守るように構成されているのかという疑問が強くなってきた。

❷

本論
法律の中の
女性の問題

　このようなバイアスはアメリカに限らない。日本の裁判でも女性の人権は必ずしも尊重されているとは言えない。たとえば，ある暴行事件の裁判を傍聴に行ったときなど，検事が起こった出来事を長々と読み上げる。裁判は公開なのでこの手続きはある意味で当然とも言えるのだが，女性のプライバシーが暴かれ，過去の辛い体験を呼び起こす。被害者の精神状態をまったく考慮していないのではないかと，強く疑問に思った。

❸

　その授業で読んだ関連記録では，1980年代から裁判で当初女性に不利な判決が続いたのに危機感を抱き，自らの人権を守らねば何も変わらないと女性たちが法律家を志し，彼女らが積極的に女性の権利を求めて闘ったことで，法律が権利を積極的に認め出したという面も強いともいう。それを読んで，私も実際に起こっている暴力や事件を，法に弱者の視点を取り入れて解決していける職業にあこがれを持つようになったのだ。しかも就職してみると，会社でもセクシャル・ハラスメントにまつわるトラブルが多発していて，もう一度学生時代の夢を実現させてみようと法学の勉強を始めたのである。

結論
自分のなりたい法曹のイメージ

❹　法律とは本来，社会的弱者の権利を擁護するためのものだと思う。私は女性として，特に同性の受けているさまざまな差別や被害の助けに貢献できると思う。法律自体は公平であっても，その解釈や運用に女性に不利な要素が入ってくる。それを正すのは立場を同じくする者の役割だと思うからだ。このような目標を達成するには，普通に弁護士の通常業務の知識を得るだけでは十分ではないだろう。現実に起こっている女性や弱い立場の人々が出会う矛盾や問題に触れ，今までの法律の適用では見逃されていた分野に注目する。たとえば，ドメスティック・バイオレンスや夫婦間レイプなど，女性からの視点を設定して初めて問題化できたのだと思う。現実に女性問題を扱っている市民団体などとも協力して，現在の法律解釈だけでは救えない被害の救済もめざしたい。

❺　一方で，グローバル化のもとでは，差別や抑圧は一国の内部の問題では収まらない。むしろ，国際的な分業体制の中で国境を越えて問題化し，途上国の女性が先進国で経済的に搾取されたりする問題も多い。このような問題に対しては，対応が進んでいる国の法律に学ぶ一方，人権が侵害されている国の人々とも密接に協力して，問題を解決していきたい。そのためには，語学力はもちろんのこと，文化的背景の異なる人々への深い理解が必要となるだろう。法曹人口が増えていく中で，ただ単に幅広く法律を知っているというだけではやっていけない。「専門性」が重要になってくる。女性のための弁護士という存在も，十分その専門性があると思う。

2nd 診断と講義

　　　　再提出ドラフトはかなりわかりやすくなりました。冒頭で自分の取り組みたい問題を明確にして、そのきっかけとなった学業体験を書き、さらにそれを裏付ける学外の体験を述べる。それぞれに具体例が添えてあって、最初のドラフトよりイメージがつかみやすいし、説得力も増しています。後半は自分のなりたい法律家のイメージが2つのポイントでまとめられている。構成がしっかりして、わかりやすい文章ですね。

エピソードにメリハリをつける

　　　　形式・内容ともに、これで十分だとも言えるのですが、もっとパワーアップすることができます。それは、各エピソードの描き方をもっと詳細にドラマティックにして、メリハリをつけることです。

　　　　そのためには、ストーリーを淡々と進行させるのではなく、反対者や批判者、または思うようにならない環境など、進行を妨げる要素を登場させることです。そうすれば、そのような困難を克服して進行するために、もっと強い要素が必要になってくる。それにさらに、強い反対者をぶつける、するとさらに…などというプロセスです。恋愛ドラマなどでは、常に恋敵が出てきて妨害しますが、それがさらに主人公たちを前に進ませる推力を増加させていく、というのと同じ原理ですね。もちろん限られたスペースですから、いつまでもこんなテクニックを弄しているわけにも行きませんが、ある程度使うと、エピソードにメリハリと強度を与えることができます。

> **Point** エピソードにメリハリをつける方法＝わざと反対者・意のままにならない環境などを登場させる

　　　　たとえば第1段落のエピソードは、こんな風に書き換えると、メリハリが出てくるでしょう。

▼第1段落の書き直し

> ❶私は法学部2回生のときのジェンダー法学の授業で、アメリカにおけるセクシャル・ハラスメントを扱った裁判記

録を題材に勉強することになって，ジェンダー問題の矛盾とその困難さに触れることができた。たとえば，ある会社の上司が数年間に渡って女性の部下に性的な関係を強要していた事例では，女性がその関係に耐え切れず訴え出たところ，裁判では，関係が数年間に渡って続いたことを理由に強姦とは認められなかったという。関係が続いていたことは強制的な関係でないことの証明にはならないはずなのに，その論理は男性の判事には通じなかったようなのである。最低限，権力を盾にして他人の自由を抑圧してはいけないという正義は認められるはずなのに，それが法的な常識では認められないということにショックを受けた。裁判記録を読み進んでいくうちに，男性という一方の性が作った法律が果たしてすべての人の権利を守れるのかという疑問を持つことになった。

冒頭と結末の差を大きくする

　ここの結末は，差別や抑圧に気づいて，自分の人生を変化させるきっかけになったところですから，いくら強調しても，し足りないところです。ここで使ったテクニックは，「反対者」を作るという方法です。問題の矛盾と困難さを強調するのに，「…のはずなのに」と本来の状態との差を強調し，最後は「ショックを受けた」とわざと主観的な表現にしてみました。先に述べたように，進行をドラマティックにするには，わざと対立・抵抗を強調しておくと印象が強くなります。もちろん，これは小手先のテクニックですが，意外に応用範囲は広いものです。

　あるいは，第2段落の裁判の傍聴体験でも，再提出ドラフトでは割と淡々と描いていました。しかし，これを次のように書き換えると，ずいぶん印象が違ってきます。

▼第2段落の書き直し

❷たとえば，あるレイプ事件の公判を見学に行ったときなど，検察側が長々と事件の経過を朗読し，それを傍聴席の男性が聞いている，という状況に違和感を覚えた。確かに

> 検事は加害者を告発はしているのだが，裁判手続きの中で一方的に女性のプライバシーが暴かれている。これでは，**法律が正義を守るという名目で**，被害者の精神を傷つけていることになる。こんなことで，果たして女性の権利を守れたことになるのか，疑問に感じた。

問題の深刻化

　赤字の部分が主に書き換えたところですが，問題が深刻化して見えるような要素を書き加えているわけです。もちろん，これは嘘ではありません。Kさんの体験をもとにした文章です。このような細部を入れると，問題が容易ではないことが強調されます。そのような表現をとるかどうかで，印象や効果が大きく変わってくるわけです。

　むろん，このような効果をねらうかどうかは，書く人の趣味による選択と言えます。あえて，ドラマティックにしないで，淡々と事実を描写していくほうが迫力がある場合もあるからです。ただ，この志望理由書を書いたKさんが法曹になりたいと思った根底には，「怒り」や「正義感」という感情があり，それを強調するためには，ある程度ドラマティックな展開も有効かもしれないと判断できたので，このような書き換えも有効だと思うのです。

法律の力を強調する

　しかし，志望理由書は法律家になることを決意する文書でもありますから，法律に対する疑問だけでは結論に至ることはできません。そこで，法律のポジティブな面を表現するエピソードも提示して，バランスを取ることが必要になってきます。これは，前述した反対者を持ってくると，さらに強い要素を出さなくては，前に進めないという原則から明らかでしょう。そのために，法律を女性が扱えば状況が改善されるという第3段落の「女性弁護士」のエピソードも詳細に具体化する必要があります。Kさんに聞いて，全面的に書き直してみました。

▼第3段落の書き直し

> ❸一方で，法律が女性によって使われた場合の強力さを感

> じる機会もあった。セクシャル・ハラスメントに関する別の民事裁判を傍聴したときのことである。原告の女性には女性の弁護士がついていた。当然のように男性側は「合意」のうえだと主張する。それを崩していく女性弁護士の手際が鮮やかだった。加害者が被害者に利益を与えることを口実に関係を強要していく様子を，男性側のちょっとした行動や発言から浮かび上がらせていく。大上段の法律論議にとらわれず，一見些細な事実の確認を積み重ねて，男性側の主張の論拠を崩していく方法はリアリティがあり，共感を持った。特に恋愛や男女関係に対する女性からの視点を積極的にとり入れることで，事件のとらえ方がまるで変わってしまうことに，目の開かれる思いをした。

　ここではＫさんのこれまでの立場上，女性が法律を活用した場合のプラス面を書かねばなりません。できれば，この弁護士が使用した言葉や表現などを挙げるのがよく，実際の志望理由書にはその発言も書いてありますが，ここでは被害者のプライバシーにかかわるので収録してありません。しかし具体的な発言がなくても，ここまで詳しく説明すれば，先の段落の「法律への不信」とバランスが取れ，女性である自分が法律家になる選択をサポートできる。ラストの「目の開かれる思い」という多少大げさな表現にも自然につながります。

ジェンダーの政治性

　さらに言うと，ラストの段落の内容も再提出ドラフトでは「女性問題の国際化」の内容になっていますが，これだと問題を拡大しただけにとどまっています。本来，差別問題は罪のない者を悪者が抑圧するという側面だけに焦点を当てても解決しない。むしろ，差別が現象せざるをえない社会構造になっているという問題なのです。

　たとえば，アメリカの黒人差別の問題では，白人が加害者で黒人が被害者であったとしても，70年代初めまで裁判の場で白人が有罪になることは特に南部では少なかった。この原因としては，裁判官や弁護人，さらには陪審員たちがほとんど白人であったことが挙げられます。人間は自分の利益から離れて自由

な見方はできない。それを考慮せずに形式的に公平さを追究しても，実際は白人の優位がそのまま裁判の結果に出てくる結果になってしまう。裁判は公平なようでも，実はそこに政治的なバイアスが隠されているのです。その証拠に陪審員に黒人が多い場合には，黒人に有利な判決が出る傾向があります。

　ジェンダーの問題もこの人種問題に似ています。裁判の場で女性が少なかったら，当然男性側の見方や利益が中心になって進められてしまいます。これまでの視点が検証される機会がないままに実質的に通用してしまうからです。それを変えるためには，実際に裁判を進行させる裁判官・検事・弁護士などの実務家に，女性が参加し，そこにある男性中心の見方や手続きを検証せねばなりません。裁判の取扱いが実際的に変化していくことで，抽象的な条文の適用に実質が与えられ，結果として政治的な偏りが是正されるのです。

客観性の確保

　このように考えれば，女性が法曹の資格を取り，裁判にかかわることは，女性の権利を拡充するだけではなく，過去の裁判に残存する暗黙の偏りをただすことにもなる。つまり，女性問題は裁判という制度の中に隠されていた政治性を明るみに出し，それを是正することにもつながるのです。Kさんは，最後に「専門性」という言葉を使っていましたが，このような経緯を説明すれば，ただ男性を糾弾するだけでなく，裁判制度自体の再検討という視点も入り，より客観性が増してくるでしょう。

▼第5段落の書き直し

> ❺ジェンダー問題は，ある意味で人種問題と似ている。かつてのアメリカでは，白人が黒人に被害を与えた場合でも，白人が有罪になる場合はほとんどなかったという。これは裁判官や弁護士に白人が多く，その見方が検証されないままに裁判の過程に反映されたからだ。検証の機会がないから，今までの偏りがそのまま通用してしまう。女性問題にも，そのような偏りがいまだにある。それを実質的に変えるには，実際に女性が裁判にかかわる実務家として，そのバイアスを検証し，本来の法の趣旨に戻していく必要があ

る。裁判におけるアメリカの人種問題も，裁判に関わる黒人たちが増えるに従って，良心的な白人たちが次第に賛同し，変わっていったのだという。私のように女性問題を専門にしたいという希望も，裁判の客観性を向上させるうえで大きな意味があると思う。

3rd 完成稿

　私は法学部2回生のときのジェンダー法学の授業で，アメリカにおけるセクシャル・ハラスメントを扱った裁判記録を題材に勉強することになり，この問題の矛盾とその困難さに触れることができた。たとえば，ある会社の上司が数年間に渡って女性の部下に性的な関係を強要していた事例では，女性がその関係に耐え切れず訴え出たところ，裁判では，関係が数年間に渡って続いたことを理由に強姦とは認められなかったという。関係が続いていたことは強制的な関係でないことの証明にはならないはずなのに，その論理は男性の判事には通じなかったようなのである。最低限，権力を盾にして他人の自由を抑圧してはいけないという正義は認められるはずなのに，それが法的な常識では認められないということにショックを受けた。裁判記録を読み進んでいくうちに，男性という一方の性が作った法律が果たして女性の権利を守れるのかという疑問を持つことになった。

　このようなバイアスは何もアメリカに限らない。日本の裁判でも女性の人権は必ずしも尊重されているとは言えない。たとえば，あるレイプ事件の公判を見学に行ったときなど，検察側が長々と事件の経過を朗読し，それを傍聴席の男性が聞いている，という状況に違和感を覚えた。確かに検事は加害者を告発はしているのだが，裁判手続きの中で一方的に女性のプライバシーが暴かれている。これでは，法律が正義を守るという名目で，被害者の精神を傷つけていることになる。こんなことで，果たして女性の権利を守れるのか，疑問に感じた。

　一方で，法律が女性によって使われた場合の強力さを感じる機会もあった。セクシャル・ハラスメントに関する別の民事裁判を傍聴したときのことである。原告の女性には女性の弁護士がついていた。当然のよう

に男性側は「合意」のうえだと主張する。それを崩していく女性弁護士の手際が鮮やかだった。加害者が被害者に利益を与えることを口実に関係を強要していく様子を，男性側のちょっとした行動や発言から浮かび上がらせていく。大上段の法律論議にとらわれず，一見些細な事実の確認を積み重ねて，男性側の主張の論拠を崩していく方法はリアリティがあり，共感を持った。特に恋愛や男女関係に対する女性からの視点を積極的にとり入れることで，事件のとらえ方がまるで変わってしまうことに，目の開かれる思いをした。

　法律とは本来，社会的弱者の権利を擁護するためのものだと思う。私は女性として，特に同性の受けている様々な差別や被害の助けに貢献したい。法律自体は公平であっても，その解釈や運用に女性に不利な要素が入ってくる。それを正すのは立場を同じくする者の役割だと思うからだ。このような目標を達成するには，普通に弁護士の通常業務の知識を得るだけでは十分ではないだろう。現実に起こっている女性や弱い立場の人々が出会う矛盾や問題に触れ，今までの法律の適用では見逃されていた分野に注目したい。たとえば，ドメスティック・バイオレンスや夫婦間レイプなどは，女性の視点を設定して初めて問題化できた。現実に女性問題を扱っている市民団体などとも協力して，現在の法律解釈だけでは救えない被害の救済もめざしたい。

　一方で，グローバル化のもとでは，差別や抑圧は一国の内部の問題では収まらない。むしろ，国際的な分業体制の中で国境を越えて問題化し，途上国の女性が先進国で経済的に搾取されたりする問題も多い。このような問題に対しては，対応が進んでいる国の法律に学ぶ一方，人権が侵害されている国の人々とも密接に協力して，問題を解決していきたい。そのためには，語学力はもちろんのこと，文化的背景の異なる人々への深い理解が必要となるだろう。法曹人口が増えていく中で，ただ単に幅広く法律を知っているというだけではやっていけない。「専門性」が重要になってくる。女性のための弁護士という存在も，十分その専門性があると思う。

　ジェンダー問題は，ある意味で人種問題と似ている。かつてのアメリカでは，白人が黒人に被害を与えた場合でも，白人が有罪になる場合はほとんどなかったという。これは裁判官や弁護士に白人が多く，その見方が検証されないままに裁判の過程に反映されたからだ。検証の機会がないから，今までの偏りがそのまま通用してしまう。女性問題にも，そ

のような偏りがいまだにある。それを実質的に変えるには，実際に女性が裁判にかかわる実務家として，そのバイアスを検証し，本来の法の趣旨に戻していく必要がある。裁判におけるアメリカの人種問題も，裁判にかかわる黒人たちが増えるに従って，良心的な白人たちが次第に賛同し，変わっていったのだという。私のように女性問題を専門にしたいという希望も，裁判の客観性を向上させるうえで大きな意味があると思う。

評価と感想

　最初のドラフトと比べると，ずいぶん大人の感じがしませんか。それは，具体例も豊富で，一つ一つのエピソードがくっきりとした輪郭を持ってきたからです。だからリアリティも増してきた。しかし，これはそういう方針を強調して添削したためで，再提出ドラフトのような淡々とした書き方を貫く方法もあります。大学院によっては，そのような志望理由書を好む場合もあり，どちらがよいかは，その大学院の傾向とも無関係ではありません。しかし，いずれにしろ，理念を具体例で丁寧にサポートするという方向に変わりはありません。

Solution

- ◆理念が明確な志望理由書は，しばしば具体例が不足するので注意する
- ◆理念は，具体的なイメージでサポートする
- ◆エピソードは冒頭と結末の間の差を拡大して表現する
- ◆理念を妨害する障害物を設ける
- ◆対立意見が予想される場合は，展開が一方的になりすぎないように気をつける

法科大学院 ［志望理由書］問題発見と展開の技術
Case Study 7　教育問題への関心 ❶

Case Study 7　教育問題への関心

司法浪人Yさんの場合　　　　　2,000字　／　既修
　　　25歳　男性　　私立大学法学部卒

　自分が取り組みたい問題は適当な大きさを持つものでなければならない。その困難さをごまかさないで考えていることを示すのが，志望理由書の目的の一つである。そのためには，法律家になることを結論とする前に，問題を深く分析する必要がある。

❶st　最初のドラフト

　私は，「地域に根ざした弁護士」になりたいと以前から考えてきた。その地域の身近な問題の一つ一つを親身になって解決していくことで地域住民の人権に対する意識を変え，最終的には国民全体の人権意識の向上につながると強く信じるからだ。地域の人々と直接かかわっていく中で，私自身ぜひその一翼を担いたい。＊1
　私がこうした考えを持つようになったのは，アルバイトで中学校の臨時教員をしていたとき，いじめの問題に直面したのがきっかけだった。標的となっていたのは，言語障害の子である。小学校の頃から何年間もいじめを受け続けていたようであった。その子のクラスを担当したことはなかったが，毎日のように，殴られたり蹴られたりしていると噂を聞いていた。あるとき，彼が地面に顔を押し付けられているのを目撃したとき，ついに見逃すことができなくなり，生徒に注意したことが発端となり，いじめていた生徒側から逆に脅される結果となってしまった。最終的に，いじめられていた子が私を助けるためにハサミを持ち出してしまい，大騒動になってしまったのである。そのため，私も事件の渦中にいた者として責任を問われ，同僚や担任の先生を含め，多くの方々に迷惑をかけることになった。
　幸いにして，以後その学校ではいじめはなくなったようだが，自分には正しいことをしたという強い思いと，周りの目や多くの方々に迷惑をかけてしまったという後ろめたい気持ちも残った。そのときは，なぜ正

しいことをしてこのような気持ちにならなければならないのかと，もどかしさもあった。それ以来，悩み苦しんでいる人を自分の信念だけに基づき，周りに左右されず，積極的に救うことはできないものかと考えるようになった。そしてそれができるのが，弁護士という職業であると考えるようになった。＊2

　一般社会において，正しいことが正しいと言えるとは限らない。経済的理由，社会的身分などによって，さまざまな差別や理不尽な扱いを受ける人たちがたくさんいる。その人たちは，その弱い立場ゆえ，泣き寝入りすることも少なくない。しかし私はそういった人たちに泣き寝入りするようなことは絶対にさせたくない。正しいことは正しいと言うべきだ。そして，助けを必要とし，自分の権利を主張しようとしている人がいるならば，積極的に手を貸していきたいと思い，弁護士になろうと司法試験の勉強を始めた。私は，弱い立場に置かれた人々とともに悩み，ともに苦しみ，ともに喜べる弁護士になりたいと思っている。そこに法律家という職業の本質があり，また，そこにこそ自分が弁護士になりたいと思う大きな理由があるからである。＊3

　今日，日本において，不当な扱いに悩み苦しむ人々は自国の人々ばかりではない。グローバリゼーションの導入に伴い，さまざまな国の人々が，日本へ入ってきている。実際，現在200万人を超える外国人が日本で住民として定住している。東京では外国人登録者が人口の10％近くを占める区まで出てきている。これからは地域社会において，こうした在留外国人の人たちともともに生活していかなければならない。しかしその一方で，日本における外国人に対する差別感や不安感は，住民の間にはいまだ根強い。結婚，離婚，賃金の不払いや労働災害，不当解雇に悩む外国人は決して少なくない。これから，こうした外国人の人々に関する問題はどんどん増えていくだろう。異国の地へ来て，たった一人で差別的扱いと闘わなければならない外国人の人たちの心の傷や不安は，自国で暮らすわれわれよりいっそう大きなものだろう。私はそういった意味でも，積極的にこれらの人々の助力になっていきたい。＊4

　入学後は，新司法試験への取組みなど法律学の学習はもちろんのこと，外国の人たちと理解し合うために語学の習得にも力を注ぎたい。世界的なボーダレス化において，国際語である英語の力は，大変重要であり，法律家として不可欠な素養の一つになっていくであろう。自らの努力と，「語学の××」とも言われる伝統ある環境の中で，十分な語学力を養っ

ていきたい。
　また，より多くの人々の悩みを理解し，解決していくには，自分の現在の考えに固執することなく貴校のバラエティーに富んだカリキュラムを積極的に活用し，視野を広げていくことが必要であると考えている。さらに，貴校の教育理念に共感し入学してきた学生の方々との日々の対話から，私自身人間として大きく成長したいと強く望んでいる。通学しやすさ，24時間利用可能な自習室の完備等，難関になるであろう新司法試験へ向けて，取り組みやすい環境が整っていることにも大変魅力を感じている。＊5
　以上が貴校を志望した理由である。

NG ＊1　「地域に根ざした弁護士」は，第2段落以降のサポートとまったく関係していない。むしろ，「教育と法」の重なる領域にかかわる弁護士のほうがよいのではないか？

Good ＊2　「いじめ」の例は具体的で興味深い。特にいじめられた子供がハサミを持ち出したところなど，現実の難しさを示していて説得力がある。

NG ＊3　このあたりは，せっかく「いじめ」問題のリアリティを前の段落で出しているわりには，タテマエだけの理想論に終わってしまい，現実の分析が浅いという印象を持たれかねない。

NG ＊4　別のトピックにしないほうがよい。そのまま「いじめ」ないし「教育問題」で最後まで一貫できないか？

NG ＊5　まったく余計な内容である。学校をほめることより，自分の関心領域をしっかりと述べるべきだろう。

ドラフトの評価

独創性	3
論理性	3
構成力	2
表現力	4
知識	3
総合評価	C

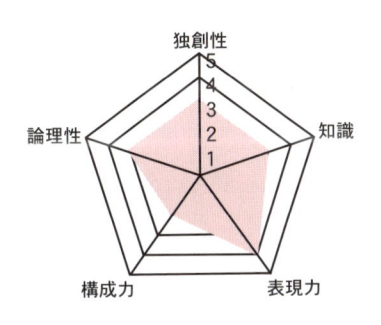

1st 診断と講義

Clinic!

> 一つ一つの段落はまとまっているのですが、全体として一貫したテーマがなく、バラバラな印象があります。これは「地域に貢献」というイントロと、本論にある「教育問題」「在日外国人問題」とが対応していないためです。いろいろな問題について述べるより、イントロとボディ（本論）の内容を一対一に対応させて、全体として一つの問題を述べたほうがずっと印象がよくなります。そのためには、どの問題が自分にとって、最も大切かを判断しなくてはなりません。

イントロと細部の矛盾

　最初の段落に大きな問題があります。「『地域に根ざした弁護士』になりたい」と冒頭で宣言しているのに、その志望の具体的なきっかけを描いているはずの第2段落で「地域性」について触れられていないからです。具体的体験は、むしろ教育問題であって、日本のどこでも起こりそうなエピソードです。したがって、このままの内容では、第1段落の宣言と内容が合いません。このような場合の解決策は2つあります。具体的体験を生かして、イントロダクションを変えるか、イントロダクションに合わせた具体的体験を書くかのどちらかです。

　この場合なら、イントロを変えたほうが得策でしょう。なぜなら、第2段落以降で展開されている具体的体験が現実の矛盾をうまく表現していて、なかなか迫力のある内容だからです。現代日本での教育問題の比重は大きく、その具体的な体験をした人が法律家を志すというストーリーは採点者に強い印象を与えることと思います。したがって、イントロの焦点を「地域」ではなく、「教育と法」などに移すほうがよいでしょう。

イントロの書き方

　一般に、イントロはすべての内容を書いてから、最後に書くとよいと言われています。イントロはメインの内容にスムーズに接続し、全体に一貫性を持たすために存在するのですから、このような書き方は当然といえます。

法科大学院 ［志望理由書］問題発見と展開の技術
Case Study 7　　教育問題への関心 ❶

Point イントロは最後に書き，その内容とメインの内容を対応させなければならない

　ここでも，第 2 段落以降の内容を反映させるように第 1 段落を構成し直すと，たとえば次のような書き方が考えられます。

▼第 1 段落の書き直し

> ❶私は弁護士として，特に教育と法の問題にかかわりたいと思っている。現代の日本では，学校内でさまざまな問題が発生している。しかし，それはもっぱら「教育体制の不備」ないしは「教師や生徒の異常性」としてフレーム・アップされるばかりで，現実的に有効な対処になっていないと感じるからだ。私は法律家が積極的に入り込み，コンサルティングや救済を行う必要があると思う。なぜなら「いじめ」などの被害は年々深刻度を増しており，教師の取り扱える範囲を超えて凶悪化しているからだ。それを無理矢理「教育」の内部で処理しようとしているから，「いじめ」の隠蔽などという不祥事も発生するのである。

　ほとんどの内容が置き換えられてしまいましたが，これはしかたないですね。このようにすることで第 2 段落以降の具体的体験との接続が滑らかになることは明らかでしょう。

学校をほめる必要はない

　もう一つ大きな問題点は，ラストの 3 つの段落の扱いです。よく結論に困って，自分が入学したい大学をほめたたえるような内容を書く人がいますが，前にも説明したように，このような賛辞はまったく必要ありません。その大学院にしかない講座に興味があるなど，自分の志望と大学院の指導体制・システムが特別に適合している場合などには，その適合性を書いても悪くないと思います。しかし，そうでないのなら，学校のすばらしさをほめたたえたからといって，プラス評価にはつながりません。

このような内容を書く人は，個人が他の人に好意を感じることと，組織の評価を混同しているのです。個人の評価は主観的なものであり，おべっかも効きますが，組織での評価は客観的なものをめざし，あくまでもその人間が役に立つか，利益をもたらすかであり，個人的に感じがよいかどうかにかかわりません。それに，そこに所属している人は，その大学と人格的に一体化しているわけではありませんから，大学をほめることで採点者の好意を勝ち得ることはできません。特に，

> ❼貴校のバラエティーに富んだカリキュラム…貴校の教育理念に共感し入学してきた学生の方々との日々の対話から，私自身人間として大きく成長したい…通学しやすさ，24時間利用可能な自習室の完備…

などと学校の売り文句をそのまま引用するのは，むしろ滑稽です。これらは，大学院側が学生を集めるための宣伝文句に過ぎず，その実態は学校関係者が一番よく知っているのです。その宣伝文句を信じて志望理由書にわざわざ書くのは，宣伝に乗せられやすい単純な性格や判断力のなさをアピールしているようなものです。マイナス評価にこそなれ，プラス評価につながることはほとんどないでしょう。したがって，最後の3段落は完全にカットしてかまいません。むしろカットしなくてはならないのです。これらは初歩的な間違いですが，大変目立ちます。

⚠ **学校側の宣伝文句を利用してはいけない**

問題となる体験の性質

逆にこのドラフトでよい点は，第2段落からの中学の臨時教員での体験です。

> ❷いじめられていた子が私を助けるためにハサミを持ち出してしまい，大騒動になってしまったのである。そのため，私も事件の渦中にいた者として責任を問われ，同僚や担任の先生を含め，多くの方々に迷惑をかけることになった。

というあたりは，現実の事態の難しさを示していて，ハッとさせられます。どんな社会問題でも，現実の矛盾は簡単に処理したり解決したりできません。むしろ「正しい行為が必ずしもよい結果につながらない」というのは，普遍的な状況認識といえましょう。このような矛盾にぶつかることが第一歩です。志望理由書は，その問題を解決するために法律家になりたいという気持ちを表現するところですから，ある意味で，一生をかけて解決に努力できるような難しさの問題をいかに上手に見つけるか，にその出来がかかっています。したがって，この「問題」の困難さは，ちょうど人の一生の努力の大きさと釣り合っているものでなければならないでしょう。

問題の大きさという概念

よく学術論文では，「取り上げる問題は適当な大きさのものでなければならない」と言います。あまり大きな問題を立てると，解決ができなくて失敗する。逆に確実に解決できることをねらって，小さな問題を追求すると論文の内容がつまらないものになってしまう。その間のバランスが取れているのが，よい論文の条件なのです。たとえば，哲学の問題で「人生の意味とは何か？」などという問題を立てると，論文が書き終わらないままに寿命が来てしまう。だから，「ヴィトゲンシュタインは色彩をどう考えたか？」などという限定された問題を選ぶのです。

志望理由書も同じことと考えてよいでしょうね。壮大すぎる問題を取り上げるのは滑稽ですが，細かすぎる問題もよくありません。法律家というのは，自分の一生をかける仕事なのですから，相当困難な問題にぶち当たらねばなりません。その意味で，問題の「対立」「矛盾」「疑問」は浅いよりも深いほうがよいのです。

Point 問題は一生をかけて追究するだけの困難性を持つものを選ぶべきである

どう解決の展望に持っていくか？

しかし，そのような問題を立ててしまうと，今度は別な困難が出てくることになります。それは解決への展望を描きにくくなることです。特に志望理由書では，法律家になることが，そ

の問題解決につながるという方向を示さねばならないところが厄介です。

　問題が難しくなるにつれて,この部分は相当アクロバティックな論理や説明が必要になる可能性が出てくる。でも,ここは苦労のしがいのあるところです。なぜなら,問題を懸命に考えている自分という姿をアピールすることができるからです。自分が見つけた問題なのですから,今まで蓄積した知識,論理能力のすべてを駆使して,探求すべきです。ある場合は,当該の問題について,他の論者がどんな意見を言っているのか,下調べをしないといけないことも出てくるかもしれません。一般に,自分独自の見方は自然に出てくるものではなく,むしろ他者との照合・比較・違和感から出現する場合が多いからです。

> **独自の見方は,他者との比較・照合したときの違和感から出てくる場合が多い**

法科大学院［志望理由書］問題発見と展開の技術

Case Study 7　教育問題への関心 ❷

❷nd　再提出ドラフト

❶

序論
自分のめざ
す弁護士像

　私は弁護士として，特に教育と法の問題にかかわりたいと思っている。現代の日本では，学校内でさまざまな問題が発生している。しかし，それはもっぱら「教育体制の不備」ないしは「教師や生徒の異常性」としてフレーム・アップされるばかりで，現実的に有効な対処になっていないと感じるからだ。私は法律家が積極的に入り込み，コンサルティングや救済を行う必要があると思う。なぜなら「いじめ」などの被害は年々深刻度を増しており，教師の取り扱える範囲を超えて凶悪化しているからだ。それを無理矢理「教育」の内部で処理しようとしているから，「いじめ」の隠蔽などという不祥事も発生するのである。

❷

本論
きっかけと
なった体験

　私がこうした考えを持つようになったのは，アルバイトで中学校の臨時教員をしていたとき，いじめの問題に直面したのがきっかけだった。標的となっていたのは，言語障害の子である。小学校の頃から何年間もいじめを受け続けていたようであった。その子のクラスを担当したことはなかったが，毎日のように，殴られたり蹴られたりしていると噂を聞いていた。あるとき，彼が地面に顔を押し付けられているのを目撃したとき，ついに見逃すことができなくなり，生徒に注意したことが発端となり，いじめていた生徒側から逆に脅される結果となってしまった。最終的に，いじめられていた子が私を助けるためにハサミを持ち出してしまい，大騒動になってしまったのである。そのため，私も事件の渦中にいた者として責任を問われ，同僚や担任の先生を含め，多くの方々に迷惑をかけることになった。

❸

　幸いにして，以後その学校ではいじめはなくなったようだが，自分には正しいことをしたという強い思いと，周りの目や多くの方々に迷惑をかけてしまったという後ろめたい気持ちも残った。そのときは，なぜ正しいことをしてこのような気持ちにならなければならないのかと，もどかしさもあった。それ以来，悩み苦しんでいる人を自分の信念だけに基づき，周りに左右されず，積極的に救うことはできないものかと考えるようになった。そしてそれができるのが，弁護士という職業であると考え

Part 2

るようになった。

❹　一般社会においては，必ずしも正しいことが正しいと言えるとは限らない。経済的理由，社会的身分などによって，さまざまな差別や理不尽な扱いを受ける人たちがたくさんいる。その人たちは，その弱い立場ゆえ，泣き寝入りすることも少なくない。しかし私はそういった人たちに泣き寝入りするようなことは絶対にさせたくない。正しいことは正しいと言うべきだ。そして，助けを必要とし，自分の権利を主張しようとしている人がいるならば，積極的に手を貸していきたいと思い，弁護士になろうと司法試験の勉強を始めた。私は，弱い立場に置かれた人々とともに悩み，ともに苦しみ，ともに喜べる弁護士になりたいと思っている。そこに法律家という職業の本質があり，また，そこにこそ自分が弁護士になりたいと思う大きな理由があるからである。

❺　今日，日本において，不当な扱いに悩み苦しむ人々は自国の人々ばかりではない。グローバリゼーションの導入に伴い，さまざまな国の人々が，日本へ入ってきている。実際，現在200万人を超える外国人が日本で住民として定住している。東京では外国人登録者が人口の10％近くを占める区まで出てきている。これからは地域社会において，こうした在留外国人の人たちともともに生活していかなければならない。しかしその一方で，日本における外国人に対する差別感や不安感は，住民の間にはいまだ根強い。結婚，離婚，賃金の不払いや労働災害，不当解雇に悩む外国人は決して少なくない。これから，こうした外国人の人々に関する問題はどんどん増えていくだろう。異国の地へ来て，たった一人で差別的扱いと闘わなければならない外国人の人たちの心の傷や不安は，自国で暮らすわれわれよりいっそう大きなものだろう。私はそういった意味でも，積極的にこれらの人々の助力になっていきたいと思う。

結論
問題を一般化

2nd 診断と講義

　　　イントロとラストを変えることによって、だいぶ文章に一貫性が出てきましたが、実は内容的に言うと、不十分の感は免れません。なぜなら、このドラフトでは学校での「いじめ」の問題から一気に「弁護士の志望」に飛躍しているからです。

法律家への接続が問題

　　　この志望理由書は、司法試験を何回か受けてきた人の書いたものですが、このような人は真面目であればあるほど、勉強が法学に集中しているため、関心領域が狭く、発想も単純になるという傾向があります。そのため、志望理由書を書かせるとつい「正義を実現するため」とか「弱者に泣き寝入りさせないため」などと書いてしまうことが多い。実際、法学既修者の中には物事を合法・非合法、あるいは善悪の基準で判断してしまう人が目立ち、その背景やメカニズムを考えない。そのため、社会問題は何でも法律が片が付くという文章を書きがちで、文章がやや幼稚な感じがしてしまうのです。

　　　もちろん、正義感が強いこと自体は貴いものであり、法律家の資質としては適当なのですが、実際のトラブルは、その大部分が錯綜・矛盾していて善悪の別が明確につけにくいものが多い。社会科学的に言うと、世間で「悪」と思われている現象もその成立過程をよく見てみると、必然的としか言いようのない場合もあり、その現れ方が悪だからと言って、単純に非難できないことも多いのです。現在、法科大学院で法学未修者を一定以上の割合で入学させようとしているのは、法学に専念することで、現実社会のロジックがわからなくなっている法曹関係者を変えていきたいという意味も含まれているのです。

現実は不条理に満ちている

　　　たとえば、ここの中学校での「いじめ」の例は迫力がありますが、その印象の強さの大部分は、いじめられていた生徒を助けたという善なる行為が、結果的には暴力事件に発展しそうになって、自分自身も責任を取らなければならなくなるという不条理な経過にあります。この矛盾・不条理は簡単に説明のしようのないものですが、それだけに現実に起こっている現象の持

つ**臨場感にあふれている**のです。前にも述べたのですが，志望理由書の出発点は，解決困難な「問題・矛盾」の発見にあります。この矛盾を誠実にたどったあげくに，法律家になるという結論が見えてくることが重要なのです。

> **Point** 志望理由書のストーリー＝問題にぶつかる➡解決を模索する➡法律家になると言う選択肢を選ぶ

簡単に結論づけない

したがって，再提出ドラフトの中で問題なのは，この事件を分析する第3・第4段落です。「なぜ正しいことをしてこのような気持ちにならなければならないのか」という矛盾にせっかく突き当たっているのに，その解決が「悩み苦しんでいる人を自分の信念だけに基づき，周りに左右されず，積極的に救うこと…ができるのが，弁護士という職業である」というのでは，あまりに単純・簡単に過ぎます。弁護士になることはオールマイティな解決法ではありません。世間の他の職業と同じように，その実際の業務においては妥協も必要ですし，バランスを取ることも出てきます。だから「周りに左右されず，積極的に救うこと…ができる」という考えは弁護士という職業に対する過剰な期待，ないしは幻想に過ぎません。

たとえば「いじめ」の場合，対策として一番有効なのは転校であると言われています。理屈から考えれば，いじめられている者が自分から学校を去らねばならないのはおかしいのですが，「いじめに負けないようにいじめる側に対抗させる」という選択はかえって子供を追いつめると言われています。実際，そのような対応策を取ったために，子供が自殺したという例さえあるのです。それと同じように，たとえ弁護士が法的に正当な手段を使ったとしても，それだけで問題がすべて解決するほど現実のトラブルは単純ではありません。

> ⚠ 現実の不条理・矛盾をごまかさずに問題と向き合う

社会観の成熟度をアピールする

したがって，矛盾・問題の発見からすぐに弁護士としての志望につなげるのは正しいあり方ではありません。それは，単に

筆者の社会に対する見方が未成熟であることの証明にしかなりません。取り上げた矛盾や問題を考察して，その成立のメカニズム・背景を十分に解きほぐしてから，そこに法的な解決の仕方の可能性を探る，というプロセスをしっかりたどる必要があります。法律家が問題を解決できるのは当然だ，というような能天気な態度を取ってはいけません。むしろ，その難しさを強調するほうが大切なのです。たとえば，次のように分析してみるのはどうでしょう。

▼第3・第4段落の添削

❸幸いにして，以後その学校ではいじめはなくなったようだが，自分には正しいことをしたという強い思いと，周りの目や多くの方々に迷惑をかけてしまったという後ろめたさが矛盾したまま気持ちも残った。そのときは，なぜ正しいことをしてこのような気持ちに苦しまならなければならないのかと，もどかしさもあった。しかし，それ以来，悩み苦しんでいる人を自分の信念だけに基づき，周りに左右されず，積極的に救うことはできないものかと考えるようになった。そしてそれができるのが，弁護士という職業であると考えるようになった。一般社会においては，必ずしも正しいことを主張できる場合だけが正しいと言えるとは限らない。経済的理由，社会的身分，あるいは周囲とのバランスなどによって，さまざまな差別や理不尽な扱いを受ける場合も少なくない。私の場合も，いじめを阻止する過程で教育現場に混乱が起こったことへの責任を取らされた格好になったわけである。この判断はしかたないとは思いながらも，それ以後，私は正義の追求と現実的対処のバランスに対して強い関心を抱くに至った。

❹実際，教育現場での事件は頻発しているが，それに対して妥当な判断や対処がなされているとは言えない。一般には，教育者の責任が理念的に非難されるばかりであり，現実の事件に対して有効性があるとは思えない。一方で，事件を起こした少年の刑事罰については厳しさを求める声ばかりが大きい。これは，矛盾した傾向だろう。一方では少

> 年の善なる可能性を伸ばすことのできない大人の側の過失が非難され，他方では少年の更生の可能性を著しく限定してとらえるという態度が見られるのだ。

問題を解釈し直す

上の書き直しでは，「いじめ」の問題を解決するのに弁護士になればよい，という主張にすぐにつなげずに，「いじめを止めようとしたのに，結果的には自分が責任を取らされることになった」という矛盾をさらに追究しています。どうしてそういうことになったのか，そういう結果を許す教育現場のメカニズムとは何か，などを考えているからです。このように弁護士という職業に幻想を抱かず，現在直面している矛盾を分析するという態度が重要なのです。

Point 法曹に幻想を抱かず，現在直面している矛盾を分析する

丁寧に考察したために，この文章はさらに大きな問題に突き当たっているように見えます。問題を起こす少年に対する大人の態度が矛盾していることを指摘しているからです。しかし，このように表現し直すことで，教育の困難の問題は，それを判断する大人の側の問題として，新しい光を当てられることになります。少年の問題は少年自身と言うだけでなく，それを見ている大人の判断の問題もあるからです。この新しい問題への置き換えが，つまり解釈のし直しが，社会問題に対する筆者の考察の深さ，ないしは独特さを証明することになる。

⚠ 問題を取り上げる→違った問題として解釈し直す，も解決の一つである

ステレオタイプやクリシェを避ける

論理的文章で最も避けるべきことは，ステレオタイプやクリシェです。これらの言葉は，社会でよく使われる陳腐な決まり言葉という意味です。陳腐な言葉は世間で流通していて使いやすいのですが，絶対にやめましょう。このような言葉や表現を無自覚に使うことは，世の中の大勢に従順なだけで自分独自の思考をしないという怠惰の表れです。このような怠惰は，自分

の判断で問題を処理する法律家には不向きな資質といえましょう。どんな問題でも、そこに自分なりの新しい見方を試みるのが、法律家の重要な資質です。

　ステレオタイプやクリシェは無内容なだけでなく、現実の矛盾を隠蔽する役目しか果たさない。たとえば「地球にやさしい」などという言葉は、かつてシャンプーの容器にも書いてありました。材料として自然物しか使っていないから環境を汚さないと主張しているわけです。だが、原料となるパーム油を確保するために熱帯林を伐採している。このような標語を使うことで、自然環境を破壊している現実をごまかし、環境保全に貢献している企業というイメージを造り上げているわけです。法律家は物事の表面にごまかされず、真実を追究しなければなりません。ステレオタイプやクリシェを平気で使えてしまう、ということ自体、法律家としての不適格を示すようなものです。

❸rd　完成稿

　私は弁護士として、特に教育と法の問題にかかわりたいと思っている。現代の日本では、学校内でさまざまな問題が発生している。しかし、それはもっぱら「教育体制の不備」ないしは「教師や生徒の異常性」としてフレーム・アップされるばかりで、現実的に有効な対処になっていないと感じるからだ。私は法律家が積極的に学校現場にも入り込み、法的なコンサルティングや法的な救済を行う必要があると思う。なぜなら「いじめ」などの被害は年々深刻度を増しており、教師の取り扱える範囲を超えて凶悪化しているからだ。それを無理矢理「教育」の内部で処理しようとしているから、「いじめ」の隠蔽などという不祥事も発生するのである。

　私がこうした考えを持つようになったのは、アルバイトで中学校の臨時教員をしていたとき、いじめの問題に直面したのがきっかけだった。標的となっていたのは、言語障害の子である。小学校の頃から何年間もいじめを受け続けていたようであった。その子のクラスを担当したことはなかったが、毎日のように、殴られたり蹴られたりしていると噂を聞

いていた。あるとき，彼が地面に顔を押し付けられているのを目撃したとき，ついに見逃すことができなくなり，生徒に注意したことが発端となり，いじめていた生徒側から逆に脅される結果となってしまった。最終的に，いじめられていた子が私を助けるためにハサミを持ち出してしまい，大騒動になってしまったのである。そのため，私も事件の渦中にいた者として責任を問われ，同僚や担任の先生を含め，多くの方々に迷惑をかけることになった。

　幸いにして，以後その学校ではいじめはなくなったようだが，自分には正しいことをしたという強い思いと，周りの目や多くの方々に迷惑をかけてしまったという後ろめたさが矛盾したまま残った。そのときは，なぜ正しいことをしてこのような気持ちに苦しまなければならないのかと，もどかしさもあった。しかし，一般社会においては，必ずしも正しいことを主張できる場合だけとは限らない。経済的理由，社会的身分，あるいは周囲とのバランスなどによって，さまざまな差別や理不尽な扱いを受ける場合も少なくない。私の場合も，いじめを阻止する過程で混乱が起こったことへの責任を取らされた格好になったわけである。この判断はしかたないとは思いながらも，それ以後，私は正義の追求と現実的対処のバランスに対して強い関心を抱くに至った。

　実際，教育現場での事件は頻発しているが，それに対して妥当な判断や対処がなされているとは言えない。一般には，教育者の責任が理念的に非難されるばかりであり，現実の事件に対して有効性があるとは思えない。一方で，事件を起こした少年の刑事罰については厳しさを求める声ばかりが大きい。これは，矛盾した傾向だろう。一方では少年の善なる可能性を伸ばすことのできない大人の側の過失が非難され，他方では少年の更生の可能性を著しく限定してとらえるという態度が見られるのだ。

　このような混乱の原因は，教育という制度への過剰な期待にある。教師は子供たちの知性・感性を自由にコントロールできるはずだという思い込みが大人の側にあるのだ。教育が何でも解決できるという感覚が，問題を起こす子供を教えていた教師に対する極端な批判を呼び起こす。しかし，学校から与えられる情報が，子供たちに与えられる情報のごく一部しかカバーしない現在では，このような仮定はもはや現実的ではない。むしろ，子供同士のことであっても，教師だけではトラブルはコントロールできず，社会的・法的なサポートが必要な状態に至っている。一方で，子供たちも限られた知識や経験しかないものの，彼らなりに権

利意識や欲望が発達し，個人としての自覚を持っている場合が多い。したがって，教える―学ぶという大人との不平等な関係には耐えられず，公平な扱いに対する感覚が発達している。生徒の側も「教育」的な扱いは望んでいない，とも言えるのである。ここでも，社会的・法的な介入が必要になってくる。

　このような現場は，何も教育に限らない。法的な介入が必要でなく，トラブルに対して，他の解決方法を採用していた社会ないし共同体も，次第にそのような解決は難しくなっている。弱い立場に置かれ，不当な扱いに苦しむ人々に対して，「教育」などの美名に隠れて，非・法的な解決が試みられ，そのためかえって事態が悪化した例は多い。事態を悪化させないためにも，助けを必要としている人がいるならば，弁護士は，積極的に手を貸すべきだし，その方が公平な解決になりやすい。私はそういった意味でも，これらの人々の助力になっていきたいと思う。

評価と感想

　ちょっと教育への考察が理屈っぽくなり，後半の内容がやや重いですが，難しい問題に取り組もうという心意気をアピールすればよいのですから，これでもかまわないでしょう。ステレオタイプの解決でなく，問題の困難さを引き受けようという態度が見えればよいのです。

Solution

- ◆内容と見合ったイントロダクションにする
- ◆なるべくトピックを途中で変えないで，最後まで一貫させる
- ◆取り上げる問題は，適当な大きさにする
- ◆法律家をオールマイティとする描写は，社会的未成熟の表れと見られるので避ける
- ◆問題の背景・メカニズムをごまかさず，分析する
- ◆問題の再解釈は，それだけで解決になりうる

Case Study 8　環境問題への関心

大学生Rさんの場合　　　　　　2,500字　／　未修
24歳　男性　　私立大学経済学部在学中

段落は1つの内容ごとに1段落とする構成を守ることで，明快さと一貫性が増してくる。例示もいくつも出さず，法律家の資格取得と関連するような典型的なものを1つ出したほうがわかりやすい。その際に理屈の部分と内容を一致させるように注意する。学生の場合は，特に知識・データを活用することで，社会人との差別化を図る。

❶st　最初のドラフト

　私は，小学校5年生のときから「Y川サーモンクラブ」という，汚れてしまった川に鮭を呼び戻すボランティアに参加しており，一度汚した川をもとに戻すには，大変な時間がかかるのだと身をもって経験し，自然の大切さを痛感した。
　高校3年生のときには，環境委員会の委員長を務め，学校全体で古紙回収などを行った。
　また，全国環境ネットワークの会員の一人にもなり，講演会への参加や環境に優しい生活を心がけている。＊1
　これまでの環境保全活動を通して感じた問題点は次のとおりである。環境問題は被害が発生して事後的に解決が図られてきた。しかし，地球温暖化，オゾン層の破壊などは深刻化してからでは取り返しがつかず，事前防止が必要であり，そのような環境問題を解決することの重要性を感じる。
　具体的には，温暖化等の環境問題は被害が全世界に及ぶこと，被害が深刻化するのは次世代においてであること，科学的な実証性の不確実さ等の問題を抱えている。近年の異常気象は地球の生態系のバランスが崩れていることを示している。
　その原因は，便利・快適な生活を求めて，地球環境よりも経済発展や便利さ・快適さを優先したことにある。

たとえば、高校時代に行った古紙回収では、リサイクル業者の方が赤字になってしまうにもかかわらず古紙を引き取ってくれた。地球に優しいリサイクルが、なぜ古紙を捨ててしまうのか。それは結局、環境への無関心と安ければいいという心が引き起こしているのではないか。*2

　さまざまな改善活動にもかかわらず環境問題は解決していない。それは経済や便利さを優先して、人々が心を変えようとしないからである。なぜ地球が悲鳴を上げているか、その原因に無関心であってはいけない。一部の国が環境改善をめざすだけでなく、地球全体で対策すべきなのだ。

　たとえば、日本の排ガス規制は一律に平成12年基準に適合していなければならないが、アメリカでは自動車メーカーごとに、販売した自動車全体の排ガスの平均値が基準を下回るような規制になっている。そのために、自動車によっては、日本の規制より緩かったり、厳しかったりする。

　また、日本に輸出される車は日本の平成12年基準に適合していなければならないが、特にヨーロッパ車において、それが満たされていない車もたくさんある。ネパールやインドネシアなどの発展途上国では、日本と比べて規制はかなり緩く、カトマンドゥなど盆地全体が黒いドームのようになっているという。

　これでは、日本で厳しい環境規制をしたとしても、他国では野放しなのだから、地球全体の環境対策としては何の意味もなさない。

　企業の活動が多国籍にわたって、環境に影響を与えるうえで、地球規模的な視点からの環境を見る必要がある。

　日本でも、環境は刻々変わっている。冬場の澄んだ空気の朝、雲一つない快晴の中で、私の住んでいる京葉線から東京方面を見ると、大気の下層が薄茶色がかって見える。明らかに人為的起源による大気汚染である。

　もちろん、人為的起源というのは自動車の排気ガスだけが原因ではないが、しかし、日本のように規制が厳しい国でさえ、大気汚染が未だ持続しているということに環境問題の深刻さが表れていると思う。

　私は、このような、環境負荷による人権と自然を保護する弁護士になりたい。

　法律は、人の行動を動かす唯一の強制手段である。この法律の力を背景として、権利を主張することで社会を動かしていく必要があると思う。そして、法律を用いて、環境保全のための各主体である企業や、行政、国民一人一人に、果たすべき役割を広めていきたいと思う。

　そして、企業の環境活動を促す諸措置とともに、環境侵害行為の未然

防止と，その結果生じた事態の改善の諸措置について，環境問題と法律の知識を背景に，活動したいと思っている。*3

環境問題は国際間にまたがる以上，世界で環境への統一した基準が必要である。そのためには，まずわが日本から変えていく必要がある。たとえば私は，マングローブ熱帯におけるマングローブ植林に何度か参加しているが，炊事等の薪炭として，さらにはエビの養殖やすずの採掘のため，海浜の貴重な植物が失われ，生態系の破壊も必然となった国があり，そこでは，風や波のバリアーになっていた樹木がなくなり，風水害にも弱くなっている。*4

このような場で世界の人々と情報交換し，現状の環境問題を認識し，社会に訴えることで自分が法曹として環境に対してできることを実践していきたいと思っている。

もちろん身近な環境での活動も大きい。特に子供たちへの教育は大切だ。その一端を担って，私は環境団体と学校の協力による課外授業ボランティアに参加している。小学5年生の理科の授業で，環境対策や省エネルギー問題についての話をするのである。学校によっては，環境問題について子供がグループに分かれて発表し，それについてコメントしていく場合もある。

そして，また環境問題をはじめとして，社会的弱者にかかわる問題に携われる弁護士にもなりたい。*5

私は現在，学校と地域の2つの障害者支援サークルに所属している。ここでは，ろうあ者・視覚障害者をはじめとして，障害を持った方々と花火を見に行ったり，クリスマス会を開くなどして交流をする。この活動を通して，私はハンディキャップを持った人が，いかに日常生活で困難を伴っているかを知ることになった。

たとえば，ニュース速報や，場内アナウンスというものは，障害を持っていない人にとっては便利なものとなるが，逆に障害を持った人には不便だ。

内閣府の「防災と情報に関する世論調査」によると，多くの人が気象警報を知る手段は，テレビ・ラジオだという。しかし，視覚障害者や聴覚障害者には，他の人と同様にそれが迅速に伝わるわけではない。

障害を持った人には，健常者よりももっと，防災情報が伝わりやすい環境を作る必要があるのではないか。そのためには，やはり，法律の力を借りて，それを実現していく必要があるのではないか。なぜなら，判

法科大学院 ［志望理由書］問題発見と展開の技術
Case Study 8　環境問題への関心 ❶

決はその後の社会の考え方を変え，法律も変える。
　私が法曹になったら，人権と自然の双方の環境を保護し，将来的な地球の発展を可能とする環境作りをしていきたいと思っている。

NG *1　ほとんど1文1段落になっている。論理的文章では，このような段落の切り方をしてはいけない。

NG *2　修辞疑問文はできるだけ使わないようにしたい。自分の主張は基本的に断定を使い，根拠を添えること。

NG *3　接続詞「そして」は論理関係が曖昧になるので，なるべく使わないようにする。論理的文章では，「そして」を1個も使わなくても書ける。

NG *4　論と例の一致ができていない。「日本から変える必要」を言っているのに，熱帯雨林の例示はおかしい。それとも，これは日本のマングローブ林のことだろうか？いずれにしろ曖昧である。

NG *5　いろいろトピックを変えないで，「環境問題」1つで最後まで一貫すること。

ドラフトの評価

独創性	3
論理性	3
構成力	2
表現力	3
知識	2
総合評価	D

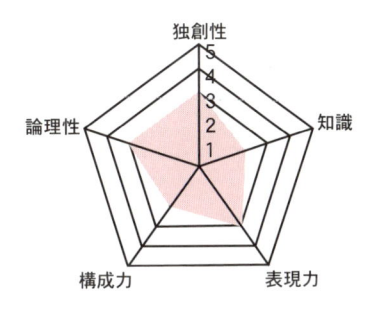

1st 診断と講義

> 段落が短く，飛躍が多い文章です。例や情報が豊富で言いたいことがあちらこちらへと飛び，持続性と一貫性がありません。
>
> しかも，文章がとりとめなく焦点が定まらない。せっかく環境問題を取り上げているのに，それが最後で社会的弱者や障害者支援サークルの話に変わってしまうと，どちらがメインなのかわからなくなります。論点を環境問題なら環境問題に絞って，他の話題にはあえて触れないようにしたほうが，一貫性が出てくるでしょう。

段落を切りすぎる

一見して構成がかなり乱れているのがわかります。特に段落がブツブツと切れていて，言いたいことに連続性がない。最近の小説や物語では，読みやすさをねらうためか，ほとんど1文1段落の書き方になっています。しかし，そのような文章に慣れていると，論理的文章の構成ができなくなる。なぜなら，ストーリーは話が変化して目先が変わるほうがおもしろいのですが，論理的文章では，変化より1つのメッセージを説得的に提示していくことが目的だからです。

段落の基本構造

したがって，段落はたった1つのメッセージが中心にあって，それが次第に解きほぐれて内容が明らかになる，という構造にならなくてはいけません。そのためには，**段落全体で言いたいことを決定し，それを1文で表して冒頭に置き，続いてだんだんと細部の情報を補足していく**，という進行になります。たとえば今回のケースでは，第1段落から第3段落までは環境問題に興味を持った経緯が描かれていますが，これらを1つの段落にまとめるだけで，意図はかなりわかりやすくなります。

▼第1～第3段落の書き直し

> ❶～❸私は小学校5年生のときから「Y川サーモンクラブ」という，汚れてしまった川に鮭を呼び戻すボランティアに参加している。そこで，川の清掃作業に従事するうちに，

法科大学院　［志望理由書］問題発見と展開の技術
Case Study 8　環境問題への関心 ❶

> 一度汚した環境をもとに戻すには膨大な時間と手間がかかることを実感し，自然環境を保全することの重要性を痛感した。高校のときには校内環境委員会の委員長を務め，学校全体で古紙回収などを行う一方，全国地球環境ネットワークの会員の一人にもなり，大学ではマングローブ植林など国際的な活動にも参加した。そこで，炊事等のエネルギー源確保のため，あるいはエビの養殖やすずの採掘のため，海浜の貴重な植物群が伐採され，風や波のバリアーもなくなって風水害にも弱くなるという悲惨な現実に触れた。

時間的順序ではない

　しかし，このままでは，この段落は自分と環境問題のかかわりについて時間的順序を追って説明をしているだけです。確かにこの書き方は現実と同じ順序でわかりやすいのですが，反面，「法律家になる」という目的にどうつながっているか，という流れは必ずしも明らかではありません。志望理由書では「法律家になる」という目的に向かって，過去の出来事や心理が必然的に整序されていることが重要です。そのためには，材料を大胆に選択するとともに，それを適当に並べ替えて強弱をつけ，目的につなげる必要があります。ストーリーや現実と違って，自然の時間的順序に従う必要は必ずしもない。むしろ，目的に向かう一貫性と強さがあったほうがいいわけです。

Point　志望理由書の叙述の順序＝法律家という目標に向かって，出来事・心情を整理する➡時間的順序から離れる

スペシャリティを強調する

　しかも，ただ法律家になりたいと書けばよいのではなく，「こういう問題を扱いたい」という自分のスペシャリティを強調しなくてはなりません。その点で，自分の興味・体験・キャリアなどが生きてくるわけです。したがって，ここでは冒頭に，もっと強いメッセージ，たとえば「私は弁護士になって，環境問題の解決に貢献したい」などを持ってきて，その後に細部を持ってくる構成が有効です。

▼第1〜第3段落の添削

❶〜❸私は弁護士になって環境問題の解決に貢献したい。この問題に興味を持ったきっかけは，子供の頃からかかわってきたさまざまな環境保全運動であった。たとえば，小学校5年生のときはから「Y川サーモンクラブ」という，汚れてしまった川に鮭を呼び戻すボランティアに参加したている。そこで，川の清掃作業に従事するうちに，一度汚した環境をもとに戻すには膨大な時間と手間がかかることを実感し，自然環境を保全することの重要性を痛感した。高校のときには校内環境委員会の委員長を務め，学校全体で古紙回収などを行う一方，全国地球環境ネットワークの会員の一人にもなり，大学ではマングローブ植林などの国際的な活動にも参加した。そこで，炊事等のエネルギー源確保のため，あるいはエビの養殖やすずの採掘のため，海浜の貴重な植物群が伐採され，風や波のバリアーもなくなって風水害にも弱くなるという悲惨な現実に触れた。このような体験が，環境保全にかかわる仕事に進みたいという動機を形成したのである。

　このように，自分の志望を冒頭に宣言した後で「環境問題を扱う弁護士」に貢献するための情報を中心に整理します。しばらく自分を動かした環境問題について詳述して，これがどんなメカニズムを持つか，を明らかにする。これは，後半，自分がどんな法律家になりたいのか，という志望理由書における一番核心の部分へとつながります。

　Case Study 7でも書いたように，法律家になるだけで問題が解決することはほとんどない。Rさんも「法律は，人の行動を動かす唯一の強制手段である」と書いて，法律に大きな期待を寄せていますが，社会的問題は法を厳しくすればそれで解決するというほどシンプルではなく，規制強化がかえって社会的に無用な摩擦を引き起こす場合もあります。したがって，本当に法律で改善できるかどうか，「分析」する必要があります。

▼第4段落以降の添削

❹これまで，環境問題は被害が発生してから，事後的に解決が図られてきた。しかし，地球温暖化，オゾン層の破壊などは深刻化してからでは取り返しがつかず，事前防止が必要である。特に，温暖化等の環境問題は，被害が全世界に及ぶこと，被害が深刻化するのは現世代より次世代においてであること，科学的な実証性の不確実等の問題を抱えており，早急な検討が必要である。しかし，これらの問題はさまざまな改善活動にもかかわらず進展を見せていない。それは現代の社会が経済や便利さを優先しているからである。この傾向は全世界に広がっており，一部の国が環境改善をめざすだけでは環境に十分な影響を与えられない。

　たとえば，日本の車の排ガス規制は一律に平成12年基準に適合していなければならないが，アメリカでは自動車メーカーごとに，販売した自動車全体の排ガスの平均値が基準を下回るような規制になっている。これでは，車種によって，日本の規制より緩かったり，厳しかったりして，一律の取り締まりが難しい。他方，日本に輸出される車は平成12年基準に適合して

いるのが ~~原則だが~~ なければならないが，特にヨーロッパ車の大部分では において，それが満たされていない ~~車もたくさんある~~ 。それどころか，発展途上国への輸出はいいかげんで，ネパールやインドネシア向けの輸出 などの発展途上国 では，~~日本と比べて規制はかなり緩く，カトマンドゥなど~~ 排ガス規制が不十分であるために街 ~~盆地~~ 全体が黒いドームのようになっている ところもある という。~~これでは，~~ 1 か国だけで ~~日本で~~ 厳しい環境規制をし ~~たとして~~ ても，他国では野放し ~~なのだ~~ から，地球全体の環境対策としては何の意味もなさない。企業 ~~の活動~~ が多国籍にわたって 活動し，環境に影響を与えているのだから ~~うえで~~ ，その対策も地球規模的な視点から 行う ~~の環境を見る~~ 必要がある。

例示を典型的なものに絞る

　前よりずいぶんまとまってきた感じがします。これは，排ガス規制の問題・古紙の廃棄・大気汚染などいろいろ書かれていたのを，排ガス規制だけに絞り，古紙の問題は削除し，大気汚染も排ガスと一緒にしたのです。そもそも例示は，基本的に自分の言いたいことのイメージやデータを読者に示すところです。言いたいことのメインにはなりません。したがって，たくさん書いても効果は薄い。むしろ例の意味づけが，大切なのです。効果的な例では，本質的な内容が短い印象的なフレーズで書かれているのです。理想を言えば，1つの内容について，例は一番わかりやすく典型的なものが1つ書かれていればよい。例を列挙すると，その選択がどうしても甘くなり，言いたいことを十分表せなくなりがちです。

Point 例示は，典型的なものを1つ出せば十分である

論と例の一致

　一方で，例示の意味づけと例の細部が一致していることが必要です。つまり，意味づけで書いた内容が，そのまま例示のところでも具体的に繰り返される必要があります。たとえば，上の場合では「一部の国が環境改善をめざすだけでは環境に十分な影響を与えられない」として，環境問題は地球規模で対策し

法科大学院　［志望理由書］問題発見と展開の技術
Case Study 8　環境問題への関心 ❶

なければならないとあります。
1　地球規模で生じている環境問題
2　国ごとに違う対策
3　環境問題は解決されない

これらの要素は，例示でも具体的データを使ってそれぞれ示す必要があります。つまり，
1　地球規模で生じている環境問題→排ガスによる大気汚染
2　国ごとに違う対策→日本の規制が及ばない欧米車
3　環境問題は解決されない→地球全体の大気汚染は進んでいる

の3点が例示にも書かれている必要があります。

Point　論と例の一致＝例示とその意味づけは，常にその内容が一致しなければならない

注意点―例示が弁護士業務と関係するか？

ただ，上のように整理するとわかるのですが，「大気汚染」問題を解決するには，欧米との連携が必要になります。したがって，日本の法律だけではなく，欧米の法制度などにも精通する必要があるし，たとえ精通しても，日本人が外国政府の政策に影響を与えることは困難でしょう。したがって，この例を出しても，あまり有効でないことがわかります。例示を詳しく書くのはいいのですが，日本の法曹資格を取るという選択が有効な内容でなければなりません。

日本の資格を取って影響を与えられるのは日本の状態です。したがって，まず日本の環境政策についてまとめ，それに影響を与えるほうが，日本の法曹資格との関連が出やすい。「地球規模の対策」ということに一気に行くのは，得策ではありません。このように論と例の一致を厳密に構成してみると，その例が自分の論述にとって効果的かどうかを判断できます。

Point　日本の法律業務と結びつく例示かどうかを，吟味する

もし，そのように書き換えるのなら，「地球規模の対策」はとりあえず後回しにして，まずは日本の現状を描くべきです。

▼第2〜第5段落の書き直し

❷実際，環境汚染の被害は年々深刻になっている。冬場の澄んだ空気の朝でも，東京湾から見ると，市街地の大気下層は薄茶色がかって見える。これは，高気圧圏になるので，上空からの沈降気流による逆転層が上空にできて，汚染物質が地上付近にたまり，汚染大気が塊となって見えたためである。最近になって，身体の不調や洗濯物が汚れるなどの被害がまた増大している。このような被害は，一時期「公害」として追及されたが，状況はまた悪化しつつあるのだ。

❸これは法律の改正も関係している。公害健康被害補償法は1988年に「公害健康被害の補償等に関する法律」に改められ，既存の認定者には給付が継続されるものの，新規認定はほとんどなくなってしまった。これは，かつての四日市ぜんそくなど硫黄酸化物に起因する大気汚染によって慢性的気管支炎などが多発している第一種指定地域で，二酸化硫黄の汚染が改善されたためである。

❹一方で，現在の大気汚染の中心は，むしろ自動車の排気ガスに含まれる二酸化窒素と言われている。しかし，この汚染は改善されず，道路沿いの排ガス測定ではむしろ悪化していることが確かめられている。したがってこうした物質に着目して，地域指定を再指定する必要があるのだが，東京大気公害訴訟では，自動車メーカーの責任は認められておらず，汚染物質差止め請求も棄却されている状態だ。呼吸器疾患患者の病気と排ガスの因果関係は科学的に認められているのに，このような状態はおかしい。

❺裁判で企業側に責任を認めさせれば，それをもとに第一種指定地域の再指定をすることが可能になる。また，取消訴訟における処分性や原告適格性についても，その法解釈を拡張して住民の利益を保護することも可能となる。さらには，行政を介して公害防止協定を結ばせたり，被害救済や公害防止の制度を作らせたりすることもできる。弁護士として，これらの訴訟の法律的なバックアップをすること

は，大きな意味があるといえよう。

関連知識を積極的に入れる

ここでは，「実際…」と日本国内の環境汚染の状態を例示して，その背景を法律との関係で述べています。法律の改正のために患者の認定が少なくなり，被害が隠蔽されていると批判しているわけです。このような知識は，ある程度下調べをしないと書けないでしょう。しかし学生なら，むしろこのような文献調査は得意のはず。図書館などで，過去のデータを調べて，それを志望書の中に積極的に入れ込みましょう。社会人が現場の知識なら，学生は最新の知識データで勝負すべきです。

国際的な視点の入れ方

このような流れに乗って，国際関係のストーリーも入れることができます。たとえば，次のような発展はどうでしょうか？

❻もし，トヨタやホンダという巨大自動車メーカーのある日本で，製造企業の責任を認めて汚染物質差止めが行われたら，世界中に大きなインパクトを与えるだろう。先進国でも，厳しい基準に対応していけるという先例を作ることができるからだ。しかも，消費者に対するアンケートでは，環境に配慮した商品は，そうでない商品と比べて2割くらい高くても買う，という結果も出ている。この結果を見れば，規制を乗り越えようとする技術開発がさらに売上を伸ばすという可能性が見て取れる。環境問題への配慮は，長期的には発展と両立するのだ。現に，平成12年度規制に引き続いて，平成17年度規制に対応できるエコ自動車を日本の技術者は開発中である。企業は利益追求の立場からしても，環境対策へのコミットメントを強化すべきなのである。

国内の問題を追究することで，その必然的な結果として国際的な影響が出てくるというようにつなげました。これなら，日本国内での弁護活動が，国際的な広がりを持つ環境問題へと無理なくつながってきます。

2nd 再提出ドラフト

❶
序論
弁護士を志したきっかけ

　私は弁護士になって環境問題の解決に貢献したい。この問題に興味を持ったきっかけは，子供の頃からかかわってきたさまざまな環境保全運動であった。たとえば，小学校のときは「Y川サーモンクラブ」という，汚れてしまった川に鮭を呼び戻すボランティアに参加した。そこで，川の清掃作業に従事するうちに，一度汚した環境をもとに戻すには膨大な時間と手間がかかることを実感し，自然環境を保全することの重要性を痛感した。高校のときには校内環境委員会の委員長を務め，学校全体で古紙回収などを行う一方，全国地球環境ネットワークの会員の一人にもなり，大学ではマングローブ植林など国際的な活動にも参加した。そこで，炊事等のエネルギー源確保のため，あるいはエビの養殖やすずの採掘のため，海浜の貴重な植物群が伐採され，風や波のバリアーもなくなって風水害にも弱くなるという悲惨な現実に触れた。このような体験が，環境保全にかかわる仕事に進みたいという動機を形成したのである。

❷
本論1
環境汚染の例示

　実際，環境汚染の被害は年々深刻になっている。冬場の澄んだ空気の朝でも，東京湾から見ると，市街地の大気下層は薄茶色がかって見える。これは，高気圧圏になるので，上空からの沈降気流による逆転層が上空にできて，汚染物質が地上付近にたまり，汚染大気が塊となって見えたためである。最近になって，身体の不調や洗濯物が汚れるなどの被害がまた増大している。このような被害は，一時期「公害」として追及されたが，状況はまた悪化しつつあるのだ。

❸
　これは法律の改正も関係している。公害健康被害補償法は1988年に「公害健康被害の補償等に関する法律」に改められ，既存の認定者には給付が継続されるものの，新規認定はほとんどなくなってしまった。これは，かつての四日市ぜんそくなど硫黄酸化物に起因する大気汚染によって慢性的気管支炎などが多発している第一種指定地域で，二酸化硫黄の汚染が改善されたためである。

❹
　一方で，現在の大気汚染の中心は，むしろ自動車の排気ガス

に含まれる二酸化窒素と言われている。しかし，この汚染は改善されず，道路沿いの排ガス測定ではむしろ悪化していることが確かめられている。したがってこうした物質に着目して，地域指定を再指定する必要があるのだが，東京大気公害訴訟では，自動車メーカーの責任は認められておらず，汚染物質差止め請求も棄却されている状態だ。呼吸器疾患患者の病気と排ガスの因果関係は科学的に認められているのに，このような状態はおかしい。

❺　裁判で企業側に責任を認めさせれば，それをもとに第一種指定地域の再指定をすることが可能になる。また，取消訴訟における処分性や原告適格性についても，その法解釈を拡張して住民の利益を保護することも可能となる。さらには，行政を介して公害防止協定を結ばせたり，被害救済や公害防止の制度を作らせたりすることもできる。弁護士として，これらの訴訟の法律的なバックアップをすることは，大きな意味があるといえよう。

❻　もし，トヨタやホンダという巨大自動車メーカーのある日本で，製造企業の責任を認めて汚染物質差止めが行われたら，世界中に大きなインパクトを与えるだろう。先進国でも，厳しい基準に対応していけるという先例を作ることができるからだ。しかも，消費者に対するアンケートでは，環境に配慮した商品は，そうでない商品と比べて2割くらい高くても買う，という結果も出ている。この結果を見れば，規制を乗り越えようとする技術開発がさらに売上を伸ばすという可能性が見て取れる。環境問題への配慮は，長期的には発展と両立するのだ。現に，平成12年度規制に引き続いて，平成17年度規制に対応できるエコ自動車を日本の技術者は開発中である。企業は利益追求の立場からしても，環境対策へのコミットメントを強化すべきなのである。

❼　具体的には，私は企業や行政，あるいは市民一人一人に対して環境コンサルタンティングをやっていきたい。現在，環境コンサルタントは，主に企業が環境を軸に経営を見直す際のアドバイスをしたり，商品開発にかかわったり，細かい調査や分析を行う仕事だが，私の場合は，法的規制に対応してアドバイス

できるようになりたいのだ。つまり、環境問題に対して、その主体となりうる企業や行政、国民と対立するだけでなく、お互いにとって望ましい方法を提案したり、助言したりする役目である。新しい法律や条例の施行、既存の法律の改正など、環境に関して、企業への規制はこれからも増すだろう。自動車リサイクル法、PRTR法（特定化学物質の把握と管理・促進法）や地方自治体での産業廃棄物税の導入が次々と成立したり、施行されたりしていることからも国としての環境問題への取組みが急がれていることがわかる。そんなとき、科学的な知識と法律的な知識の双方が必要になってくると思う。

❽ 特に、環境問題の解決には法による規制、新しい技術の開発、人々の意識の変革、の３つが必要だといわれる。中でも、人々の環境に対する意識を育てていくことは大切で、学校、地域、企業、行政などさまざまな分野での環境教育が求められている。私は課外授業ボランティアで、地球環境の危機についての授業を行ったことがあるが、子供たちの環境改善についての熱意は大きい。環境問題は国際間にまたがる問題なので、世界で環境への統一した基準と行動が必要だが、そのためにも足元から変えていく必要がある。その意味で、環境コンサルタントとしての弁護士はこれからますます必要になるだろう。

2nd 診断と講義

焦点を絞った効果

再提出ドラフトは、だいぶ焦点が絞られてきて明快になってきています。最初のドラフトでは「環境問題」というトピックが中心なのに、そこに障害者支援の話などが紛れ込み、全体のイメージがやや混乱していましたが、このドラフトでは、そのエピソードがばっさりと切られ、全体が「環境問題」というテーマで一貫しており、読みやすく、理解しやすい文章になっています。

Point テーマを限定したほうが読みやすいし、アピールも強い

自分のスペシャリティは，あれもこれもと欲張って入れるのではなく，一点に絞り込んで述べる必要があります。自分のアピールできる点は何なのか，十分に示すにはある程度のスペースが必要です。その意味で限られた字数で書く志望理由書では，自分の興味・関心を明確化して集中させるという作業が不可欠であり，興味・関心が自分にとって第1位のものに限って論述すべきです。

志望と社会の利益を関連づける

しかし，実際にはこれはかなり難しいことです。なぜなら，たいていの場合，「法律家になりたい」という志望は，社会的にプレステージの高い地位に就きたいとか，名誉ある仕事に就きたいという個人的欲望とも結びついているからです。こういう個人的欲望は向上心の源にもなるので，必ずしも全面的に否定できません。実際，人間が仕事を選ぶ際のポイントは，大部分ここにかかっている，と言ってもよいくらいです。

しかし，このような欲望をそのまま志望理由書に書くのも間違いです。なぜなら，個人にとっての欲望実現は，そのままでは他人には何の利益にもならないし意味も持たない。したがって，それを書いたからといって他人へのアピールにはならないからです。

法律家になりたいという願いを他人に聞いてもらうためには，あなたが法律家になることが，社会・他人にとってなんらかの利益やプラスになることを示すべきです。**志望理由書とは，その利益が存在するということを他人に証明するための文書**だと言ってもよい。本書で何回か「社会貢献」というポイントを打ち出したのも，別に法律家が正義の味方である，という道徳的観点からではなく，それ以外には社会がある個人を法律家にする意義がないからなのです。

⚠ 志望理由書＝自分が法律家になることを社会の利益と結びつける

したがって，志望理由書とは，単に自分のエネルギーや向上心，あるいは優れた能力を示せばよい（それは，むしろ自己評価書の分野です！）のではなく，あなたが法律家になることで

社会・他人に利益をもたらす，ということをはっきりさせる場でもあるのです。つまり，自己の未来の職業イメージと社会との接点を見つける作業だと言ってもよいでしょう。

自己実現と社会との接点

　　法科大学院への入学が認められるということは，その人が法律家となることに意義があると認められ，他人から助けてもらえるというプロセスの第一歩です。これは，自分が実現したいと思うことが，どこで他人の利益にもなるかという通路を見つけることにかかっています。ともすると，学生はその点が甘くなる傾向があります。自分がこうしたいという願望が強すぎて熱意を強調するけれど，それが社会にどのような利益を与えるか，どう社会を改善できるか，という観点が薄い。もちろん，どのような利益を与えるかを論じるには，社会の現状がどうなっているかを，十分に分析しておく必要があります。さらに，改善点を具体的に提示するには，今の状態のどこが悪いのか，その原因は何なのか，などを明らかにできなければならない。自己実現がそのまま社会貢献にならなければいけないのです。

> **Point** 改善点の提示＝背景の理解＋現状のメカニズムの解明

学生の文章の弱い点

　　社会経験・職業経験のある人々は，日常的に「それが他人・会社にとって，何の役に立つのか？」を問われています。そうでないと，仕事に対して他人が報酬を払う意味はない。もちろん，学生もアルバイトの機会はあるでしょうが，定職の中で求められるシビアさに比べれば，比較になりません。あなたが学生で志望理由書を書く立場にあるとしたら，その点で社会人と比較して不利な立場にある，ということを理解しておくべきです。

　　ここでも，第7・第8段落は職業イメージが強いところですが，「自分が…したい」ということよりも，社会への利益や貢献の面をもう少し強調する必要があるでしょう。たとえば，次のような形に書き換えるわけです。

▼第7段落・第8段落の書き直し

　　❼その意味で，法的な側面からの環境コンサルタンティン

グは重要になってくるはずだ。現在，環境コンサルタントは，主に企業が経営を見直す際のアドバイスをしたり，商品開発にかかわったり，細かい調査や分析を行う仕事が主だが，法的規制に対応する需要も増してくるはずだ。新しい法律や条令の施行，既存の法律の改正など，環境に関して企業への規制はますます増大してくる。それに対して，適切なアドバイスをするには，科学的な知識と法律的な知識の双方が必要になってくると思う。自動車リサイクル法，PRTR法（特定化学物質の把握と管理・促進法）や地方自治体での産業廃棄物税の導入が次々と成立したり，施行されたりしていることからも国としての環境問題への取組みが急がれていることがわかる。

　赤字の部分が，「社会の必要性」を強調したところです。「自分がしたい」ことではなく，社会からの需要・必要性が語句として全面に出ています。このような操作で，自分の志望と社会の接点が表現されるわけです。

Point　「したいこと」を中心とするのではなく，社会の需要を強調する

3rd　完成稿

　私は弁護士になって環境問題の解決に貢献したい。この問題に興味を持ったきっかけは，子供の頃からかかわってきたさまざまな環境保全運動であった。たとえば，小学校のときは「Y川サーモンクラブ」という，汚れてしまった川に鮭を呼び戻すボランティアに参加した。そこで，川の清掃作業に従事するうちに，一度汚した環境をもとに戻すには膨大な時間と手間がかかることを実感し，自然環境を保全することの重要性を痛感した。高校のときには校内環境委員会の委員長を務め，学校全体で古紙回収などを行う一方，全国地球環境ネットワークの会員の一人にもなり，大学ではマングローブ植林など国際的な活動にも参加した。そこで，炊事等のエネルギー源確保のため，あるいはエビの養殖やすずの採

掘のため，海浜の貴重な植物群が伐採され，風や波のバリアーもなくなって風水害にも弱くなるという悲惨な現実に触れた。このような体験が，環境保全にかかわる仕事に進みたいという動機を形成したのである。

　実際，環境汚染の被害は年々深刻になっている。冬場の澄んだ空気の朝でも，東京湾から見ると，市街地の大気下層は薄茶色がかって見える。これは，高気圧圏になるので，上空からの沈降気流による逆転層が上空にできて，汚染物質が地上付近にたまり，汚染大気が塊となって見えたためである。最近になって，身体の不調や洗濯物が汚れるなどの被害がまた増大している。このような被害は，一時期「公害」として追及されたが，状況はまた悪化しつつあるのだ。

　これは法律の改正も関係している。公害健康被害補償法は1988年に「公害健康被害の補償等に関する法律」に改められ，既存の認定者には給付が継続されるものの，新規認定はほとんどなくなってしまった。これは，かつての四日市ぜんそくなど硫黄酸化物に起因する大気汚染によって慢性的気管支炎などが多発している第一種指定地域で，二酸化硫黄の汚染が改善されたためである。

　一方で，現在の大気汚染の中心は，むしろ自動車の排気ガスに含まれる二酸化窒素と言われている。しかし，この汚染は改善されず，道路沿いの排ガス測定ではむしろ悪化していることが確かめられている。したがってこうした物質に着目して，地域指定を再指定する必要があるのだが，東京大気公害訴訟では，自動車メーカーの責任は認められておらず，汚染物質差止め請求も棄却されている状態だ。呼吸器疾患患者の病気と排ガスの因果関係は科学的に認められているのに，このような状態はおかしい。

　裁判で企業側に責任を認めさせれば，それをもとに第一種指定地域の再指定をすることが可能になる。また，取消訴訟における処分性や原告適格性についても，その法解釈を拡張して住民の利益を保護することも可能となる。さらには，行政を介して公害防止協定を結ばせたり，被害救済や公害防止の制度を作らせたりすることもできる。弁護士として，これらの訴訟の法律的なバックアップをすることは，大きな意味があるといえよう。

　もしトヨタやホンダという巨大自動車メーカーのある日本で，製造企業の責任を認めて汚染物質差止めが行われたら，世界中に大きなインパクトを与えるだろう。先進国でも，厳しい基準に対応していけるという

先例を作ることができるからだ。消費者に対するアンケートでは，環境に配慮した商品は，そうでない商品と比べて2割くらい高くても買う，という結果も出ている。これを見れば，規制を乗り越えようとする技術開発がさらに売上を伸ばすという可能性が見て取れる。環境問題への配慮は，長期的には発展と両立するのだ。企業は利益追求の立場からしても，環境対策へのコミットメントを強化すべきなのである。

その意味で，法的な側面からの環境コンサルタンティングは重要になってくるはずだ。現在，環境コンサルタントは，主に企業が経営を見直す際のアドバイスをしたり，商品開発にかかわったり，細かい調査や分析を行う仕事が主だが，法的規制に対応する需要も増してくるはずだ。新しい法律や条例の施行，既存の法律の改正など，環境に関して企業への規制はますます増大する。それに対して，適切なアドバイスをするには，科学的な知識と法律的な知識の双方が必要になってくる。自動車リサイクル法，PRTR法（特定化学物質の把握と管理・促進法）や地方自治体での産業廃棄物税の導入が次々と成立したり，施行されたりしていることからも，国としての環境問題への取組みが急がれていることがわかる。

一方で，環境問題の解決には法規制や新技術開発のほかに，人々の意識の変革が必要だと言われている。学校，地域，企業，行政などさまざまな分野での環境教育が，今求められている。現在，私はボランティアで環境対策や省エネルギーを学ぶ勉強会に参加しているが，この内容を多くの人に広げ，実際に社会を変える方向につなげていく必要がある。確かに，子供たちや地域住民たちの環境改善についての関心は高い。しかし，ともすると「地球を救え」などのスローガンに単純化される傾向があり，制度のどこを直せばいいのか，社会的意義は何か，汚染が起きる社会的なメカニズムは何か，などの観点は十分とは言えない。実際，環境NPOなどの活動も企業からの援助金が活動資金になっている以上，あまり環境規制を強めると，NPO自身の活動に支障を来すという矛盾さえあるのである。実際に社会を変化させていくには，現実面からの検討が必須だろう。その意味で，社会のメカニズムに強い弁護士が環境コンサルタントとして活動する範囲も，これから拡大していくのは間違いないと思われる。

> **評価と感想**

　ボランティア活動から，現代社会が抱える問題につなげることができてよかったですね。データや知識などを引用し，学生としての強みを十分に出した志望書に変わってきたことが評価できます。

Solution

- ◆段落は細かく分けず，1つの内容ごとに1段落とする
- ◆例示は典型的なものを1つ出せばよい
- ◆法律家の資格取得と関連する例にする
- ◆論と例の一致を厳密にする
- ◆自分の志望実現が，どう社会に貢献できるかをアピールする
- ◆学生の場合は，知識・データを活用する

Part 3

自己評価書の構造と
ケース・スタディ

Introduction

自己評価書で何を書くか？

いくつかの法科大学院では，志望理由書のほかに自己評価書を提出することを求められる場合があります。たとえば，次のような形式です。

1 基本形

(a) あなたが実社会で活躍する優れた法曹となりうると考える理由。
(b) これまでのあなたの学業，実務，地域活動，余暇活動の経験，趣味や特技など，あなたの経験が，これから優れた法曹となるために，いかに役立つと考えるか。((a)(b)合わせて1,500字以内)

早稲田大学法科大学院（2004年度試験）

2 詳細な指定

あなたが，大学学部，大学院その他の教育研究機関において，どのような問題意識にもとづいて，学習，研究およびそれに関連する活動を行ってきたか，特筆すべき事項を1つないし3つにまとめ，その主題を箇条書きしたうえで，内容について説明してください。(A4 2枚分)

あなたが，社会人としての経験を有する場合は，その経験を通して，いかに高度な専門知識を身につけ，豊かな人間性を培ってきたか，特筆すべき事項があれば，その内容について説明してください。(A4 1枚分)

慶應義塾大学法科大学院（2005年度試験）

3 融合した形

学業についての自己評価，学業以外の活動実績，社会人としての活動実績，出願の動機等（2,000字以内）

京都大学法科大学院（2005年度試験）

1は典型的な自己評価書の文言ですが，2はその内容を学業と

職業の2つに分けて、詳細に書くことを求めています。2を見れば、大学院側が何を求めているのか、その内容がかなりわかりますね。3は自己評価書が主で、そこに志望理由書の一部分がくっついた形です。

志望理由書との違い

これまで本書では、志望理由書は「なぜ、法律家にならなければならないのか？」という疑問に答えるために、法律家でなければ解決できない問題に直面する、という構造になるはずだと説明してきましたが、自己評価書の場合はどんな構造・形式になるのでしょうか？

一言で言って、自己評価書とは「私はこんな人間で、こんな能力があります」とアピールする文書です。つまり、**Part1**でも述べたように、志望理由書が「自分が取り組む問題」を述べるのなら、自己評価書は「問題と取り組む自分」を述べる文書です。自分がどんな能力を持っているか、どんな経験を積んでいるか、どんなふうに働いてきたか、などという事柄は、すべて自己評価書に入れて、自分の能力のアピールに使うことができます。

Point 志望理由書と自己評価書の違い

	目的	手段
志望理由書	自分が取り組む問題を述べる	状況・時代を分析する、問題意識・思考力を暗示する
自己評価書	問題と取り組む自分を述べる	自分の能力をアピールする、その直接的証拠を出す

したがって、志望理由書が法律という比較的狭い入り口から始めて、社会や現実への思考を表すのに対して、自己評価書は志望理由書で明らかにされた問題を解決する自分の力を広く示す文書と言ってよいでしょう。知的能力・意志の強さ・情報収集力・国際経験など、普通人間を評価するときにプラスになると考えられる点は、ほとんど自己評価書に入れることができます。法律家になるに当たって、役に立つような資質を述べたいと思ったときは、それは自己評価書の内容になるのです。

分担は語り方・とらえ方に依存する

　　散文の原則から言って，一度書いたことは二度繰り返す必要はありません。したがって，志望理由書で書いたことを自己評価書で繰り返すことは原則的にありません。しかし，この条件を守るのはけっこう難しいことです。なぜなら，「志望理由書が『自分が取り組む問題』を述べ，自己評価書は『問題と取り組む自分』を述べる」とは言っても，ここに出てくる「私」も「問題」も同一の材料に基づくものなので，どうしても共通する部分は出てくるからです。

　無自覚に書いていくと，内容はどうしても重なってしまう。しかも，職歴は志望理由書に書くべき事実，学歴は自己評価書に書くべき事実というふうには機械的には分けられないのが普通です。たとえば，学生では学歴は自分の能力の証明になる要素だけではなく，自分の生活そのものです。したがって，その中で「問題」に気づくことも多い。この場合，志望理由書に学業内容が入るのは当然でしょう。一方，ボランティア体験なども「問題」の発見で利用されることが多いのですが，「弱者の立場に立てる能力」などという位置づけを与えれば，資質や能力の証明としても役立ち，自己評価書に入れることができます。

> ⚠️ 題材・材料だけでは，志望理由書／自己評価書のどちらに入る内容かわからない

　　むしろ，どちらで利用するかは，その材料の語り方・意味づけのしかたに依存します。たとえば，同じ卒論を話題にするのでも，扱っている問題を研究するうちに自分が取り組みたい問題とつながってくるなら志望理由書に，卒論の評価が高かったことをアピールしたいのなら自己評価書に入れるということになります。実際の例は後で述べますが，初めにこの役割分担をしなければなりません。

自己評価書における2要素

　　自己評価書を書くためには，2つの要素が確定していることが必要です。まず，自分の考える法律家の能力イメージです。これは，志望理由書で述べられている問題のとらえ方とその説明のために使った現状分析に沿った内容でなければなりませ

ん。たとえば，グローバル化を現代の特徴としているのなら，国際関係についての知識と語学力，異文化間の交渉能力などが必要な能力として出てくるでしょう。またマスコミの問題を扱ったのなら，メディアに対する知識と体験，問題に対する理解力などが不可欠でしょう。そういう能力を自分が所有しているのだ，と主張できなければなりません。志望理由書で書いた内容が，必要とされる能力を規定しているわけです。

一方で，それらの能力を所有するためには，なんらかのバックグラウンドが必要です。国際的な交渉が十分にできる語学力なら，単に日本の大学の英文科を出ただけでは身につけることができません。何年か外国で暮らし，学校に入り，仕事をし，などの経験を積まなければ身につくものではない。あるいはマスコミの知識を熟知し，その中で問題を発見し，解決できるようになるには，やはり何年かその現場にいなければ具体的な情報は得られないでしょう。つまり，当該の能力を所有していることを示す確実な証拠が必要になってくるのです。

なお法学既修者の場合，法律の知識があることは専門科目の試験で試されるので，その知識をことさら自己評価書で強調してもしかたがないでしょう。それより，幅広い教養・豊富な経験などについて書いたほうがよいと思われます。

Point 自己評価書を書くための要素＝
1　自分の考える法律家の能力イメージが確定している
2　その能力を所有している証拠を示す

法律家の能力イメージと証拠の出し方

法律家としての能力は，自分がめざす法律家のイメージと重なるので，だいたいの方向は志望理由書で出ているはずです。それに沿って，特別に必要な能力を予想します。論理力・判断力・法律の知識などは法律家として当然のことですから，特に述べるには及びません。志望理由書と同じで，当然の内容・社会常識などはわざわざ書くには及ばないのです。自分が特に取り上げた問題およびそれに密接に関連する分野に必要な能力に限定して述べないと，スペースも足りなくなるし，他の人との差異化・差別化もできません。志望理由書を書いたら，そこで

出てくる問題を解決するのに必要な能力を書き出してみる必要があるでしょう。

一方で，その能力を持っていると主張するに足る証拠も集めてみましょう。学歴・職歴・生活体験・環境など考えられるものは何でも利用できます。プラス・イメージのものはもちろんですが，志望理由書と同じで一般的な見方から言うとマイナス・イメージと見える体験であっても，「そういう体験を経たからこそ，弱い者への同情・理解ができる」などと意義づければ，たいてい肯定的に扱うことができます。たとえば，災害・不登校・摂食障害などの体験は「被害」や「トラウマ」などに苦しむ人々を理解する力のベースとなるでしょうね。

したがって，これは否定的な要素だから使えない，などと簡単に決めつけてしまわないことです。むしろ，そういう要素を積極的にとり入れ，それを逆転してプラス面にしたほうがおもしろさや意外性も増し，他の人との差異化・差別化に役立つことが多いのです。

⚠ **マイナス面の体験も，プラスの意義づけができうるので，積極的に利用する**

Exercise 1

自分のイメージする法律家が必要とする能力と，その証拠となるエピソードを4つ挙げてみよう。

	能力	証拠
1		
2		
3		
4		

法科大学院 ［志望理由書］問題発見と展開の技術

Introduction

全体のテーマやキーワード

自己評価書の長さはさまざまですが，志望理由書とは別に提出が求められる場合は，だいたい1,000字〜2,000字程度の場合が多いようです。この字数だと，あまりたくさんのことは書けません。法律家に必要な能力のいくつかに絞って，それを証明するエピソードが2個ほど書ければよいというほどのスペースでしかないでしょう。学歴で1つ挙げ，職歴で1つ挙げ，などとすれば，すぐ字数は埋まってしまう。ですから，書くことがなくて困るということはあまりなく，むしろテーマが決まったら，スペースは足りないぐらいだと思います。

> 通常の字数＝1つのテーマ，それを証明する証拠が2個ほどのスペースである

テーマやキーワードの統一

大切なのは，それらのエピソードが1つのテーマに向かって緊密に結びついていることです。初心者がよくやる間違いは，学歴の意味と職歴の意味がずれてしまうなど，経験の種類ごとに意味づけが違ってくることです。これは，書く立場になってみれば無理もないことで，学校と仕事では時間も場所もやるべきことも違うわけですから，当然その場その場でのニュアンス・印象が異なってきます。したがって，意味づけがずれたり違ってしまったりするのは，ある程度しかたがないことです。

しかし，読む側にとって自己評価書は「法律家として適切な資質・能力を持つ」ことを示す一つながりの文書なのですから，当然，意味の一貫性が重要になってきます。違った時間・空間で起こったことであっても，同じ意味・内容を持って「適切な資質・能力」に向かって進んでいかなければならない。したがって，いくつかエピソードがあっても，それを統一する意味を作るべきです。もちろん，これは学歴と職歴の意味が完全に同じでなければならないことを意味していません。学歴に欠けていた要素が職歴にはあったなどというように補完的な関係でもよい。いずれにしろ，全体として1つの意味が見えてくるようにすべきなのです。つまり，複数のエピソードをつなぐ1つのテーマやキーワードが必要になってくるわけです。そのキーワ

Part 3

ードがエピソードごとに繰り返されるわけです。

▼エピソードとテーマやキーワードとの関係

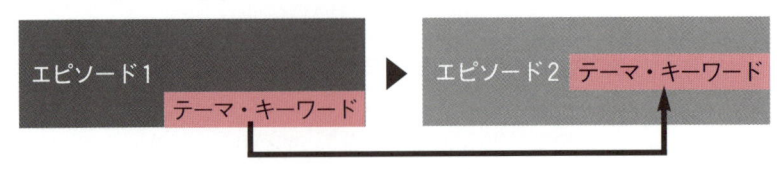

エピソード1	▶	エピソード2 テーマ・キーワード
テーマ・キーワード		

　たとえば「国際的な経験が豊富である」という面を強調したいのなら，学歴・職歴，あるいは生活体験の中でそういう面を表す箇所を集め，それを繰り返す必要があります。起きた事実をただ列挙するのではなく，そういうメリハリをつけた事実の取り上げ方ができるようにしましょう。

Point いくつかのエピソードを統一する
　1つの意味が見える必要→複数のエピソードをつなぐ
　1つのテーマやキーワードが必要

テーマやキーワードのおもしろさ

　このテーマやキーワードも陳腐でありきたりのものでは，採点者の興味を引かないでしょう。たとえば「面倒見がよい」などという日常道徳レベルでの美点を強調する自己評価書はよく見られますが，工夫が足りなさすぎますね。それを支えるエピソードが「戦地におけるボランティア体験」など，普通にはめったにないような性質・内容のものだったら悪くはないでしょうが，大学や職場で友人の悩みの相談に乗った程度のエピソードしかないのなら，もう少し違ったテーマを探すべきでしょう。
　エピソードは何よりもその人独自の内容・細部がどこかに表れていて，興味を引くようなおもしろさを持たなければならないからです。だれでも，そういうテーマやキーワードを1つくらいは持っているものです。それを見つけ出すことが，第一の関門になるわけです。

⚠ 独自の内容を持つテーマやキーワードを探す

エピソードの脚色・演出

そのようなテーマやキーワードが決まったら，それに従って自分の体験の語り方を整理する必要があります。すなわち，テーマやキーワードに合う性質の出来事を強調して，そうでないことはなるべく軽く触れるにとどめるのです。どんなに華麗なエピソードでもそのまま記述したら混乱するばかりで，効果的な内容にはなりません。ある一定の視点からまとめて，ストーリー化することで初めて意味を持ってくるのです。その意味で，書きたいことがたくさんある人ほど，最初のテーマやキーワードをしっかり設定しないと，とりとめのないものになってしまいます。

⚠ エピソードが豊富な人ほど，テーマやキーワードをしっかり設定する ➡ その方向からずれないようにする

Exercise 2

Exercise 1 で設定した能力・証拠に共通するテーマやキーワードを3通り考えてみよう。

1	
2	
3	

ストーリーとプロット

一方で，体験・エピソードはできるだけ多様で細かいイメージを持つ必要があります。学歴では何をどう研究したのか，その成果はどうだったのか，自分ではどのような意味づけをしているのか，などを最初のテーマやキーワードとの関連で描写していく必要があります。これは，事実や体験の時間的な順序とは別の組織化と言えます。初心者が事実を書くと，どうしても時系列のストーリーにこだわって余計なことまで書いてしまい

がちですが，大事なのはテーマやキーワードとの因果関係，つまりプロットなのです。

　もちろん時間的な推移を無視してよいというわけではありませんが，その中にテーマとの因果関係がくっきりと見えてくるように，まず事実を厳選して，それから効果的だと思ったところは思い切って細部まで描写することです。たとえば，研究や論文なら内容，そのためにかけた時間，評価，応用面などを書くべきでしょう。また体験・活動なら内容・状況・結果・そこから得た知識や教訓などです。このような細部描写は，全体のリアリティを増して確実感を与えますから，必ず行わなければなりません。ただ「卒論が評価された」とだけ書くのではなく，どんなテーマを書いて，担当教授からどのような評価を得たのか，それが法律家になるという志望とどうかかわるのか，まで情報を補うべきです。

明確な部分と未確定な部分

　一般的に言って，例示・エピソードはいくつも出すより，典型的な状況を表すものを１つだけ示して，それを細かいところまで描写するほうが効果的です。また，そういう例が１つあれば，他のところは多少ボンヤリしていても，十分読むに堪えうるものになります。つまり，資質・能力を表す一番よいエピソードを選んで，それを徹底的に書いていくのがよいということになります。そのような粗密の使い分けが，生き生きしたエピソードを書くコツといえます。このような細部の充実したエピソードがあるなら，それをもとに多少曖昧な展望や予想を書いても，リアリティが出てくるわけです。

　このような志望にかかわる文書は，最終的にはどうしても「…したい」ということにつながるので，曖昧なところが出てきがちです。たとえ「環境問題にかかわりたい」という志望であっても，まだ現実にはかかわっていないのですから，データや情報は曖昧です。そういうときでも，最初に確定したデータや情報が十分描写されていれば，曖昧な部分も説得力を持ってくる。手持ちの材料を十分に見せて，自分のイメージを具体化しておけば，その人の書いていることだから，と納得されるわけです。

法科大学院 ［志望理由書］問題発見と展開の技術

Introduction

⚠ 1つのエピソードの細部が充実していれば，その他の曖昧な展望も説得力も違ってくる

ラストの表現方法

　　　　一定のテーマやキーワードに基づいたエピソードを書き，それが志望理由書で示した法律家のイメージと適合すれば，後は「…を解決できると確信している」「…に貢献できるだろう」などというあっさりした終わり方で十分です。前にも述べたように，入学したい大学院を賞賛する必要はありません。もちろん，その大学院に特別の教育方針が何かあるなら，それとの適合性に触れるのは自然な流れでしょう。しかし，基本的な教育理念はどこでも大差がないことが多いので，そうしたからと言って特に効果的ではないでしょう。それより，志望理由書で書いた法律家像と矛盾しないことが大切です。

Exercise 3

自分の学歴または職歴に関するエピソードを1つ選び，それを **Exercise 2** で考えたテーマやキーワードの観点から500字程度でストーリー化してみよう。

▼解答メモ

Case Study 1　多彩な経歴の整理

新聞記者Cさんの場合　　　　　　　　　1,600字　／　未修

　社会人で多彩な経歴を持つ場合は，その統一性のつけ方が問題になる。さまざまな要素を1つにまとめるキーワードを設定して，その線で全体をまとめるような方向を明確に打ち出すべきである。明確でしっかりしたデータのある内容から始めて，ラストは遠大な抱負と展望で終わるように組織したい。学歴と職歴との関係も，何か接点をつけてバラバラにならないように心がける。

❶st　最初のドラフト

　私は，これまでの海外経験や記者活動などから，外国人への偏見や差別，インターネットによる個人や企業の情報の漏洩や乱用，さらには国際結婚の崩壊と子供の人権など，国際間の異なる法体系のはざまで翻弄される個人や団体に強い関心を持つようになった。貴法科大学院にて法律の理論と実践を修得した後は，グローバル化の影の部分の現場に直接身を置き，社会的弱者の環境を具体的に改善することができる弁護士をめざすつもりだ。＊1

　さまざまな国際法の分野に精通し，国境を超えて活動する法律実務の専門家にとって必要な能力と資質として，私には，10数年の海外生活で培った国際感覚と語学力，記者活動で鍛えたコミュニケーション能力や情報収集・分析力，そして複数の大学院で育んだ知的好奇心と学際的思考がある。それに加えて，私には，国籍・文化・価値観の異なるさまざまな人たちとの交流を通じて培った，人を人として先入観や既成概念にとらわれずに受け入れ，尊敬する思いがある。この思いがあるからこそ，私は国境や人種を超えてあらゆる弱者の法的救済のために全力で立ち向かう弁護士としてやっていけると思う。＊2

　私は，大学・大学院を通じて一貫して学際的アプローチに強く引かれ，社会科学の知識を学部横断的に幅広く学んだ。南カリフォルニア大の先

法科大学院 ［志望理由書］問題発見と展開の技術
Case Study 1　　多彩な経歴の整理 ❶

進国・政治経済学科では政治学，経済学，国際関係論，社会学，歴史学などの基本を学び，コロンビア大学院の平和学においては経済学の手法による国際関係の分析などを扱った。マンチェスター大政治経済学院の経済規制学ではイギリスの規制緩和政策を経済，政治，法律の学部横断的視点から評価する力を養った。このような多面的な考察力や柔軟な発想は，異なる法体系を超えたところで生じる人権侵害や利害対立の問題の本質を見極め，最善の法的解決をもたらすのに役に立つはずだ。＊3

しかしたとえこのような柔軟な思考力を持って高度な法律の知識を身につけたとしても，それを問題の解決のために，効果的に適用することができなければ，弁護士としてその使命を果たしたことにはならないだろう。それには，問題の全容を正確に把握するための的確な情報収集とその分析が欠かせない。弁護士実務の現場に必要な能力は，この点で記者のそれと類似する。相手の話に真摯に耳を傾けることで信頼を得ることはもちろんのこと，取材の最大のポイントは，相手のしゃべりたくないことをいかにしゃべらせるかである。このような対人コミュニケーション能力に加えて，記者は，原稿の締切という制約の中で，集めた情報を効率よく分析し処理していかなければならない。この能力も，弁護士が問題を正確に把握するために実務の現場で必要とされる力と重なる。

具体的な能力や実務経験のうえに，私には，さまざま外国人との交流で育んだ国籍，文化あるいは習慣にかかわりなく，人を人として受け入れ尊重する気持ちがある。この思いを持って真摯に人と向き合う私は，弁護士としてさまざまな人たちの権利や利害の対立の中に身を置きながら，弱者の救済のために正義を貫くことができると確信している。＊4

NG ＊1　これは志望理由書でも触れた内容である。二度繰り返す必要はない。
Good ＊2　能力のアピールとしては申し分ない。ただ，2番目に挙げた「尊敬する思い」は工夫する余地がある。
Good ＊3　誇れる学歴である。説明がもっと詳しくてもよい。
NG ＊4　やや竜頭蛇尾。ここまで学歴・能力のアピールをしたのだから，そこから弁護士のイメージをもっと豊かに引き出すこと。

ドラフトの評価

独創性	5
論理性	4
構成力	3
表現力	3
知識	4
総合評価	B

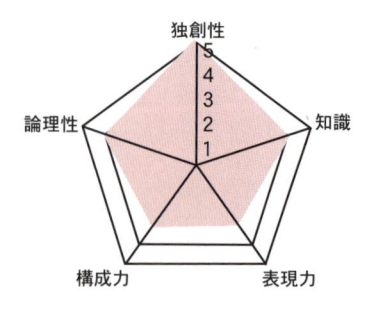

法科大学院 ［志望理由書］問題発見と展開の技術

Case Study 1　多彩な経歴の整理 ❶

1st　診断と講義

Clinic!

> 内容は文句のつけようのないくらい充実しているのですが，構成・表現の点で損をしています。志望理由書と内容が重複しているところにスペースを使っていることと，学歴・職歴のエピソードの並べ方・つなぎ方がうまくいっていないことが原因です。そのため，書き出しはインパクトがあるのですが，ラストがしぼんでしまって，「竜頭蛇尾」のような印象になってしまっています。それぞれのエピソードの性質を考慮して並べ替えるだけで，もっと説得力のある構成が可能でしょう。

　Cさんは志望理由書でも取り上げたように，海外の経験が長く，その経験を生かして国際間の差別・コミュニケーションギャップなどを解決したいと書いています。ひょっとしたら法科大学院の中には，この学歴・経歴を見ただけで入学を許可するところもあるかもしれないと思えるくらい，書くための素材が豊富にある。書こうと思えばいくらでも華麗に書けるのですが，文章としては大幅に直さざるをえなくなってしまいました。

志望理由書との重複を避ける

　このようになった主な原因は，もちろん構成・表現がうまくいっていないせいです。まず，問題なのが最初の段落です。ここは，すでに志望理由書にもっと詳しい形で書いてある内容です。採点者がこの内容を知りたいときは，志望理由書をもう一度見ればよいのですから，二度書くのは無駄でしょう。

Point 志望理由書と自己評価書で，書く内容をうまく分担する

最初の段落で後の要素を列挙する

　Introductionで触れたように，自己評価書は「問題」よりも，問題に取り組む「自分」に叙述の中心がある文書です。つまり，自分が法律家として解決したい問題を追究するのが志望理由書なら，その問題に取り組むのに必要な自分の能力・経験・キャリア・性格などを中心にアピールするのが自己評価書と言ってもよい。したがって冒頭で取り組みたい問題に触れるにしても，

採点者が志望理由書の内容を想起できるだけで十分なので，できるだけ簡単にすべきです。たいていは，志望理由書と自己評価書は一挙に読むので，同じ内容・表現を繰り返す必要はありません。

したがって，冒頭の内容はほぼ削除できます。どうしても書きたい場合には，以下のように取り組むべき問題は1行程度にとどめて，すぐ資質や能力の叙述に移ったほうがスッキリします。Cさんは，国際経験と多面的な分析能力がポイントでしょうから，それらの要素をとりあえず列挙しておきましょう。一般的には，第1段落では後で詳述することになる要素を大ざっぱに予告しておくと流れがスムーズになります。

⚠ **最初の段落で，後で触れる要素を簡単に列挙しておく**

▼**第1・第2段落の添削―重複部分を削除する，要素を予告する**

❶❷私は，これまでの海外経験や記者活動などから，外国人への偏見や差別，インターネットによる個人や企業の情報の漏洩や乱用，さらには国際結婚の崩壊と子供の人権など，国際間の異なる法体系のはざまで翻弄される個人や団体に強い関心を持つようになった。貴法科大学院にて法律の理論と実践を修得した後は，外国人への偏見・差別や国際結婚の崩壊と子供の人権などグローバル化の影の部分に翻弄されるの現場に直接身を置き，社会的弱者の環境を具体的に改善することができる弁護士をめざしている。すつもりだ。このようなさまざまな国際法の分野に精通し，国境を超えて活動する法律活動を十分に行う実務の専門家には，さまざまな国際法の分野に精通し，国境を超えてコミュニケーションする能力が必要だがとって必要な能力と資質として，私には，10数年をの海外で生活し，そこで培った国際感覚と語学力を身につけている。また，記者活動では鍛えたコミュニケーション能力や情報収集・分析力を鍛えられ，さらにはそして複数の大学院で育んだ知的好奇心とに学び学際的思考の訓練も受けているがある。これら多様な経験は，国際間の複雑な問題に対して，多面的にア

法科大学院　［志望理由書］問題発見と展開の技術
Case Study 1　　　多彩な経歴の整理 ❶

~~プローチし，具体的な解決策を提示する際に，大いに役立つと思う。それに加えて，私には，国籍・文化・価値観の異なるさまざまな人たちとの交流を通じて培った，人を人として先入観や既成概念にとらわれずに受け入れ，尊敬する思いがある。この思いがあるからこそ，私は国境や人種を超えてあらゆる弱者の法的救済のために全力で立ち向かう弁護士としてやっていけると思う。~~

細部の説明の方針

　さて，これから先の段落は予告した能力・資質を一つ一つ説明していくところです。基本的には細かな内容から先に述べて，ラストに向かってだんだん範囲を広げていくのが常套手段です。その意味で，「国際感覚」の内容は後に回したほうが無難です。この言葉はよく使われますが，その実質が何であるか明確ではないので，きちんと述べるのは意外に難しい。むしろ，細かな事実を積み重ねていって，その帰結に持っていったほうがリアリティが出ます。一般的な原則として，**叙述の順序は確実な情報から始めて，リアリティ・説得力を確保してから，大きな問題に移っていくほうがよい。**たとえ漠然とした内容であっても，その前にきっちりしたデータが書いてあれば，信じられる内容になります。「国際感覚」も，やや漠然とした内容なので，最初のドラフトのように第1段落ではなく，ラストの段落に回したほうがよいでしょう。

さらなる能力の意味づけ

　そうすると，次の段落から展開されるのは学歴ということになります。これらは学位など客観的な基準がはっきりしているから，初めに述べるのに妥当な内容でしょうね。しかし，ここではうまく生かされているとは言い難い。意味づけがあっさりしているからです。学歴・経歴はただ豊富であればOKというわけではなく，それがどんな意味を持っているのかが明確に示される必要があります。そうでないと，華麗な学歴が，かえっていろいろな学問に手を出してみた，というマイナス・イメージになってしまう。日本では「学際的研究」の必要性が言われているわりには，複数の専攻や分野横断的な研究をアメリカなど

のようには高く評価しない傾向にあります。ここでも、経済や法律をいろいろつまみ食いしたという印象にならないように、自分が一貫した意図を持って勉強したことを強調するようにしましょう。

　しかも、この学歴は単なる語学力などにとどまらない、高いレベルの能力でなければ意味がありません。外国教育機関での経験を述べるときに、語学力ばかりアピールするのは得策とは言えません。より進んだ学問内容、あるいは日本の大学では体験できないユニークな内容であることを強調しましょう。ここではあまり触れられていませんが、論文を書いた、研究の学会発表をした、などの主体的な活動が含まれていればなおよいでしょう。これらのポイントは、日本の大学であっても同じことです。

学歴の表現
1　進んだ学問内容、ユニークな内容であることを強調する
2　論文・調査・学会発表など主体的成果があることを述べる
3　研究の目的・意図をはっきり書く

　もちろんその内容は、志望理由書で追求した問題を扱う法律家のイメージと適合している必要があります。ここでは、大学院で学んだ学問は社会科学系で、しかも「学際的」という面が強調されているようなので、「学際的に社会科学を学んだ」ことが国際的問題を扱う際に不可欠であることを示し、法律家の仕事における意義を示しました。また細かいことですが、海外の学歴を示す場合は、日本と呼称が違う場合が多いので、できるだけ日本での呼び方に合わせて理解を図るようにすることにも気をつけてください。

▼第3段落の添削—意味づけを強化する

　❸特に問題を横断的にとらえて分析するという視点は、国際間の問題を解決するうえでは不可欠だろう。なぜなら、このような問題は単なる法律の適用だけで解決するものではなく、政治・経済の現実の状況と密接な関係があるからだ。私は、大学・大学院を通じて一貫して学際的アプロー

法科大学院 ［志望理由書］問題発見と展開の技術
Case Study 1　多彩な経歴の整理 ❶

チに強~~く~~引かれ，社会科学の知識を学部横断的に幅広く学んだ。たとえば，南カリフォルニア大~~の先進国~~政治経済~~学科~~では政治学，経済学，国際関係論，社会学，歴史学などの基本を学び，コロンビア大学院の平和学講座で~~においては~~経済学手法による国際関係の分析などを扱った。またマンチェスター大政治経済学院の経済政策の講座~~規制学~~ではイギリス~~における~~の規制緩和政策を経済，政治，法律な~~どの学部横断~~複合的視点から評価する力を養った。なお，この問題に関しては国際学会で日本の経済規制とその緩和政策について研究発表も行っている。このような多面的な考察力や柔軟な発想は，異なる法体系にまたがって~~を超えたところで~~生じる人権侵害や利害対立の複雑な~~問題の~~本質を見極めるのに，~~最善の法的解決をもたらすのに~~役に立つはずだ。

次は職歴です。注意すべきは，学歴との関係のつけ方でしょうね。学歴と職歴をどうつなげるかには，いくつかの方法があります。一つは学業がそのまま仕事に役立ったとする順接的接続，もう一つは学業ではできなかったことが仕事でできたという補完関係。このどちらかで関係づけるとよいでしょう。もちろん，学業で期待したことが仕事ではできなかった，というつなげ方もありますが，それでは職歴を自己アピールにつなげにくい。何かしらプラスがあったという形にしたほうがよいでしょう。

Point　学歴と職歴の関係の2つのパターン
1　学業がそのまま仕事に役立った
2　学業ではできなかったことが仕事でできた

最初のドラフトでも，前の段落とは「しかし」と逆接で結びつけられていますが，この添削ではその逆接を強めて，前の段落との補完関係をはっきり表すようにしました。職歴も具体的な内容が書いてあればよいのですが，Cさんは職業経験の具体的内容を志望理由書のほうで書いてしまったので，ここでは抽象的な内容にとどめてあります。

▼第4段落―職歴の意味づけ

❹一方でしかしたとえこのような柔軟な思考力を持って高度な法律の知識を身につけたとしても，その学問もれを問題の解決のために，効果的に適用することができなければ，弁護士としてその使命を果たしたことにはならないだろう。それには，問題の全容を正確に把握するための的確な情報収集とその具体的分析が欠かせない。その意味で，弁護士実務の現場に必要な能力は，この点で私が長年やってきた記者のそれと類似すると思う。相手の話に真摯に耳を傾けることで信頼を得ることはもちろんのこと，取材の最大のポイントは，相手のしゃべりたくないことまでをいかにしゃべらせるかなど取材との共通点が多いだろう。さらにである。このような対人コミュニケーション能力に加えて，記者は，原稿の締切という厳しい制約の中で，集めた情報を効率よく分析し処理していかなければならない。これの能力も，弁護士が問題を迅速正確に把握し，必要な処置をするために実務の現場で必要とされとる力と重なる。

次第に話を大きくする

　最初のドラフトでは，頭のところで学歴や職歴などかなり充実した材料が並ぶのですが，だんだん記述してある内容が少なくなり，最後は最初に書いたことの単なる繰り返しで終わっています。そのため，印象としては「えっ，ここでおしまいなの!?」というようになってしまう。初心者がよくやる間違いなのですが，このような印象は構成を変えるだけでずいぶん変わってきます。

　前述したように，添削では最初にあっさりと全部の要素を予告するだけにして，後は学歴・職歴と細かい要素を一つ一つ説明する構成にしてみました。志望理由書のところでも述べた「unpacking」（少しずつ内容を明らかにしていく方法，104ページ参照）の方法ですね。そうすると，ストーリーが確実に進展していく感じになる。まず細かな事実を一つ一つ押さえておくことで，説得力を増していけば，最後はかなり漠然とした話

題であってもリアリティが出ます。ここでは，最後に「国際感覚」のおかげで先入観や既成概念にとらわれないというポイントを入れました。この話題を最初に持っていくとややとりとめのない感じが免れないのですが，ラストに持ってくれば，細部を前提としているので，かえって重厚な感じになります。

Point 進行のしかた＝要素全体の軽い予告→細かな事実情報→大きな漠然とした話題

ラストの段落をそのように構成すれば，最初のゴツゴツした感じが多少変わって自然に流れるようになります。

▼ラストの段落の構造

❺しかし，このような具体的な能力や実務経験より，国際間の問題を扱うには，先入観や既成概念にとらわれずに人間を受け入れるという姿勢が重要だと思う。20年あまりにわたって，私は国籍・文化・価値観の異なるさまざまな人たちとの交流を続けてきた。この経験のおかげで，私は国境や人種の違いを超えて，弱者の生活や心情を理解する能力に恵まれていると思う。~~のうえに，私には，さまざま外国人との交流で育んだ国籍，文化あるいは習慣にかかわりなく，人を人として受け入れ尊重する気持ちがある。~~この~~姿勢~~思いを持って真摯に人と向き合~~えば~~う私は，~~弁護士として~~さまざまな人たちの権利や利害の対立の中に身を置きながら，弱者の法的な救済のために弁護士として客観的な正義を貫くことができると確信している。

❷nd 完成稿

　私は，大学・大学院を通じて学際的アプローチにこだわり，社会科学の分野を横断的にかつ深く学ぶことで，社会に生起する問題の全体像を捉えようとしてきた。学ぶ分野を選んでそこでのキャリアを積むことより，現代の社会と人間についての問題を理解し，分析するために必要な知識と方法論を学びたいと思ったからだ。

　最初に学んだ南カリフォルニア大では，政治経済プログラムを選び，政治学，経済学，国際関係論，社会学，歴史学さらに人類学などの基本概念や方法論について広範な知識を得た。大学院に進んでからは，さらに専門性を高めるとともに，引き続き学際的なアプローチにこだわった個別の問題を追求した。たとえばコロンビア大の平和学修士課程では，経済学手法による国際軍事関係の分析という新しい試みを学んだ。ともすれば，政治的・倫理的な議論に陥りがちな「戦争と平和」という話題を，経済的データをもとに徹底して実証的に分析するこの方法は，観念にとらわれず現実を読み解く際の大きな指針となった。その後学んだマンチェスター大政治経済学院では，「経済規制」の問題を選び，その政策手法について経済学のみならず，政治学，法学それぞれの立場を総合して，複眼的アプローチから多面的に評価するメソッドを追求した。自立したシステムとして考えがちな経済に，いかに政治的な力が働いているのかを意識化させるプログラムとして，有益だったと思う。

　もちろん，これらの知識は，帰国してマスコミの道に進んだときにも役に立った。次々に出現する事件を報じる際に，その視点の基盤となったのは，この複合的な分析だったからだ。たとえば，90年代初頭湾岸戦争の際に自衛隊のPKO派遣の取材をしていたときには，国会での審議や専門家の意見の対立が大きかったが，その神学論争にとらわれずに問題の本質を冷静に見極める姿勢が維持できた。また，日本の規制緩和の流れが進んだときにも，自分が学んだイギリスの規制政策の知識を生かして，日本との比較ができたことは，実状をより深く分析する契機になったと思う。たとえば日米摩擦の新たな火種となっていた国内市場の海外ビジネスへの閉鎖性の問題では，当時の日米の財界レベルでの責任者との取材を敢行し，アメリカがさらなる開放交渉の優先分野として8つの市場分野を考えている事実を引き出すことができた。

法科大学院 ［志望理由書］問題発見と展開の技術
Case Study 1 多彩な経歴の整理 ❷

　私が20代のほとんどを外国で過ごした後に帰国したのは，日本の立場を自分たちが世界にわかるように伝えることが不可欠と思ったからだ。海外では，日本人は独自の「顔を持たない」存在ととらえられている。日本人がこのように思われているのは，従来の欧米主導の思考枠組み・ジャンルなどにいまだにこだわって，実際の社会問題に真正面から取り組めていない，という問題があると思う。私が学際的アプローチにこだわったのも，各学問のディシプリンに忠実であろうとすることより，社会の事実を深くとらえ，問題に即した視点から日本の現実をとらえたいという思いがあったからだ。

　特に私の扱いたいと思っている国際間の法的な問題では，先入観や既成概念にとらわれずに政治・経済・法などが絡み合った現実を受け入れる姿勢が重要だと思う。私は，20年あまりにわたって国籍・文化・価値観の異なるさまざまな人たちとの交流を続けてきた。この経験のおかげで，私は国境や人種の違いなどという仮構を超えて，社会システムの中で苦しんでいる人々の生活や心情を理解する能力に恵まれたと思う。この姿勢を持って真摯に人と向き合えば，さまざまな人たちの権利や利害の対立の中に身を置きながら，弱者の法的な救済のために弁護士として客観的な正義を貫くことができると確信している。

評価と感想

完成稿は，次のような構成を持っています。

▼完成稿の構成

段落番号	内容のポイント
1	イントロ，学際的アプローチというテーマ
2	学歴の説明，専攻・問題・手法などの例示
3	職業の説明，仕事への応用
4	まとめ，日本人論と専門性
5	結論，自己の志望との関係，弱者の救済への資質

完成稿では，「学際的」というキーワードを主にして書いてあるので，一貫した印象になりましたね。しかも，各段落で書こうとする内容ははっきりと分かれているからわかりやすい。最初で自分のテーマを提出し，

それに従って学歴・職歴など細かな事実・データを示して説得力を持たせる。それをもとに第3段落で自分の追求してきたテーマの意義を論じる。さらには，それが法律志望という面にどのようにつながっているかを述べて結語にする。ラストでは，多少曖昧で抽象的な内容も入れました。ここで出てくれば，「大風呂敷」はむしろ遠大な抱負というポジティブな印象になります。

> **Solution**
> ◆志望理由書と自己評価書の内容が無駄に重複しないよう，書く内容を分担する
> ◆最初の段落で，アピールする要素を列挙して予告する
> ◆学歴・職歴は具体的に描写する
> ◆細かな事実情報を先にしてから，遠大な抱負を述べる

法科大学院　[志望理由書]　問題発見と展開の技術

Case Study 2　具体例の効果的展開❶

Case Study 2　具体例の効果的展開

公務員Mさんの場合　　　　　　　　　1,700字　／　未修

　複数の充実した体験の描写がある場合は，その接合が難しい。体験が2つ程度なら単刀直入にテーマを設定して，内容を統一すればよいが，3つ以上になるとその関係だけでは単調になる。包括・基礎・展開などなんらかの複雑な関係を作るべきだろう。また，強調したいところは強調表現を使うだけでは力みしか伝わってこない。具体的描写を充実させ，自然に印象が強くなるようにするのがコツである。

❶st　最初のドラフト

　学生時代および社会人としての経験の中で，粘り強く地道に努力を重ねて目標を達成することの大切さを知った。その努力ができることが私の長所であり，その努力を通じて人の役に立つことができるのであれば，これほどうれしいことはない。

　学生時代から働くにしろ学問を研究するにしろ人の役に立つことがしたいという思いから，大学での研究テーマも環境衛生分野で多くの人に直接かかわる問題である環境化学物質ダイオキシンについての研究を選んだ。測定機器の調整が間に合わず，卒業までに研究が終了しなかったため，大学卒業後も研究を継続することを研究室の教授に申し出た。就職後も週末になると地方の勤務地から東京まで通学し，さらなる研究を重ねた。金銭的に余裕がないため毎回新幹線に乗るわけにもいかず，金曜日に10時まで残業をしてその足でJRの駅から夜行列車に乗り，7時間かけて大学まで通ったこともあった。また実験では生きた検体を使用するため，研究内容を引き継いでもらった先輩と一緒に大学に泊まり込みで研究を行うこともあった。こうした研究の成果は内分泌撹乱化学学会でのポスター発表や日本薬学会発行の学術誌Journal of Health Scienceへの英語論文掲載などに表れている。こうして卒業後も粘り強く地道に努

力して研究を続けることができたことは私にとって貴重な経験となった。そしてこの研究結果が少しでも世の中の役に立てるとうれしく思う。＊1

　就職に関してもより多くの人の役に立つ仕事がしたいとの思いから，薬剤師としての専門知識を生かしながらより多くの人と接することのできる行政分野での就職を希望し，社会保険庁に入庁して，今年で5年目になる。薬剤師国家試験および国家Ⅰ種薬学区分試験に合格し，医療に関する知識を多少は持ち合わせていたが，医療・保険・年金の実務は非常に多様であり，自らの勉強不足を痛感させられることもあった。＊2 このような中，少しでも被保険者や事業主等に正確な知識に基づいたより適切な指導ができるよう努力を重ね，その結果職務関連資格である社会保険労務士の試験に合格した。また職場内では若手職員による勉強会を開催するなどさらなる向学に励んでいる。薬剤師としての知識についても学会誌の購読により向上に努めている。こうした努力によって，一人でも多くの人により適切な指導ができれば本望だと思う。

　また職歴以外の活動として，ボランティア活動も高校在籍時から積極的に行っている。＊3　活動のきっかけは高校の部活動の顧問である恩師が失語症というハンディを克服し職場復帰された由縁で，部活動の一環として「失語症者の集い」に参加したことである。集いに参加されたすべての皆さんが，失語症という大きな障害を乗り越えて一生懸命社会で生活していこうとする姿に感銘を受け，微力ながら自分が少しでもその役に立てればと思い，それ以降ボランティア活動に参加するようになった。高校卒業後，恩師を中心に「××高等学校音楽部OB合唱団」を結成し，その活動内容の一環として老人ホームへの慰問なども積極的に行っている。こうした活動は社会的弱者の視点を常に忘れず，地道に努力を重ねて人の役に立つ仕事をしたいという自分の目標を再認識させてくれる。これからも粘り強く地道に努力を重ね，社会的弱者を救済できる法曹をめざすという自分の目標を達成していきたい。

Good ＊1　活動状況が具体的に書かれていてよい。しかも，それが論文などの形で具体化したのも印象が強い。

NG ＊2　「勉強不足を痛感」とあるが，具体的な内容がわからない。ここは具体的なエピソードを補うべき。

NG ＊3　「また」でつなぐと，前の段落との関係が希薄になる。もっと一貫性を強調する。

法科大学院 ［志望理由書］問題発見と展開の技術
Case Study 2　具体例の効果的展開 ❶

ドラフトの評価

独創性	4
論理性	4
構成力	3
表現力	3
知識	4
総合評価	B

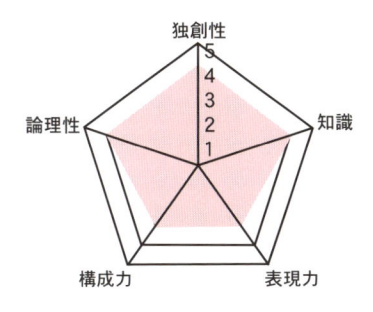

1st 診断と講義

Clinic!

> エピソードが3つに分かれており，かなり細部まで書き込まれていて，悪くはないのですが，もっと効果的にすることができます。それは，これらの間の共通性を強調することと，エピソードの列挙という単調な位置づけを変えて，そこに複雑な構造を作ることです。さらに，詳しく書いてあるわりには，「勉強不足を痛感させられる」「感銘を受け」などの内容が明らかでなく，通り一遍の表現で終わっています。

具体例がしっかりと描かれていて，わかりやすい自己評価書です。しかし，3つの具体例が並べられているのはよいのですが，それに比べてエピソードをつなぐものがやや希薄な感じがします。

予告を強調する

その原因は，第1段落の記述のしかたでしょう。ここでは，「努力を重ねて目標を達成する」ということと「多くの人の役に立ちたいという希望」の2つが書いてあるのですが，その打ち出し方が弱いのです。この2つの特徴を全体をつなぐキーワードとするのでしたら，思い切って他の要素をできるだけ削除して，これらだけを前面に出す必要があります。たとえば，次のように…。

▼第1段落の書き直し―要素の単純化

> ❶~~学生時代および社会人としての経験の中で~~，粘り強く地道に努力を重ねて目標を達成~~することの大切さを知った~~。その努力ができることが私の長所である**と思う。一方で，多くの人の役に立ちたいという希望は一貫した私の動機であり，学生および社会人での経験を決定した。**~~り，その努力を通じて人の役に立つことができるのであれば，これほどうれしいことはない。~~

突然，「努力」から始めて，それを「一方で」という接続

詞で「役に立ちたい」とつなげて列挙する。この始まり方はかなりインパクトがあります。さらには，その2つが「一貫した…動機」であると宣言します。後のエピソードの印象が強いので，これだけ単刀直入にはっきりと書いてしまったほうがキーワードとして明確になると思います。これで，後の文章の進行も見通しをつけているわけです。

見通しをつけられるイントロ

文章は，次に何が書いてあるかを，読者が常に見通しをつけられるような叙述にする必要があります。ここでは，「一貫した…動機」「学生および社会人での経験を決定した」とあるのですから，次には話の順序として学生のときのエピソード，続いて社会人のエピソードが来るのだな，と読者は予想します。この予想が次の叙述でかなえられることが，文章の自然さ・滑らかさを生むわけです。

もちろん文章を書いているときには，何を書きたいのか，迷いつつ書いているわけですから，このようなイントロが書けるわけはありません。むしろ，ある程度内容を書いてしまってから，イントロを書き直して，中心の内容に見合うようにすべきでしょう。

Point 先の内容が予想できるための材料をイントロで仕込んでおく➡単刀直入な始まり方が効果的➡内容をある程度書いてから見直す

例示としての学歴・職歴

このように始めてしまえば，後のエピソードは上記の2つの要素を現実にイメージさせる例示と考えてしまえばよいわけです。最初のドラフトでは，その性格づけがはっきりしないので，学生時代から職業経験までをとりあえず時系列に従ったストーリーとして並べています。しかし，自己評価書は自伝や自分史ではないので，このような書き方は効果的とは言えません。時系列の性格を払拭して，例示としての性格を強調すると，前とのつながりが明確になってきます。

以下の添削では，「たとえば」という接続詞で例示としての性格を強調し，さらに「粘り強い努力」を強調するために，

「金銭的な余裕」うんぬんの話をカットしてあります。これで最初のテーマが繰り返されるだけでなく、その面だけに集中されるので、一貫した印象になります。

▼第2段落の添削―内容の性格の明確化

❷~~たとえば~~ ~~学生時代から働くにしろ学問を研究するにしろ大の役に立つことがしたいという思いから、~~大学での研究テーマはダイオキシンについてであった。~~もこれは、環境衛生分野で多くの人に直接かかわる~~と思ったからだ~~問題である環境化学物質ダイオキシンについての研究を選んだ。~~しかし、測定機器の調整が~~不十分で~~間に合わず、卒業~~時~~までに研究が終了しなかったため、~~大学~~卒業後も研究を継続することを~~担当~~研究室の教授に申し出た。就職後も週末になると地方の勤務地から東京まで通学し、さらなる研究を重ねた。~~金銭的に余裕がないため毎回新幹線に乗るわけにもいかず、~~金曜日に10時まで残業をしてその足でJRの駅から夜行列車に乗り、7時間かけて大学まで通ったこともあった。また実験では生きた検体を使用するため、研究内容を引き継いでもらった先輩と一緒に大学に泊り込みで研究を行うこともあった。(※1) こうした地道な研究の成果は内分泌撹乱化学学会でのポスター発表や日本薬学会発行の学術誌Journal of Health Scienceへの英語論文掲載などに表れている。こうして卒業後も粘り強く ~~地道に努力して~~ 研究を続けることができたことは私にとって貴重な経験となる一方、~~った。~~そしてこの研究結果が少しでも世の中の役に立てるとうれしく思~~ったろ~~う。

細部の充実とドラマティックな展開

一方で、※1は説明を加えたほうがよいところです。なぜ「生きた検体を使うため」泊まり込まなければならないのか？ どんな研究であったのか？ など、もう少しその内容を説明したほうが読んでいてイメージがつかめるでしょう。こういうエピソードは細部が充実していたほうがリアリティが増します。ここは、「粘り強く努力する」ことを強調するところですから、

実験の苦労という面を強調する必要があるでしょう。特にこの場合，その成果が論文という具体的な成果となって表れているわけですから，その試練を乗り越えて完成に至ることが強調されれば，よりドラマティックで効果的なストーリー展開になるわけです。

⚠ 細部のストーリー＝困難を通って成果へとつながったことを強調する

職業経験でのテーマの深化

次に展開される職業経験でも，イントロで示した要素は貫徹させます。「専門知識を生かしながらより多くの人と接することのできる行政分野での就職を希望」という冒頭の内容は，個人的には重要な内容でしょうが，これも最初のテーマから外れるのでなるべく小さく扱います。あるいは「多くの人の役に立つことのできる」と言い換えてもよい。とにかく最初のテーマに沿って，次々に材料を出していく，という形態にするわけですね。

これは**Part2**の**Case Study 4**で説明したThematic Strings（116ページ参照）の応用です。ちょっとうるさいくらいにテーマ・キーワードにかかわる内容を繰り返す。このことで文章の内容が首尾一貫しているという印象を与える仕組みになっているわけです。

▼第3段落の添削―キーワードを繰り返す

❸一方で，仕事に関してもこの志向は一貫している。就職に関してもより多くの人の役に立つ仕事がしたいとの思いから，薬剤師としての専門知識を生かしながらより多くの人と接することのできる行政分野での就職を希望し，社会保険庁に入庁して，今年で5年目になる。薬剤師としての専門知識を生かしたいという思いからの就職ではあったが国家試験および国家1種薬学区分試験に合格し，医療に関する知識を多少は持ち合わせていたが，医療・保険・年金の実務は非常に多様であり，自らの勉強不足を痛感させられることもあった。（※2）このような中で，少しでも被保険

者や事業主等に正確な知識に基づいた~~より適切~~な指導ができるよう~~に~~努力を重ね、~~その結果職務関連資格である~~社会保険労務士の~~資格も取った。（※3）~~試験に合格した。また~~職場内では若手職員による勉強会を開催するなどさらなる向学に励んでいる。薬剤師としての知識についても学会誌の購読により向上に努めている。こうした努力によって、~~一人でも多くの人に~~より適切な指導ができれば本望だと思~~う~~。

細部の充実2

※2は，内容を補足すべきところです。「勉強不足を痛感した」とあっても，どのように「痛感」したのか，どうして「痛感した」のかが書いていないので，通り一遍の強調表現で終わっています。一般に「強調する」ときにただ印象の強い言葉を選択するのは，あまりよい方法ではありません。「最大級の表現」は筆者が力んでいる様子を表現するだけで，必ずしも物事の重大さを表現しません。

最大の強調は「事実によって語らしめる」ことです。もっと説明し，具体例を出し，読む側が直観的に理解またはイメージできるようにすべきです。特に具体例を出すときには，典型的かつ印象的なイメージを選んでください。

※3は，特に自分の努力が表れたところですから，そのことで何が変わったか，何が変わらなかったかを，内容としてもう少し補足すべきでしょう。

このような内容を付け加えて，第3段落を書き換えてみると，以下のようになるでしょう。赤字のところが付け加えた部分です。一読して，事実のイメージが重層的になり，内容が豊富になったことがおわかりでしょう。

> 強調＝×印象の強い言葉を選択する，○具体例を出し，読む側が直観的に理解またはイメージできるようにする

▼**第3段落の書き直し—細部の補強**

❸就職に関しても，この傾向は一貫している。社会保険庁

に勤務してから，今年で5年目になる。薬剤師としての専門知識を生かしたいという就職ではあったが，医療・保険・年金の実務は多様であり，しかも生活保護法や児童扶養手当法などの社会保障関係法規や，改正労働者派遣法や個別労働関係紛争解決法などの最新の労働関係法規の知識が必要とされることも多く，自らの知識・経験不足を痛感させられることもあった。また，頻繁に法改正が行われる分野であるため，絶えず新しい知識を得ていかなければならない。少しでも被保険者や事業主等に正確な知識に基づいた指導ができるように社会保険労務士の資格も取得した。以前よりは相談者に積極的な提案ができるようになり，毎日の地道な努力の必要性を実感している。

エピソードの位置づけを変える

しかし，このようにエピソードを例示として位置づける方法は2つぐらいがせいぜいで，いくつも列挙すると平板になってきます。最初のドラフトでは，最後にボランティアのエピソードが出てきますが，これも例示とするのはもう数から言っても無理です。したがって位置づけを変えて，学歴・職歴と並べるのではなく，それらでの志向を基礎づける精神的なベースとして提示してみました。たとえば，次のように。

▼第4段落の添削―位置づけの変化

❹また職歴以外の活動としてこのような努力ができた背景には，高校在籍時から行っていたボランティア活動もの影響も大きいと思う<del>高校在籍時から積極的に行っている</del>。<del>活動のきっかけは</del>高校の部活動の顧問<del>である</del>恩師が失語症というハンディを克服し職場復帰<del>し</del>された由縁で，部活動の一環として「失語症者の集い」に参加したことである。集いに参加されたすべての方々<del>皆さん</del>が，失語症という大きな障害を乗り越えて一生懸命社会で生活していこうとする姿に感銘を受け<del>た微力ながら自分が少しでもその役に立てればと思い，それ以降ボランティア活動に参加するようになった</del>。高校卒業後，その顧問<del>恩師</del>を中心に「××高等学

校音楽部OB合唱団」を結成し、~~その活動内容の一環として~~老人ホームへの慰問なども積極的に行っている。
　こうした活動は，社会的弱者の視点を**理念だけに終わらせず，現実的な認識に基づいて行う**~~常に忘れず，地道に努力を重ねて人の役に立つ仕事をしたい~~という自分の目標を**再**~~確認~~**認識**させてくれる。これからも粘り強く地道に努力を重ね，社会的弱者を救済できる法曹をめざすという自分の目標を達成していきたい。

　このようにすることで，4つの段落の位置関係・意味合いが，かなり明確になり，文章全体の流れもよくなったと思います。全体の構造がしっかりすれば，自然と読みやすい文章になるのです。

▼添削後の流れ

段落	意味合い	内容
1	イントロ	努力を重ねて目標を達成する 多くの人の役に立ちたいという希望
2	例示1	卒業後の実験・論文執筆
3	例示2	就職後の資格取得
4	精神的基礎	ボランティア体験

❷nd 完成稿

　粘り強く地道に努力を重ねて目標を達成する。その努力ができることが私の長所であると思う。一方で，多くの人の役に立ちたいという希望は一貫して私の動機であり，学生および社会人での経験を決定した。

　たとえば，大学での研究テーマがダイオキシンであったのも，環境衛生分野で多くの人に直接かかわる問題と思ったからだ。研究室配属後は毎日研究室に通い実験を重ねた。しかし，測定機器の調整が不十分で，卒業時までに研究が終了しなかったため，「終了するまで卒業後も大学に通って研究を継続したい」と担当教授に申し出，就職後も週末に地方の勤務地から東京まで通学し，さらなる研究を重ねた。金曜日に10時まで残業をしてその足で駅から夜行列車に乗り，7時間かけて大学まで通ったこともあった。

　ただ，研究を続けること自体も平坦なものではなかった。大学を卒業した者が，大学で研究を続けるに当たっては，学内成績以外にも専門分野での実績が必要とされていた。学部卒のため研究者としての実績のない私の場合は，国家Ⅰ種薬学区分試験を受験し合格する必要があった。仕事の後や通勤・通学の時間，実験の待ち時間等を利用して勉学を重ね，国家Ⅰ種試験に合格し，その結果研究を続けることができた。

　この研究は生きた検体から抽出した細胞を使用し，ダイオキシンの暴露48時間までの遺伝子発現やホルモン産生量を経時的に測定する実験であった。生きた検体から抽出する細胞は培養細胞に比べ再現性が低い。そのため，同じ実験を何度も行わなければならなかった。研究の成果は内分泌撹乱化学学会でのポスター発表や日本薬学会発行の学術誌Journal of Health Scienceへの英語論文掲載などに表れている。こうして卒業後も研究を続けることができたことは私にとって貴重な経験となる一方，この結果が少しでも世の中の役に立てるとうれしく思った。

　就職に関しても，この傾向は一貫している。社会保険庁に入庁して，今年で5年目になる。薬剤師としての専門知識を生かしたいという就職ではあったが，医療・保険・年金の実務は多様であり，しかも生活保護法や児童扶養手当法などの社会保障関係法規や，改正労働者派遣法や個別労働関係紛争解決法などの最新の労働関係法規の知識が必要とされることも多く，自らの知識・経験不足を痛感させられることもあった。ま

た，頻繁に法改正が行われる分野であるため，絶えず新しい知識を得ていかなければならない。少しでも被保険者や事業主等に正確な知識に基づいた指導ができるように社会保険労務士の資格も取得した。以前よりは相談者に積極的な提案ができるようになり，毎日の地道な努力の必要性を実感している。

　このような努力ができた背景には，高校在籍時から行っていたボランティア活動の大きな影響があると思う。きっかけは，高校の部活動の顧問が失語症というハンディを克服し職場復帰した縁で，部活動の一環として「全国失語症者の集い」に参加したことである。顧問は1日10時間のリハビリを2年間続けたそうだ。集いに参加されたすべての失語症者の方々が，失語症という大きな障害を乗り越えて一生懸命社会で生活しようと，つらいはずのリハビリを粘り強く地道に続ける姿を拝見し，感銘を受けた。障害者の方がこれほど努力しているのだから，健常者である私はもっと努力できるはずだし，努力していかなくてはならないと思った。高校卒業後，その顧問を中心に「××高等学校音楽部OB合唱団」を結成し，老人ホームへの慰問なども積極的に行っている。

　こうした活動は，社会的弱者救済を理念だけに終わらせず，現実的に行うという自分の目標を再確認させてくれる。これからも粘り強く地道に努力を重ね，「社会的弱者を救済できる法曹」という自分の目標を達成していきたいと思っている。

評価と感想

　Thematic Stringsを利用して，3つ並べられているエピソードの意味合いが明確になったことで，一貫した流れが出てきたと思います。また，例示に丁寧で細かな描写が付け加えられることで，Mさんの真面目な性格が暗示されてきました。このように具体的イメージがしっかりしている文章は，それらをつなぎ止める意味・テーマがしっかりとしていなければ，一つの流れとして読めないので，気をつけましょう。

Solution

- ◆複数の充実した例があるときは，一貫した意味・テーマを明確化する
- ◆Thematic Stringsを利用して，意識的に連続性を作る
- ◆例示同士の関係をつける
- ◆3つ以上の例示は効果がないので，別な意味づけにする
- ◆強調したいときは，強調語の多用ではなく，具体的イメージを充実させる

Case Study 3　狭い経験内での工夫

大学生Ｓさんの場合　　　　　　　　1,600字　／　未修

　大学生の場合は，どうしても経験が狭い範囲にとどまることが多い。自分の体験したことを総動員して書くべきだが，それでも内容が足りないことがある。その場合は，キーワード・テーマとの関連をしっかりつけて，整理された印象の文面にすることと，経験が狭いことを自覚しているような表現を付け加えて，性格面でのアピールをねらうとよい。

❶st　最初のドラフト

　私の長所は，コミュニケーション能力が人よりも高く，冷静に物事を判断しながら，リーダーシップを持って円滑に物事を進めることができるという点である。たとえば，私は大学では合唱団に所属し，他大学や社会人の合唱団など外部との交流を図り，また年に一度行われる定期演奏会の総進行役となる役目に就いていた。*1
　一つの演奏会を開催する際に最も重要であったのは，細かい部分にも配慮しながら全体を広く見回して，常にすべての段取りを並行して行わなければならないことである。演奏会を開催する場合などは，会場の手配，予算，広報に至るまでバランスを取りながら準備し，初めて会う人に対してこちらの主張や意見を的確に伝え，段取りよく交渉をする必要がある。演奏会はコンサートホールの手配，予算の編成，当日および当日までのスケジューリング，指揮者とオーケストラ，そして合唱団の意向などの多くの要素から成立しており，どれ一つが欠けても演奏会が成功することはない。演奏会として観客を呼び，プロのオーケストラと指揮者を招来している以上，すべての段取りに落ち度があってはならず，緻密な準備が要求された。また，総進行役には手際よく段取りを仕切るということだけではなく，伴奏をお願いしたオーケストラやソリスト，指揮者，ホールの担当者とも密な打合せを行い，相手の意見を聞きなが

法科大学院　［志望理由書］問題発見と展開の技術
Case Study 3　狭い経験内での工夫 ❶

ら，こちらの主張を的確に述べる必要があった。*2

　総進行役である私は，半年以上前から準備に取りかかり，メンバーの協力の下，結果として演奏会は成功を収めることができた。演奏会1か月前になり，手違いでソリストに出演を断られ，急遽代役を探さなければならないという事態にも柔軟に対応し，細かい点にも配慮できたことが演奏会を成功に導いたと思っている。*3

　私がマネジメントをしたのは演奏会ではあるが，法律家にもこのようなマネジメント能力は要求されるのではないだろうか。依頼者の依頼を聞き，事実に基づいて判断し，そして必要があれば訴訟指揮をする。場面は違えども，冷静に現在置かれている状況を的確に整理し，柔軟に状況に対応していく能力が法律家には求められるのだと考えている。ただ法律の条文を当てはめ，型どおりに物事を進めることが法律家に求められているのではなく，個別の状況に柔軟に対応したアドバイスや対処を行う必要があろう。*4

Good *1　ポイントとサポートの形になっていてわかりやすい構造。
Good *2　具体的イメージが豊富で丁寧に描写されている。
NG *3　むしろこのエピソードに能力の発揮が見られるのでは？　ここを膨らませる。
NG *4　弁護士の一般的能力であるが，もっと志望理由書の内容と関係づけること。

ドラフトの評価

独創性	3
論理性	3
構成力	2
表現力	3
知識	3
総合評価	D

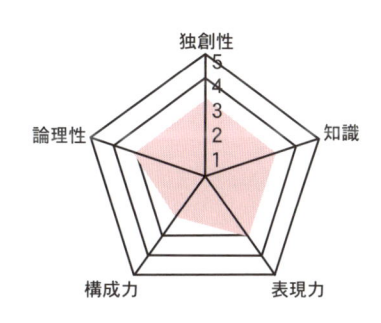

1st 診断と講義

Clinic! 大学のクラブ活動に内容を絞った学生の自己評価書ですが，初々しい反面でどうしても幼稚な感じがしてしまいますね。これは，コミュニケーション能力の高さという性格面だけに集中したことで，あまりにもシンプルな印象を与えてしまうからです。法律家が扱う現実の紛争は，かなり複雑なものもあります。コミュニケーション能力というなら，そういう事例に即して展開しないと深みが出てこないでしょう。

　学生の書く自己評価書として典型的なパターンと言えます。自分をアピールする材料としてクラブ活動を選ぶのは，真面目さと勤勉さを表すには悪くないのですが，あまりにも経験が狭いので，物足りなさが残ります。Sさんが書いた自己評価書の課題は次のようなものでした。

> (a) あなたが実社会で活躍する優れた法曹となりうると考える理由。
> (b) これまでのあなたの学業，実務，地域活動，余暇活動の経験，趣味や特技など，あなたの経験が，これから優れた法曹となるために，いかに役立つと考えるか。
> 　((a)(b) 合わせて1,500字以内)

　(a)(b)は分けて書いてありませんが，(a)はリーダーシップ，(b)は合唱団で養ったマネジメント能力に対応しており，格別問題はありません。しかし，**Clinic!** にも書いたように，法律家が扱う事件・紛争は複雑な内容や社会背景を含むことが多く，このようなシンプルな内容ではその複雑さに対応できるのか，と心配になります。

複雑な資質の必要性

　自己評価書は，ある意味で自分に法律家としての資質があるかどうか判断を下す文書ですから，そこには2つの要素が入ることになります。一つは，法律家の仕事の性質をどうとらえ

か，もう一つは自分の資質の何をその証拠とするか，ということです。事件・紛争が複雑な内容や社会背景を含むのなら，資質も複雑性・深刻性を扱える性格でなければなりません。

▼自己評価書の2つの要素

段落	意味合い	内容
1	法律家の仕事の性質をどうとらえるか	複雑な内容や社会背景を含んでいる
2	自分の資質をどうとらえるか 何をその証拠とするか	複雑性・深刻性を扱えるような性格が必要である

　その意味で言うと，大学のクラブ活動が「実社会で活躍する優れた法曹となりうると考える理由」に適合するかどうかは，かなり疑問です。もう少し複雑さ・深刻さのある材料を見つけたほうがよいかもしれませんね。学業やクラブ活動以外にも，アルバイト・ボランティアなどという材料もあるでしょう。どちらかというと，学生たちの閉じた世界とは別の経験であるほうが望ましいと言えます。

⚠ 学生の場合＝大学以外の世界が材料にできるのなら，そのほうがよい

材料が見つからない場合は？

　もちろん，そんな材料がいつも見つかるとは限りません。真面目な学生なら，学業とクラブ活動で手一杯などということも実際にあるでしょう。それでも，「実社会で活躍する優れた法曹となりうると考える理由」を説得的に構成するためには，手持ちの材料を総動員しないといけないでしょう。もしも学業とクラブ活動以外に書くべき材料がないのなら，その両方を利用して課題に答えるようにしなければなりません。

　Sさんの場合は，志望理由書に知的財産権に興味があると書いてあるのですから，それを利用してもう少し内容を膨らませるといいでしょう。ただし，志望理由書と内容が重複してはいけないですから，そのあたりをうまく役割分担しなければなりません。幸い，志望理由書では卒業論文の内容には詳しく触れ

ていなかったので、その内容を入れて書き直せば、もう少し中身が豊富な印象の文章になると思います。たとえば、次のように。

▼第1段落の前に付け加える内容

　私は大学在学時に「世界の特許制度における問題点とその論考」と題する論文を書き、日本と世界の経済的依存と対立構造の一端に触れることができた。近年、技術進歩とグローバル化により特許を多数国で取得する必要性が高まっている。しかし、現在の段階では世界統一特許制度がなく、それぞれの産業政策・国民意識が露骨に表れる。たとえば中国はWTOに加盟しているにもかかわらず、新製品が発売されてすぐに精巧な模倣品が市場に出回るなど、知的財産問題を重要視しないビジネス環境になっている。かたやアメリカでは自国の企業と技術を守ろうとするあまり、特殊な特許制度を作り上げたために、他の地域の企業との紛争が絶えず、訴訟費用も莫大なものに上がっている。このように知的財産保護の分野では利害の対立は深刻であり、紛争の解決・調整は容易ではない。特にアメリカのように、他国の事情に配慮することなく自国の基準を押しつけてくるようなやり方には、相当タフな交渉能力が必要とされると実感した。法律的な知識はもちろんだが、それを問題状況に合わせて応用し、解決していく能力、異文化間の交渉にもひるまぬコミュニケーション能力、さらには異なる主張の対立の中で両者のメンツを立てながら心理的・法的に妥当な解決を見いだしていく調整能力が必要になってくる。

意味づけを変える

　数行の重複部分があるので、志望理由書と同じ材料を使っているのがよくわかると思います。もちろん、このような重複部分は最終的にはないほうがよいのですが、ここでは材料が同じであることがわかりやすいようにあえて重複させておきました。しかし、材料は同じでも、意味づけがまるで違っているの

にお気づきでしょうか？

　志望理由書では「知的財産の分野は，これから決定的な役割を果たす」などと，取り上げている問題の重大性・緊急性に焦点があるのに，自己評価書では問題解決で必要とされる能力のほうにポイントがある。上の文例の赤字のところを見てみると，知的財産権という面倒な問題の交渉をするために必要とされる法律家の性格を列挙してあります。

　これは，志望理由書が現在存在する問題を発見・指摘して，そこに法律的な解決が可能なことを示すのに対し，自己評価書は，その解決に必要な自分の資質・能力を強調・アピールする文書だからです。同じ材料を用いても，力点が違う。まず能力を列挙して，後はこういう能力を自分が所有していることを示せばよい。当然，その証拠がクラブ活動ということになります。

Point 自己評価書＝問題に必要な自分の資質に焦点を合わせる

つなぎ方の工夫

　　たとえば，そのような意味合いにするためには，次の段落へのつなぎを以下のようにすれば済むことです。

▼第1段落の添削──卒論との接合

> ❶このような仕事に，私は向いていると思う。対立した状況でも動じず，リーダーシップを取ることができると経験から思えるからだ。~~私の長所は，コミュニケーション能力が人よりも高く，冷静に物事を判断しながら，リーダーシップを持って円滑に物事を進めることができるという点である。たとえば，~~私は大学では合唱団に所属し，他大学や社会人の合唱団など外部との交流を図るマネージャーであり，~~また~~年に一度行われる定期演奏会の総進行役~~となる役目~~に就いていた。

　このようにすれば，イントロのところで知的財産権の現状を分析して，それを扱う弁護士・法律家に必要な資質を導き出してから，自分がその資質を持っていると宣言し，その証拠として大学でのクラブ活動を示す，という構造がクリアに浮かび上

がってくると思います。後は，どのように合唱団のマネージャーがそれに対応しているかを表現すればよいわけです。

内容の削除の方法

もちろん，最初にかなりの長さの段落を付け加えたからには，その内容と対応させるために少し後のほうの内容も整理しないといけないでしょう。基準は前の段落で示した3つの能力に対応しているところだけ残して，後は整理してしまえばよい。つまり，以下の能力ですね。

1　問題状況に合わせて応用し，解決していく能力
2　異文化間の交渉にもひるまぬコミュニケーション能力
3　対立の中で両者のメンツを立てながら心理的・法的に妥当な解決を見いだしていく調整能力

もちろん，合唱団の経験だけで，これらすべてを満たすわけにはいかないでしょうが，そのだいたいがここで必要になることを示せば十分でしょう。実際の経験には，それ以外の要素も当然入ってくるし，Ｓさん個人としてはそちらのほうが重要であったりするのですが，夾雑物が入るとわかりにくくなるので，ばっさりと落としてしまいます。これは志望理由書の項で述べた経験の脚色・演出と同じ考えです。やや乱暴かもしれませんが，字数の関係もあるので，次のように整理してしまいましょう。

▼第2・第3段落の添削──経験の脚色・演出

❷❸<s>一つの</s>演奏会を開催する際に最も重要<s>な</s>で<s>あった</s>のは，細かい部分にも配慮し<s>つつ</s>ながら全体を広く見渡して<s>回して</s>，常にすべての段取りを並行して行わなければならないことである。<s>演奏会を開催する場合などは，</s>会場の手配，予算，広報に至るまでバランスを取りながら準備<s>し，初めて会う人に対してこちらの主張や意見を的確に伝え，段取りよく交渉をする必要がある。</s>演奏会はさらにコンサートホールの手配，予算の編成，当日および当日までのスケジューリング，指揮者とオーケストラのコミュニケーシ

法科大学院 ［志望理由書］問題発見と展開の技術

Case Study 3　狭い経験内での工夫 ❶

~~ョン~~などそして合唱団の意向などの多くの要素から成立し~~ており~~，どれ~~一~~つが欠けても演奏会が成功することは~~し~~ない。演奏会として観客を呼び，プロのオーケストラと指揮者を招来している以上，~~すべての段取りに~~落ち度があってはならず，緻密な準備が要求された。~~また，総進行役には手際よく段取りを仕切るということだけではなく，伴奏をお願いしたオーケストラやソリスト，指揮者，ホールの担当者とも密な打合せを行い，相手の意見を聞きながら，こちらの主張を的確に述べる必要があった。総進行役である私は，半年以上前から準備に取りかかり，メンバーの協力の下，結果として演奏会は成功を収めることができた。~~演奏会1か月前になり，手違いでソリストに出演を断られ，急遽代役を探さなければならないという突発事態（※1）にも柔軟に対応できたことで自信を深めた。結果として演奏会は成功を収めることができた。~~し，細かい点にも配慮できたことが演奏会を成功に導いたと思っている。~~

　※1は，逆にもっと説明が必要でしょう。例を出すときにはまんべんなく触れるのではなく，一番困難であった典型的な例に集中して，そこだけをむしろ詳しくすべきです。そうすると例示にメリハリがつく。初心者はついあったこと全部を書きたがるが，そうではないのです！　一番いいところを切り取ってきて，見せる。また料理の比喩を使うと，旬のものを一つだけ取ってきて，それに手をかけて，最高の器に入れて差し出すのです。

▼　**例示は焦点をはっきりさせる**

結末はどうするか？

　しかし，どれだけ手をかけても，もともとの材料がありきたりならば，やはりできることには限界があります。おもしろさには，ある程度珍しさという要素が必要であり，珍しくないもの・ありきたりのものはいくら手をかけても，客は喜ばない。残念ですが，この合唱団のエピソードはそういう性質の材料に過ぎない。だから，いくら細かいところまで描写しても，経験

の幅がもともと狭いから，採点者の興味をあまり引きつけるようなものではない。これは，しかたのないことですね。

そういうときはどうするのか？　別の要素で勝負するわけです。たとえば，レストランでも風景のいいところは，味が一流でなくても流行る。ここでも，材料は普通だから，構成・表現に凝る，というだけでない工夫ができます。たとえば，「自覚的であることをアピールする」などという方法ができます。普通の大学生なのだから，経験の幅が狭いのは当たり前。それを自分でもきちんと自覚していることを示す。そうすると別の要素をアピールできるわけです。たとえば，最後の段落は無理に法律家の仕事と結びつけようとしていますが，やはり合唱団の体験だけではささやかすぎて無理があります。そこで，次のようにする。

▼第4段落の書き直し

❹もちろん，これは実社会のシビアな状況そのものではなく，ささやかな体験に過ぎない。しかし，限られた条件の下で可能な解決策を見いだすという点では共通していると思う。このような困難に対して，冷静な対処ができたことは，私の自信の基盤になっている。特許制度のみならず，法解釈，制度も今後変わりうる時代の変化の中で異質な論理・主張と対立しつつ，企業と協働でビジネス戦略を構築する際にも役立つのではないか，と思うのだ。
　私には社会経験がないものの，法律家に求められる，こうしたマネジメント能力と幅の広い視野を生かすことができると考えている。依頼者の依頼を聞き，的確に状況を判断して交渉や訴訟指揮をする。場面は違えども，冷静に現在の状況を的確に整理し，柔軟に対応する能力は同じことであろう。法律の条文を当てはめ，型通りに物事を進めるのではなく，個別の状況に柔軟に対応したアドバイスや対処を行う必要が現在のグローバル化の中では特に重要だと考えている。

赤字の部分が「自覚」の部分です。「ささやかな体験」「社会

経験がない」などと採点者が考えるような内容を先取りしている。さらに、「思う」「考える」などという言葉を多用している。普通、論理的文章では「思う」「考える」などを使わないほうがよいのですが、この場合は自分の限界を表現するのですから、むしろ積極的に使うわけです。

❷nd 完成稿

　私は在学時に「世界の特許制度における問題点とその論考」と題する論文を書き、日本と世界の経済的依存と対立構造の一端に触れることができた。近年、技術の進歩とグローバル化の進展により特許を多数国で取得する必要性が高まっているものの、現在の段階では世界統一特許制度がないことを取り上げ、米国、EU、中国の特許制度のあり方について比較・検討した。

　知的財産保護では、産業政策・国民意識が表れるため、利害の対立は深刻であり、紛争の解決、調整は容易ではない。特に米国のように、他国の事情に配慮せず自国の基準を貫くようなやり方には、タフな交渉能力が必要であると実感した。法律的な知識はもちろんだが、それを問題状況に合わせて応用し、解決する能力、異文化間の交渉にもひるまぬコミュニケーション能力、さらには主張が対立する中で、法的に妥当な解決を見いだす調整能力が必要である。

　このような仕事に、私は向いていると思う。対立した状況でも動じず、リーダーシップを取ることができると経験から思えるからだ。私は大学では合唱団に所属し、演奏会のマネージャーを務めた。演奏会開催に最も必要なのは、細かい部分にも配慮しつつ、すべての段取りを並行して行うことである。会場の手配、予算、広報に至るまでバランスを取りながら迅速に準備し、関係する団体や個人に対して、こちらの主張や意見を的確に伝え、交渉をする必要がある。

　特に私が所属していた合唱団は、プロのオーケストラと指揮者、ソリストを招来する方針だったので、観客・予算の規模も格段に大きくなり、緻密な準備が要求された。ホールの担当者とも密な打合せを行い、時間内にすべての進行が支障なく行われるように、細かくスケジュールを打

ち合わせる必要があった。もちろん，その際にもただ従うだけでなく，練習時間の余裕等こちらの要求を十分に通さねばならない。ホール側が平穏な進行を望む一方で，私達は充実した演奏を実現せねばならない。その立場の違いの中で何度も交渉を重ねた。

　半年以上前から準備を始め，紆余曲折の末，結局演奏会は成功を収めたが，その過程ではトラブルや突発事態もあった。1か月前には，手違いでソリストに出演を断られ，急遽代役を探さなければならなくなった。これは，曲目が変更になり，同時に合唱団の練習が水泡に帰すことを意味する。しかし，私は指揮者や他の合唱団等の紹介を頼り，粘り強く交渉し，別のソリストの出演を実現させた。こうした危機的な状況を克服することで，演奏会は盛況のうちに終了できたのだった。

　もちろん，これは実社会のシビアな状況そのものではなく，ささやかな体験に過ぎない。しかし，限られた条件の下で可能な解決策を見いだすという点では共通していると思う。このような困難に対して，冷静な対処ができたことは，私の自信の基盤になっている。特許制度のみならず，法解釈，制度も今後変わりうる時代の変化の中で異質な論理・主張と対立しつつ，企業と協働でビジネス戦略を構築する際にも役立つのではないか，と思うのだ。

　私には社会経験がないものの，こうしたマネジメント能力と幅の広い視野を生かすことができると考えている。依頼者の依頼を聞き，的確に状況を判断して交渉や訴訟指揮をする。場面は違えども，冷静に現在の状況を的確に整理し，柔軟に対応する能力は同じことであろう。法律の条文を当てはめ，型通りに物事を進めるのではなく，個別の状況に柔軟に対応したアドバイスや対処を行う必要が現在のグローバル化の中では特に重要だろう。

評価と感想

　経験が狭くても，構成や表現を工夫することで，それなりの結果に到達することができます。ここでは，そのような技法を使ったおかげで，最初のドラフトのやや幼い印象と比較すると見違えるような出来になりました。もちろん，本当に迫力のある自己評価書とは言えないのですが，

これは普通の学生の場合しかたがないでしょう。知的で自覚的な人間というアピールができるだけでも十分です。

Solution

◆学生の場合は，自己の経験を総動員する
◆法律家に必要な要件は何かを明確にする
◆その要件を持っていることを証明する事実を見つける
◆事実は脚色・演出して，効果的な要素だけを述べる
◆ありきたりの材料でも，工夫の余地はある

Case Study 4　法学部出身者の注意点

法学部卒業生Xさんの場合　　1,500字～1,800字　／　既修

　法学部出身の法学既修者で勉学に熱心である人ほど，自己評価書は書きにくい。法律の勉強が生活の大部分を占めているので，それ以外に特別に書くべき内容が見つからないことが多いのだ。しかも勉強の成果は，法律科目の試験で結果が出てしまう。ここでは，留学経験を軸にしてエピソードを書き，その関連として法律に触れる事例を扱っている。このように，法律の勉強の中に自分の志向が表れる書き方は，かなり応用がきくだろう。

❶st　最初のドラフト

　自分の弱点から逃げず，それを克服するため，努力ができるところが自分自身の最大のアピールポイントだと思います。
　私は一昨年アイルランド，ダブリンでの語学留学に1年間滞在しました。学生時代高い英語力は必要とされていませんでしたが，英語の必要性を感じさせる局面にもしばしば出会い，常に自分の力量に不満を感じていました。そのような動機から，語学留学をしようと決意したのです。私が勉強したダブリン大学の語学研修センターは，国立大学付属の教育機関で語学学校とはいえ本科生と同等レベルの教育が受けられる学校です。そこに中ほどのレベルで入学した私は，午前は授業，午後を図書館と大学の語学研究室で勉強し，その後力が余っていればパブで実践を繰り返し半年後に同期の日本人では唯一最上位のクラスまで上がりました。また，日常生活でもある程度生活に慣れた時点でホームステイ終了し，フラットを探しアイルランド人との共同生活を始めました。去年ダブリンで開催されたスペシャルオリンピック（知的障害者のためのオリンピック）でも，現地の障害者学校から個人的に依頼され，日本を紹介するプレゼンテーションを行ったり，日本人選手団の通訳を非公式に手伝ったりと，積極的に社会活動に参加してまいりました。私にとって，

この経験で身につけた積極性とコミュニケーション能力は英語よりも尊いものです。*1

　そもそも法律家になりたいと思ったのも，苦手であった憲法を克服するために努力したことがきっかけでした。社会の構造を法律という視点から見渡してみたいという思いだけから，法学部に入学しました。しかし，いざ法律を学ぼうとしたとき，あまりになじみのない法律という教科は私にとって理解することがとても難しいものでした。授業に出ても理解できず，参考書を読んでも理解できずとても苦しんでいました。特に抽象的な憲法を具体的に理解することがどうしてもできませんでした。そして，大学1年生のときの憲法の学部試験で何も書けないという結果に大変落ち込んでいました。そんなとき，司法試験をめざしていたサークルの先輩に，授業の放課後に行われている大学主催の法職講座という司法試験受験者向けの講座を受講することを勧められました。当時は司法試験なんて雲の上の存在だと考えていたので，司法試験を受験する気持ちはまったくありませんでした。が，一から基礎を理解することできっと大学の授業も有意義になるというアドバイスを受け，試しに受講することにしました。必死に着いていきました。その結果，憲法をだんだん理解できるようになり，そして，個人の尊厳に核心的価値を置く憲法の理念のすばらしさに感銘を受け，憲法が好きになりました。そして，その理念を実現できる職業に就きたいと考えるようになりました。このようにもともとは苦手だった憲法を，克服しようということがきっかけで，法律が好きになり，ついには自分も法律を職業にしたいと思うようになりました。苦手だった憲法において，昨年の司法試験短答式試験では，A判定をもらうこともできました。*2

　将来，一つ一つの複雑な問題，手間のかかる問題から目をそらさず，積極的に解決に向けて取り組めるような弁護士になりたいと思っています。社会はさまざまな領域においてグローバル化が進み，それに伴って社会で起こる紛争も複雑化し，困難な事案が増えていくことと思います。自分や自分の生きてきた環境とは異なる人，価値観，文化，社会とも接点を持っていかざるをえません。そういった中で紛争が起こったとき，私のセールスポイントである困難に立ち向かい，解決のために努力できるという能力が生きてくると思います。個人の気持ちを理解しつつ，その個人が直面している困難を一緒になって，逃げず，解決策のため立ち向かって行くことは，法律家として不可欠な資質であると思います。

法科大学院というさまざまなバックグラウンドを持った人たちが集まる中でと対話をしていく中で，困難から逃げず立ち向かうという長所をさらに伸ばし，将来の夢が実現できるように，貴学で一生懸命に勉強に励みたいと思います。*3

NG *1 せっかくの体験なので，具体例としてはもっと充実させたほうがよい。
Good *2 ここまでの構成は悪くない。ただ「そして」が続くので，論理的な感じが希薄なのが残念。
NG *3 一生懸命やるのは当たり前なので，あまり意味がない段落。削除してしまいましょう。

ドラフトの評価

独創性	4
論理性	3
構成力	4
表現力	3
知識	3
総合評価	C

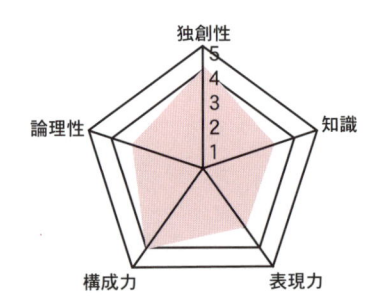

法科大学院 ［志望理由書］問題発見と展開の技術
Case Study 4　法学部出身者の注意点 ❶

1st　診断と講義

Clinic!

> わりとシンプルな構成の自己評価書です。ここでは，英語を習得するための海外留学が，全体のアクセントになっているので，もっと具体的に細かいところまで描写したほうがよいでしょう。それに比べて大学での法律学習の経験はややささやかな感じがしますが，一応「弱点の克服」というキーワードが共通しているので，なんとか成り立っています。まだ「学生っぽい」よさと弱さが残っている自己評価書と言ってもよいでしょう。

全体の構成は明確で，大きな変更はいらないと思います。全体のテーマ・キーワードが「弱点の克服」となっていて，それを留学経験と大学での学習経験の実例でサポートする，という形式です。ただし，それぞれの部分はもう少し整理したり充実させたりする必要があるでしょう。

▼段落ごとの内容

1	テーマの提示	弱点の克服
2	例示1	アイルランドでの語学留学での奮闘
3	例示2	大学時代の憲法の学習
4	法律との接合	異なる価値観と接する→困難に立ち向かい，解決のために努力できる
5	決意表明	一生懸命に励みたい

例示を充実させる

第2・第3段落のところは「困難に立ち向かい，解決に努力する」という共通テーマで結びつけられているので，意図は明快です。ただし，書き方にはもう少し工夫の余地があるでしょう。特に細かいエピソードや例示がパラパラと並んでいるので，せっかくの体験が薄味になってしまいます。どれか一つの体験を取り出し，それがクライマックスになるように強烈に印象づけ，他のエピソードはその添え物となるぐらいの感じで配置するとまとまりがよくなるでしょう。文体も「ダ・デアル」調に

直してしまいましょう。

▼第2段落の文体変更と整理

❷私は一昨年アイルランド，ダブリンでの語学留学に1年間滞在し~~ま~~した。学生時代高い英語力は必要とされ~~ていませんでし~~なかったが，卒業後，英語の必要性を感じさせる局面にもしばしば出会い，常に自分の力量に不満を感じてい~~まし~~た。（＊ここは困難を強調するところなので，何かエピソードを入れる）~~そのような動機から，語学留学をしようと決意したのです。~~

私が勉強したダブリン大学の語学研修センターは，国立大学付属の教育機関で語学学校とはいえ本科生と同等レベルの教育が受けられる学校だった~~です~~。そこに中ほどのレベルで入学した私は，午前は授業，午後を図書館と大学の語学研究室で勉強し，その後に力が余力~~っていあ~~ればパブで会話~~実践~~を繰り返した。おかげで，半年後に同期の日本人では唯一最上位のクラスまで上がっ~~りまし~~た。~~また，~~日常生活でもある程度生活に慣れた時点でホームステイ~~終了し~~ではなく，自分でフラットを探しアイルランド人との共同生活を始め~~まし~~た。

一方，~~滞在中に~~去年ダブリンで開催された~~スペシャルオリンピック（知的障害者のためのオリンピック）~~でも，が開催されたため，私は現地の障害者学校から~~個人的に~~依頼され，日本を紹介するプレゼンテーションを行った。（＊ここは体験のクライマックス。「尊い体験」と言うのだから，もっと具体的に詳しく描写して，ストーリーの結末につなげる）~~り，日本人選手団の通訳を非公式に手伝ったりと，積極的に社会活動に参加してまいりました。~~私にとって，この経験で身につけた積極性とコミュニケーション能力は英語よりも尊いものである~~す~~。

整理する基準はテーマへの適合

このストーリー全体のポイントは，「困難に立ち向かい，解決に努力する」なので，各エピソードも「困難」と「解決への

努力」のところを強調すべきです。だから，最初に留学を決意する前が「学生時代高い英語力は必要とされていなかったが…」ではいけない。必要性を感じさせるところを，具体的イメージを補って強調する。さらに，留学中でのエピソードでも，努力とその結果が，子供たちの反応という具体的イメージで説明・描写できる部分である「知的障害児の学校」のところを強調して，留学生活の締めくくりにするわけです。

新しい材料を見つける

しかし，もちろんこれは材料がなくては書けません。Xさんにアドバイスして，次のような描写を学校でのプレゼンテーションのところに入れることにしました。

▼学校でのエピソード補足

> 子供たちに喜んでもらえるよう，1週間にわたって日本の文化・社会に関するものを集め，剣道と華道，そして日本語を紹介する企画を練った。それまでもプレゼンテーションの経験は何度かあったが，いざ知的障害を持つ50人もの子供たちを前にすると圧倒されるばかり。教室に入るなり「中国人！ 中国人！」と言葉を浴びせられたが，竹刀を振り回したり子供たちの難問奇問に答えたり，必死になってしゃべった。そのおかげか，予定を大幅に超えて2時間にわたった授業終了後，多くの子供たちに握手を求められた。帰国するときに，先生が送迎会に来てくださり，「生徒たちはあれから日本に興味を持ち，Xは次はいつ来るのだと言っている」と聞かされて感無量だった。今でも，この経験は大きな自信となっている。

子供たちとの交流を細かく描くことで，留学生活が具体的なイメージとなって効果的に締めくくられる様子がよくわかると思います。赤字のところが「圧倒される→必死になってしゃべった→握手を求められた」と「困難に立ち向かい，解決に努力する」の適用になっています。このようなストーリー・ラインを作ることで「大きな自信」という結末に無理なく流れ込んでいます。

> **Point** エピソードのストーリー・ラインは，最初に示したテーマに従うと効果的である

このように，エピソードを効果的にする材料をさらに見つけなければならない場合も出てきます。その場合でも，どういう方向にすればよいかという指針がわかっていれば，発想もしやすくなります。

法律との結びつき

法学部を出て，法科大学院に入ることをめざす人はかなり多いでしょうが，自己評価書への法律科目のとり入れ方は難しいものです。生半可なことを書いたとしても，読んで評価する側が法律の専門家ですから，かえって逆効果になる場合もあるかもしれない。しかも，これほど勉強した，これだけ頑張った，というアピールは，あまり有効ではない。頑張ること自体は当たり前なのでアピールポイントにならないことと，既修者の場合はたいてい法律科目の試験が課されるので，そこで実力の程はある程度客観的にわかってしまうからです。自己評価書でいくら自分の法律的能力をアピールしても，法律科目試験で高得点が取れないのなら意味がない。したがって，意外に法律の勉強自体を書く意味は少ないことになります。

⚠️ **法律の勉強自体をとり入れるのは難しい→工夫が必要**

この自己評価書では，視点を変えて自分の形成史の一部として法律の勉強を扱っています。「困難に立ち向かい，解決に努力する」という自分のあり方の一部として，法律への取り組み方を取り上げた，という方法です。どちらかというと，留学経験のほうがインパクトが強い内容で，それが全体のストーリーを主に決定しており，法律の勉強のほうは「従」という印象になっています。しかし，この姿勢は「法律でも同じだ」ということを言えばよいのですから，法律のほうが従になるのは，別にかまわないわけです。このような工夫が何かしら必要になってくるのです。

事実を中心にあっさりと書く

ただ，そういうことなら，法律の勉強の話はあっさりと片づ

ければよいでしょう。先の「困難に立ち向かい，解決に努力する」という方向がとりあえずくっきりと出ればよいので，後の細かい描写は省略して，同じ種類のストーリーなのだ，という面を出せばそれでよいからです。

▼第3段落の添削─簡略化

❸そもそも法律家になりたいと思ったのも，苦手であった憲法を克服するために努力したことがきっかけで**ある**~~でした~~。~~私は，~~社会の構造を法律という視点から見渡してみたいという思い~~だけ~~から，法学部に入学し~~ま~~した。しかし，~~いざ法律を学ぼうとしたとき，あまりになじみのない~~法律という教科は私にとって**なじみにくく**，理解することがとても難し~~かっ~~い~~ものでした~~。授業に出ても理解できず，参考書を読んでも理解できずとても苦し~~んでいまし~~た。特に~~抽象的な~~憲法は**抽象的な文言が並び，**~~を~~具体的な**イメージと結びつかない**~~に理解することがどうしてもできませんでした~~。~~そして~~**その結果**，大学1年生のときの憲法の試験で何も書けないという**みじめな**結果に**なった**~~大変落ち込んでいました~~。そんなとき，~~司法試験をめざしていたサークルの~~先輩に，~~授業の放課後に~~行われている大学主催の~~法職講座という~~司法試験受験者向けの講座を受講することを勧められ~~まし~~た。当時は~~司法試験なんて雲の上の存在だと考えていたので，~~司法試験を受験する気持ちはまったく**なかった**~~ありませんでした。~~が，~~から~~基礎を理解すること**で**~~が~~と大学の授業も有意義になるというアドバイスを受け，**試しに受講することにしました。**~~必死に~~**授業**に着いていき~~まし~~った。その結果，~~憲法をだんだん理解できるようになり，そして，~~個人の尊厳~~に~~を**核心的価値を置く**憲法の理念の**すばらしさに感銘を受ける**~~ように，憲法が好きになりました。~~そして，その理念を実現できる職業に就きたいと考えるように**なっ**~~りまし~~た。~~このようにもともとは苦手だった憲法を，克服しようということがきっかけで，法律が好きになり，ついには自分も法律を職業にしたいと思うようになりました。~~**結果として**，苦手だった憲法にお

いて，昨年の司法試験短答式試験では，A判定をもらうこともでき~~まし~~た。

さまざまに描写されていた心理を極力削除し，ストーリー・ラインに沿った内容だけを淡々と述べていく。あえて，大きなエピソードを作らない。これは，この話題の全体での位置を考えれば当然の処理でしょうね。法学部出身の人，特に司法試験の受験経験者は，生活の大部分が法律の勉強に費やされているわけですから，それを書きたいという気持ちはわかりますが，材料としてはやや単純なので，自己評価書に書きにくいわけです。現実社会との取組みや，法律の現実への適用のプランなど，何か法律以外の要素との関連を探すべきでしょう。

メッセージの単純性

さて，後は結語部だけですが，ちょっと全体のメッセージが弱い感じがします。テーマがやや単純すぎるからです。「困難に立ち向かい，解決に努力する」というメッセージは単純でわかりやすいが，それだけに複雑性・深さが足りないとも言えるからです。どんなメッセージにも肯定面と否定面があり，肯定面だけを強調するのでは，現代の社会の複雑性と適合しません。悪くすると，「独善」という評価を受ける場合さえある。

この文章の最大の欠陥は，実はそこにあると言えます。このような経験でもうまくいかなかった失敗談など入れると，少しユーモアや余裕が出て，一方的という感じが薄まるように思いますが，逆に言うと，その辺が「学生っぽい」よさだとも言えます。Xさんに聞いてみたところ，そういうエピソードはあまり思いつかないようなので，ラストは簡単にするだけの変更にしました。

▼第4段落の添削

❹将来，~~一つ一つの複雑な問題，手間のかかる問題から目をそらさず，積極的に解決に向けて取り組めるような弁護士になりたいと思っています。~~ 現代社会はさまざまな領域においてグローバル化が進み，自分や自分の生きてきた環境とは異なる人，価値観，文化，社会とも接点を持ってい

かざるをえない。それに伴って社会で起こる紛争も複雑化し，困難な事案が増えている~~くことと思います。自分や自分の生きてきた環境とは異なる人，価値観，文化，社会とも接点を持っていかざるをえません。その~~のような~~いった~~中で~~紛争が起こったとき，私のセールスポイントである~~困難に立ち向かい，解決のために努力できるという~~私の~~能力が生きてくると思~~い~~う。（＊困難に立ち向かうという一般的な資質だけで，「グローバル化」「他人の価値観・文化をわかる」という問題に立ち向かうには，いささか内容がなさすぎる。もう少し関係がつけられるといいのだが）~~個人の気持ちを理解しつつ，その個人が直面している困難を一緒になって，逃げず，解決策のため立ち向かって行くことは，法律家として不可欠な資質であると思います。~~

ちょっと内容は不足している感じですが，前の留学のエピソードが充実してきたので，全体としては悪くない出来でしょう。

❷nd 完成稿

　弱点や困難から逃げず，それを克服するため，最大限の努力ができるという点が自分自身の最大の特徴だろう。特に最も力を入れて取り組んだのは，英語の習得である。昨年アイルランドに１年間滞在し，語学を学んだ。大学時代には高い英語力はさほど必要なかったが，卒業してアルバイトをするようになると必要性を感じる局面にはしばしば出会い，常に自分の力量に不満を感じていた。上司が電話で米国人のクライアントに「うちのスタッフは英語ができないもので…」という言い訳をしているのを耳にするたびにくやしい思いをしたものであった。
　私が勉強したダブリン大学の語学研修センターは国立大学付属の教育機関であり，語学学校とはいえ本科生と同等の教育が受けられる学校であった。そこに中ほどのレベルで入学した私は，午前は授業，午後を図書館と大学の語学研究室で勉強し，その後に余力があればアイリッシュパブに繰り出し，アイルランド人との会話を繰り返した。おかげで，半

年後に同期の日本人では唯一人最上位のクラスまで上がることができた。日常生活でも，ある程度生活に慣れた時点でホームステイではなく，自分でフラットを探しアイルランド人との共同生活を始めた。
　一方，滞在中にダブリンで知的障害者のためのオリンピックが開催されたため，私は現地の障害者学校から依頼され，日本を紹介するプレゼンテーションを行うことになった。子供たちに喜んでもらえるよう，1週間にわたって日本の文化・社会に関するものを集め，剣道と華道，そして日本語を紹介する企画を練った。それまでもプレゼンテーションの経験は何度かあったが，いざ知的障害を持つ50人もの子供たちを前にすると圧倒されるばかり。教室に入るなり「中国人！　中国人！」と言葉を浴びせられたが，竹刀を振り回したり子供たちの難問奇問に答えたり，必死になってしゃべった。そのおかげか，予定を大幅に超えて2時間にわたった授業終了後，多くの子供たちに握手を求められた。帰国するときに，先生が送迎会に来てくださり，「生徒たちはあれから日本に興味を持ち，Xは次はいつ来るのだと言っている」と聞かされて感無量だった。今でも，この経験は大きな自信となっている。
　そもそも法律家になりたいと思ったのも，苦手であった憲法を克服するために努力したことがきっかけである。私は，社会の構造を法律という視点から見渡してみたいという思いから，法学部に入学したのだが，その思考法は私にとってなじみにくく，理解することが難しかった。授業に出ても参考書を読んでも理解できず苦しんだ。特に憲法は抽象的な文言が並び，具体的なイメージと結びつかない。その結果，大学1年生時の憲法の試験で何も書けないというみじめな経験をした。そんなとき，先輩に，放課後行われている大学主催の司法試験受験者向け講座を受講することを勧められた。当時は，司法試験を受験する気持ちはまったくなかったが，基礎から学習することで大学の授業も理解できるようになるというアドバイスを受け，必死に授業についていった。その結果，個人の尊厳に価値を置く憲法の理念に次第に感銘を受けるようになり，その理念を実現できる職業に就きたいと考えるようになったのである。苦手だった憲法においても，昨年の司法試験短答式試験では，A判定をもらうことができた。
　現代社会はさまざまな領域においてグローバル化が進み，自分や自分の生きてきた環境とは異なる人，価値観，文化，社会とも否応なしに接点を持っていかざるをえない。利益の対立だけでなく，信条・文化の対

立が問題を複雑にしている。それに伴って法的な紛争も先鋭化・複雑化し，困難な事案が増えた。そのような中であえて困難にも立ち向かって，解決のために模索・努力できるという私の資質が生きてくる余地があると思う。

評価と感想

　これも経験の幅は比較的狭い自己評価書ですが，留学のエピソードを膨らませたおかげで，全体として焦点が定まり，まとまりが出てきました。逆に法律の勉強のエピソードは語句を整理し，テーマがはっきりするようにしました。このようにエピソードに強弱の関係をつけることで，文章がスムーズに流れるようになっています。自分にとって大切なことでも，それがストーリー全体の中でどう機能しているか，を冷静に見極めて書き直す必要がありますね。

Solution

- ◆全体のテーマとキーワードを明快に立てる
- ◆テーマとキーワードがクリアに表現されるように，エピソードを整理する
- ◆エピソードのクライマックスは十分に具体的にする
- ◆読者に与える効果を考えて，表現のメリハリをつける
- ◆法律の勉強のエピソードは，他の話題と組み合わせると書きやすい

〈著者紹介〉
吉岡友治（よしおかゆうじ）
著述家。東京大学文学部卒。シカゴ大学大学院人文学修士課程修了。インターネット小論文添削講座「VOCABOW 小論術」校長。小論文の指導から言説分析・身体論まで幅広く活動している。
著書に『法科大学院志望理由書　問題発見と展開の技術』『社会人入試の小論文』『TOEFL テスト　ライティングの方法』（実務教育出版）、『吉岡のなるほど小論文講義10』（桐原書店）、『必ずわかる！「○○主義」事典』（PHP 文庫）、『シカゴ・スタイルに学ぶ論理的に考え、書く技術』『文章が一瞬でロジカルになる接続詞の使い方』（草思社）、『東大入試に学ぶロジカルライティング』『ヴィジュアルを読みとく技術：グラフからアートまでを言語化する』（ちくま新書）など多数。

VOCABOW 小論術：http://www.vocabow.com/
e-mail：office@vocabow.com
著者が WEB 上で主宰する「VOCABOW 小論術」では、法科大学院入試に対応した小論文・志望理由書の添削指導を行い、多数の合格者を出しています。詳細はお問い合わせください。

法科大学院志望理由書　問題発見と展開の技術

2004 年 8 月 20 日　初版第 1 刷発行　　　　　　　　〈検印省略〉
2023 年 10 月 10 日　初版第 6 刷発行

著　者　吉岡友治
発行者　小山隆之

発行所　株式会社 実務教育出版
　　　　〒163-8671　東京都新宿区新宿 1-1-12
　　　　編集　03-3355-1812　　販売　03-3355-1951
　　　　振替　00160-0-78270

印　刷　壮光舎印刷株式会社
製　本　東京美術紙工

©YUJI YOSHIOKA 2004　　　　　　本書掲載の試験問題等は無断転載を禁じます。
ISBN 978-4-7889-1412-4 C0032   Printed in Japan
乱丁、落丁本は本社にておとりかえいたします。